DANNY MACASKILL
BIKEN AM LIMIT

DANNY MACASKILL
BIKEN AM LIMIT

Auf den Dächern und Gipfeln der Welt

Aus dem Englischen
von Martin Bayer

Mit 25 farbigen Abbildungen
und 23 Skizzen

NATIONAL GEOGRAPHIC   MALIK

Mehr über unsere Autorinnen, Autoren und Bücher:
www.malik.de

Wenn Ihnen dieses Buch gefallen hat, schreiben Sie uns unter Nennung des Titels »Biken am Limit« an *empfehlungen@piper.de*, und wir empfehlen Ihnen gerne vergleichbare Bücher.

Inhalte fremder Webseiten, auf die in diesem Buch (etwa durch Links) hingewiesen wird, macht sich der Verlag nicht zu eigen. Eine Haftung dafür übernimmt der Verlag nicht. Wir behalten uns eine Nutzung des Werks für Text und Data Mining im Sinne von § 44b UrhG vor.

Erstmals im Taschenbuch
ISBN 978-3-492-40493-8
1. Auflage April 2019
3. Auflage Dezember 2023
© Danny MacAskill, 2016
Titel der englischen Originalausgabe: »At the Edge. Riding for My Life«, Penguin Books Ltd, London 2016
© Piper Verlag GmbH, München 2017
erschienen im Verlagsprogramm Malik
Redaktion: Regina Carstensen, München
Fachredaktion: Dimitri Lehner, München
Umschlaggestaltung: Petra Dorkenwald nach einem Entwurf von Birgit Kohlhaas
Umschlagfoto: Chris Prescott / Cut Media
Autorenfoto: Lorenz Richard / Red Bull Content Pool
Bildteilfotos: Danny MacAskill, außer S. 3, 4 (Dave Sowerby); S. 5-8, 11, 16 (Dave Sowerby / Red Bull Media House); S. 10 (Stu Thomson / Red Bull Media House); S. 12 (Stu Thomson / Cut Media); S. 14/15 (GoPro)
Zeichnungen: Danny MacAskill
Satz: Satz für Satz, Wangen im Allgäu
Litho: Lorenz & Zeller, Inning a. A.
Druck und Bindung: CPI books GmbH, Leck
Printed in the EU

Inhalt

Inhalt #2
(Oder auch: Vor Nachahmung wird gewarnt) 7

Die Sprache der Biker
(Ein kurzes Glossar) 9

Sterben ist keine Option 14

Damals bei uns zu Hause 26

Ein geborener Anarchist 40

Ken und die Inverness-Gang 54

Das Auge des Bikers 66

Versehentlich viral 76

»The Clan« 88

Über die Dächer 102

Lebensgefahr! Berühren verboten!
(Die Geschichte vom verdammten »Stachelzaun«) 116

Ausbruch 124

Straße der gebrochenen Knochen 136

Schluck zuerst den größeren Frosch 148

Der Betonzirkus 160

Kaputt 172

Grenzenlos 184

Haarscharf 200

Matadero 212

Poolpartys 228

Gratwanderung 240

Die virale Formel 254

Musikalisches Zwischenspiel 268

Ein langer Abstieg 280

Die Neuerfindung des Wheelie 294

Dank 300

Inhalt # 2
(Oder auch: Vor Nachahmung wird gewarnt)

Was ich tue, ist gefährlich und erfordert jahrelange Übung. Kaum überraschend, aber eine Menge Prellungen und Brüche sind dabei unvermeidlich. Es wäre verdammt ärgerlich, wenn sich jemand verletzen würde, nur weil er einem guten Radler nacheifern will. Gerade wenn er dieses Buch gelesen hat, wäre das keine gute Idee. Um dem entgegenzuwirken, folgt hier eine Liste meiner bisherigen Unfälle. Solltest du also je den Drang verspüren, einen Backflip von einem Dach zum anderen auszuprobieren, dann lies besser folgende Seiten (danach wirst du sehen, ob du dich noch immer voller Abenteuerlust aufs Rad schwingst):

Ein zertrümmerter Schädel und ein Pflug   27

Die Sache mit dem geschmolzenen Blei   33

Die seltsame Geschichte von der geprellten Ferse   90

Schlüsselbeinbruch #1   142

Schlüsselbeinbruch #2   142

Ein Aquarium und ein Hautausschlag   143

Schlüsselbeinbruch #3   145

Risiken beim Ausrutschen in Gänsekacke   167

Anleitung zum Bandscheibenvorfall 177

Unterm Messer 178

Auf einmal völlig verloren – Labyrinthitis 192

Der große Footjam-Tailwhip-Kampfpanzer-Absturz 193

Die Sprache der Biker
(Ein kurzes Glossar)

Banger: Besonders spektakulärer Stunt als Schlussattraktion am Ende eines Videos. Das große Finale. Der große Trick.
Bash Ring: Schutzring am vorderen Kettenrad.
Dial: Eine Sache oder Technik beherrschen, sie »draufhaben«.
Ender: Anderes Wort für Banger.
Fakie-Nose-Manual: Rückwärtsgefahrener Wheelie. Der Fahrer lässt das Rad auf dem Vorderreifen zurückrollen, das Hinterrad ist in der Luft.
Flair: Backflip in Kombination mit einer Drehung um 180 Grad. Wird oft in der Halfpipe ausgeführt (bei mir war es ein Baum). Ideal. Man landet exakt so, dass man entgegen der Anfahrtrichtung davonrollt.
Flatland: Moves auf ebenem Boden. Dabei werden oft Wendungen vorgeführt, und der Fahrer nimmt ungewöhnliche Stellungen ein, etwa indem er sich auf den Rahmen stellt.
Footjam: Anhalten, indem man einen Fuß hinter der Gabel auf das Vorderrad stellt (»jammt«); das Fahrrad balanciert danach auf dem Vorderrad.
Footjam-Tailwhip: Das Rad steht auf dem Vorderreifen, und der Fahrer wirbelt den Hauptrahmen des Bikes mit einem Tritt ums Steuerrohr herum, hebt die Füße über den Rahmen und stellt sie auf die Pedale, wenn der Rahmen wieder in der ursprünglichen Position ist.

Gap: Zu überspringender Bereich, auch die Weite des Sprungs.

Grind (auch Rail): Bei diesem Stunt rutscht man beispielsweise auf den Pedalen auf einem Hindernis entlang.

Line: Abfahrtslinie oder Strecke, die mit möglichst vielen Manövern und Tricks gespickt ist.

Manual: Rollen auf dem Hinterrad, ohne zu pedalieren. Die Balance wird durch Verlagerung des Körpergewichts aufrechterhalten.

Part: Was ein Biker in einem Video vorführt, entweder alleine (wie *Inspired Bicycles*) oder als Abschnitt auf einer Team-DVD oder in einem anderen Video (zum Beispiel Alex D.s Part in *Living for the City*/BSD).

Rider: Im hier verwendeten Sinn jeder, der mit einem fahrbaren Untersatz Rennen fährt oder Tricks vorführt – zum Beispiel ein Mountainbiker, Skateboarder oder BMXer.

Roadie: Rennradfahrer, zum Beispiel Olympiasieger Sir Bradley.

Skinny: Sehr schmales Hindernis, etwa ein Baumstamm, Balken, Zaun oder eine Geländerstange.

Tailwhip: Der Biker rotiert in der Luft den Hauptrahmen einmal um das Steuerrohr und landet wieder auf den Pedalen.

Transition: Die Auffahrt einer Rampe.

Tiretap: Mit dem Hinterrad auf der Oberseite eines Hindernisses – etwa einer Wand oder eines Geländers – stehen bleiben.

Wallride: Eine senkrechte Wand so anfahren, dass man an ihr hochspringt und mit beiden Rädern auf ihr entlangrollt.

Szene eins

Aufblende.
Tag/Außen. Las Palmas de Gran Canaria, Küstenklippen. Street-Trial-Fahrer und Filmemacher Danny MacAskill bereitet sich auf seinen bisher dramatischsten Stunt vor: einen Frontflip von einer Rampe auf der Klippe, einen nervenzerfetzenden tollkühnen Sprung, der ihn über ein Feld von Felsblöcken in der Brandungszone gut fünfzehn Meter tiefer und weiter hinaus ins Meer tragen wird – wenn er gelingt.
Wir sehen Danny sich langsam der Sprungschanze nähern; er fährt unter einem leuchtend blauen Himmel über die Dächer von Las Palmas. Er trägt sein Drop-and-Roll-T-Shirt und den Red-Bull-Schutzhelm, auf dem oben eine GoPro-Kamera montiert ist.
Blick durch den Kamerasucher: Danny springt von der letzten Dachkante auf einen Gerüstturm, der sich als Anfang der Sprungschanze herausstellt. Er landet, tritt in die Pedale, so fest er kann, die Absprungkante nähert sich rasch. Dahinter der Horizont, dann diese Felsblöcke und der Sturz in die Brandung …

Cascadia, 2015

Sterben ist keine Option

Nichts würde mich davon abhalten, diese Klippe hinunterzuspringen, weder die schäumende Brandung oder die zerklüfteten Felsen, die in der Ebbeströmung ihre entblößten Zähne zeigten, noch der Abgrund selbst – fünfzehn Meter hin oder her. Ich würde über diese Kante hinausfliegen, ob es meinem Rad gefiel oder nicht.

Ich war umzingelt von Kameras, alle mit guter Sicht auf das, was der Banger des neuen Videos werden sollte. Eine saß oben auf meinem Schutzhelm, eine weitere kreiste an einer summenden Drohne über mir. Jede einzelne Linse war darauf aus, ins Bild zu setzen, was ich da vorhatte: eine spektakuläre Schlusssequenz für unser Video *Cascadia*. Dafür würde ich zuerst Schwung holen, so viel ich nur konnte. Die Startrampe aus Gerüststangen war in einer schmalen Gasse von Las Palmas de Gran Canaria aufgebaut. Mit dem Anlauf, den sie mir lieferte, würde ich dann über eine Klippe rasen, direkt hinunter in den Abgrund – und ins Meer stürzen. Klasse, was?

Als ich mir den Stunt ein paar Wochen vorher ausgedacht hatte, war ich mir meiner Sache ziemlich sicher gewesen, aber als der Tag dann da war, wurde mir doch mulmig. Auf einmal fürchtete ich, mein rasender Anlauf, oder vielmehr der auf einmal viel zu langsame Anlauf, würde mich nicht über die Felsen unmittelbar vor der Küste hinaustragen. Da war das Wasser teilweise nur viereinhalb Meter tief, ziemlich knapp bemessen, wenn ich da aus fünfzehn Metern hineinbombte. Das Meer dahinter sah auch nicht besser aus. Es war ziemlich zerwühlt, brodelte beängstigend und legte auf einmal Felsblöcke frei, an die sich Dutzende Krabben klammerten. Vielleicht sollte ich meine Flugbahn noch einmal überdenken? Komme ich überhaupt auf die richtige Geschwindigkeit? Auf jeden Fall stand mir ein schmerzhafter Aufprall bevor, wenn ich aus so großer Höhe ins Wasser fiel. Und danach? Keine Ahnung.

Und dann passierte es. *Klick.* Nach einer Stunde Herumgrübeln sagte mir auf einmal eine Stimme in meinem Kopf: Mach es. Ich knallte auf die Rampe und trat in die Pedale, was das Zeug hielt. Die Häuser flogen nur so vorbei, ich hörte nur noch das Klappern der Gerüststangen unter meinen Reifen.

Clang-a-lang!
Clang-a-lang!!

Die Welt sprang auf mich zu – Sonnenuntergang, Horizont, Meer –, als die Reifen über die Felskante hinausschossen. Wind schlug mir ins Gesicht. Und dann …

Nichts.
Nur Stille.
Und Erleichterung.

Ich bin keineswegs verrückt.

Klar, meine viralen Videos auf YouTube sehen so aus. Es wundert mich nicht, wenn du mich für wahnsinnig hältst, aber in Wirklichkeit sind all meine Stunts genau geplant und vorausberechnet; sobald ich ein Rad unter mir habe, weiß ich genau, was ich damit hinkriege, indem ich meine Fähigkeiten voll ausnutze, aber eben nicht überschreite. Vielleicht sieht das aus, als treibe mich die Todessehnsucht – verständlich, wenn ich mich gerade über eine Klippe ins Meer stürze oder von einem Hochhaus zum nächsten springe –, aber ich gehe eigentlich kaum Risiken ein, zumindest keine leichtsinnigen.

Vielmehr sind all meine Stunts nicht nur sorgfältig vorbereitet, sondern gelingen regelmäßig auch erst nach endlosen Stunden, in denen ich mir den Kopf zermartert habe. Ich brauche ewig, bis ich innerlich so weit bin, die Rampe hinaufzurasen und einen Bump-Frontflip oder einen Tiretap-Tailwhip aus großer Höhe hinzukriegen. Den größten Teil eines Drehtags verbringe ich immer damit, mich darüber zu ärgern, dass ich es wieder nicht bringe, den Sprung einfach zu machen, ohne vorher endlos darüber nachzugrübeln. Ich wünschte, ich könnte damit besser umgehen. Ehrlich, das ist manchmal richtig lästig.

Klar habe ich Angst. Ich leide allerdings unter keiner Phobie – weder vor Höhe noch Geschwindigkeit, nicht einmal vor Spinnen –, in der Hinsicht habe ich Glück. Außerdem ist meine Beziehung zu Schmerzen ziemlich gestört – ich spüre sie eigentlich nicht. Schürfwunden, Prellungen, Brüche machen mir kaum etwas aus. Das ist praktisch, wenn man einen Lebensstil pflegt, bei dem Stürze und Überschläge sozusagen dazugehören. Nur bei Street Trials – wenn ich auf Treppen, Parkbänken und Geländern dahinfetze, gewöhnlich rasend schnell und mit großen Sprunghöhen – bekomme ich manchmal doch ein paar Probleme mit den Nerven.

Für alle, die vielleicht nicht so genau wissen, was Trials sind, möchte ich es kurz erklären: Die Szene begann mit echten Wettrennen, in denen Mountainbiker einen Hindernisparcours in möglichst kurzer Zeit absolvierten. Der Haken dabei? Sie durften mit den Füßen den Boden nicht berühren. Bei den Wettbewerben führte der Parcours über Baumstämme, Felsen, Mauern oder Autowracks. Ab dem Durchfahren des Startgatters tickte die Uhr für jeden Teilnehmer, der sich durch den betreffenden Abschnitt arbeitete, und jedes Mal, wenn er mit den Füßen auf den Boden kam, gab es einen Strafpunkt, *dab* genannt. Man durfte pro Abschnitt höchstens fünf *dabs* kassieren. Später war die Regel dann, dass man im Zeitlimit bleiben musste, und wer die wenigsten Strafpunkte hatte, gewann.

Street Trials entwickelten sich aus diesen Trial-Rennen, aber sie sind kein Wettbewerb. Es ging nicht mehr darum, eine bestimmte Anzahl von Hindernissen in einer bestimmten Zeit zu überwinden, sondern einfach nur, dass der Mountainbiker sehr kreativ mit Gegenständen umging, die wir alle kennen. (Stell dir die ganz normalen Bushaltestellen, Telefonzellen und Rolltreppen auf deinem Weg zur Arbeit vor.) Diese Stunts wurden dann oft gefilmt und kamen auf VHS-Kassetten oder DVD heraus. Heute stellt man sie gerne ins Internet, und wenn der Mountainbiker Glück hat, werden sie von einer Menge Leute gesehen und zu »viralen Hits«.

Nun ist es nicht ganz einfach, Street Trials zu fahren. Erstens warten unzählige Prellungen und Brüche auf einen. Ich mache das schon mein ganzes Leben lang, und es sind viele Videos dabei herausgekommen, aber die Angst vor dem Sturz bleibt, besonders bei unbekannten Situationen. Ich habe einmal einen Frontflip – einen Salto vorwärts – vom Wehrgang des Edinburgh Castle riskiert, und das ging mir schon ganz schön an die Nieren. Dann war da dieser Sprung von einem einsturzgefährdeten ehemaligen Schlachthof in einer verfallenen argentinischen Stadt. Auf einer Seite lauerte drei Meter unter mir ein mürbes Dach auf mich, der Beginn meiner Line auf diesem Gebäude, und auf der anderen Seite ging es vier, fünf Meter im freien Fall hinunter auf nackten Beton. Da spürte ich den Stress doch ziemlich heftig. Oder der eiserne Staketenzaun in Edinburgh, den ich einmal entlanggefahren bin – wäre ich da ausgerutscht, hätte ich mich an einer sehr empfindlichen Stelle aufspießen können.

Wenn ich mich innerlich auf einen Stunt vorbereite, muss ich es schaffen, den Schalter umzulegen – den Schalter der Entschlossenheit, wie ich ihn nenne. Das ist der Moment, in dem ich von ängstlichem Zaudern zu positivem Wagemut übergehe, aber bis dahin fahre ich oft stundenlang unentschlossen im Kreis. Manchmal führe ich sogar Selbstgespräche, um mit der extremen Belastung fertigzuwerden, wenn ich zum Beispiel einen Sprung von zehn, fünfzehn Meter Tiefe vor mir habe oder die Landung nach einem Hindernissprung, die gemeine Folgen haben kann, wenn ich sie vermassele. In solchen Situationen bin ich immer voller Selbstzweifel. Die Angst kriecht in mir hoch. Dann ist es an mir, den Schalter umzulegen und zu tun, was ich mir vorgenommen habe.

Ich stelle meine Füße auf die Pedale und spüre einen regelrechten Energieschub. In solchen Momenten schmilzt alles um mich herum einfach weg – der Wind, die Geräusche, die Angst, die Kameras. Ich bin dann voll auf den Stunt konzentriert und weiß instinktiv, wie ich ihn zu packen habe. Normalerweise bin ich ihn ja auch schon Hunderte Male in meiner Vorstellung durchgegangen. Jetzt muss ich es nur noch durchziehen, möglichst ohne dabei zu stürzen.

Oft werde ich gefragt, wie man sich während des Sprungs, wenn man tatsächlich durch die Luft fliegt, fühlt. Eigentlich bloß erleichtert. Es gibt keinen Adrenalinschub, keinen Überschwang. Es ist, als ob man sich endlich traut, was man sich vorher schon ewig lange vorgestellt hat. In der Regel komme ich erst wieder zu mir, wenn ich gerade – meistens unversehrt – gelandet bin. Danach folgt die Genugtuung, dass es geklappt hat, aber selbst die geht rasch vorüber. Erst wenn ich mir angeschaut habe, wie der Stunt im Film aussieht, entspanne ich mich – und dann wird vielleicht ein bisschen gefeiert.

Zugegeben, es läuft nicht immer alles nach Plan. Ich stürze vielleicht, oder die Landung gelingt nicht richtig, aber selbst das ist in jedem Fall besser, als vorher über den Lenker zu spähen und sich den Kopf darüber zu zerbrechen, was wohl passieren wird, wenn es schiefgeht. Immerhin kann ich dann, auch wenn ich Mist gebaut habe, nachvollziehen, was ich beim nächsten Mal besser machen muss. Dann fällt es mir leichter, wieder an den Start zu gehen und es noch einmal zu versuchen – diesmal richtig, weil ich schon weiß, was mir bevorsteht.

Auf viele Leute wirken meine Stunts ziemlich unvorsichtig oder sogar lebensgefährlich leichtsinnig, aber ich sehe das anders. Ich habe sie im Griff, und auf zwei Rädern stehe ich sicherer als auf zwei Füßen. In *Cascadia* zische ich auf Dächern und Balkons entlang, die vielleicht einen halben Meter breit waren. Auf der einen Seite war es flach – *Sicherheit*; auf der anderen ging es mehrere Stockwerke tief hinunter – *Verletzung, sehr schwere Verletzung*. Allein die Höhe würde die meisten Leute in Todesangst versetzen, aber mir machte es nichts aus, da oben herumzufahren und von Dach zu Dach zu springen. Es kam mir nicht besonders gefährlich vor. Ich bin solche Lines (wenn auch zu ebener Erde) schon so oft gefahren, dass ich wusste, wie ich aufkommen muss, wenn ich stürze, um mich nicht zu verletzen. Meine Reflexe sind tatsächlich so gut, dass ich mein Gewicht in einem Sekundenbruchteil auf die sichere Seite verlagern könnte, sodass mich das Dach auffängt und ich nicht wie eine fallen gelassene Marionette unten aufs Pflaster klatsche.

Meistens denke ich sowieso nicht an die gefährliche Umgebung und sehe mich ganz woanders, wenn ich so etwas mache. Ich bin dann gar nicht auf diesem schmalen Mauerband mit dem Abgrund direkt neben mir, sondern wieder ein kleines Kind zu Hause im Garten, das den schmalen Pfad quer über den Rasen entlangfährt. Ich schaffte es schon damals, diese »Line« immer wieder entlangzufahren, ohne je aufs Gras zu kommen. Wenn ich mich innerlich in diese Kindheitsidylle zurückversetze, hilft mir das, die Folgen eines Sturzes zu verdrängen, weil ... *ich ja eben nicht falle.*

Natürlich ist ein Unfall jederzeit *möglich*. An meinem Fahrrad könnte etwas kaputtgehen, sodass ich im schlimmstmöglichen Moment abgeworfen werde, aber insgesamt habe ich Vertrauen in mich selbst und in die Ausrüstung – die ich ja vorher überprüft habe – und weiß, was ich mir zutrauen kann. Danach kommt es nur noch darauf an, konzentriert zu bleiben. Außerdem bin ich der berechnende Typ. Ich bin einfach nicht tollkühn genug veranlagt, um es auf einen Stunt ankommen zu lassen, bei dem ich mich nicht wohlfühle.

Wenn ich so vorsichtig und besonnen bin, fragst du dich jetzt vielleicht, warum zum Teufel macht er dann diese gefährlichen Stunts? Na ja – ich bin ein kreativer Mensch, und ich gehe gerne an meine Grenzen. Außerdem finde ich Trials einfach toll. Ich bin schon als kleiner Junge Trials gefahren. Dann, als Jugendlicher, war es einfach nur eine coole Art, so richtig anzugeben, aber später, als ich in der schottischen Bike-Szene besser aufgenommen war, war ich richtig besessen davon. Und als ich schließlich meine ersten brauchbaren Videos gedreht hatte, mit fähigen und talentierten Regisseuren, wurde es zu einem Mittel, mich auszudrücken. Ich wurde immer einfallsreicher und fand in meinen Parts zu einem ganz eigenen Stil, den es so noch nicht gab.

Durch diese Videos wurde ich über die eigentliche Mountainbike-Welt hinaus auch im Mainstream der Medien bekannt und tauchte in Fernsehdokumentationen, Kinofilmen und Werbespots auf. Ich habe ein Angebot von einem koreanischen Zirkus erhalten, und für eine amerikanische Chat-Show sollte ich einmal, als Frau verkleidet, ein Rennen durch Chicago fahren. (Das musste ich leider ablehnen – mit High Heels komme ich schlicht nicht zurecht.) Als die Klicks meiner YouTube-Videos den zweistelligen Millionenbereich erreichten, hatte ich auf einmal Sponsorenverträge mit Red Bull und anderen Unternehmen dieses Kalibers. Doch eigentlich wollte ich nur mit meinem Fahrrad herumturnen. Dabei bin ich am glücklichsten und habe am meisten Spaß. Neue Tricks zu lernen und das Trial-Fahren mit meinen Videos voranzubringen – mit Hindernissen, die wirklich eine Herausforderung bedeuten, oder interessanten Studioparcours –, darum geht es mir. Der Rest ist nebensächlich.

Das sieht nicht jeder so. Inzwischen sind ein paar Filme zusammengekommen, und nach jedem gibt es kritische Stimmen. Auf YouTube kommentiert dann jemand, ich sei leichtsinnig gewesen. Ich spiele mit meinem Leben, wird mir gesagt. Aber neun von zehn dieser – übrigens wenigen – Kommentare stammen von Leuten, die eben nicht seit neunzehn Jahren Trials fahren. Es stört mich auch nicht besonders, wenn an den Videos herumgemeckert wird; lieber ist es mir aber, wenn die Zuschauer sie einfach so nehmen, wie sie gemeint sind: als kreative Projekte, die das Trial-Fahren in ein neues und aufregendes Licht rücken.

Aber zum Glück erlebe ich auch jede Menge Unterstützung. Das ist prima, weil ich nämlich diese wahnsinnigen Trials und die Videos gerne weitermachen möchte, solange ich nur kann. Allein deshalb riskiere ich nicht leichtsinnig mein Leben – ich will ja weitermachen, und eine gesunde Vorsicht wird mich nicht davon abhalten, meinen ehrgeizigen Zielen nachzugehen.

Bis jetzt hat sie das jedenfalls nicht …

Szene zwei

Aufblende.
Außen. Dannys Haus.
Kameraposition: am Loch Dunvegan auf der schottischen Insel Skye. Weiter weg ein Haus am Ufer des Sees. Zoom auf und durch das Fenster eines Kinderzimmers im Erdgeschoss. Auf der Fensterscheibe klebt ein Sticker mit dem *Imaginate*-Logo und dem Motto »Enter Danny's Mind«.
Innen. Dannys Kinderzimmer.
Rückblende: Danny (8) sitzt mit gekreuzten Beinen auf dem Fußboden und spielt. Um ihn herum sind Plastiksoldaten, ein Formel-1-Spielzeugauto, leuchtend bunte Gummibälle und eine Rennbahn mit Loopings verstreut. Er ist gerade dabei, sich mit seinen Spielsachen einen imaginären Trial-Parcours aufzubauen. Im Radio spielt leise »Runaway« von Houston. Großaufnahme: Dannys Augen, während er ein Plastikfahrrad einschließlich Fahrer durch den Parcours steuert.
Gegenwart: Schnitt auf den erwachsenen Danny im Studio, der sich gerade darauf vorbereitet, die lebensgroße rekonstruierte Version seines Spielzeugparcours von damals anzugehen ...

Imaginate, 2013

Damals bei uns zu Hause

Als kleines Kind war ich kaum im Zaum zu halten.

Ich ging einfach viel zu gerne Risiken ein, und sowie Anne, meine Mum, mich mit sieben auf die Außenwelt losgelassen hatte, war ich nur noch draußen und streifte mit meinen Freunden durch die Wälder. Ich hackte Bäume um, zündete Lagerfeuer an und ließ Felsblöcke über Klippen krachen. Ich verdrückte mich immer dorthin, wo es keine Zeugen für meinen Zerstörungswahn gab. Stunden später schlich ich dann ziemlich kleinlaut nach Hause zurück – mit versengten Haaren, ein paar Kratzern und Beulen und einem Nagel im Fuß, der ziemlich wehtat. Ich wusste schon, dass Mum mir böse sein würde, weil ich gerade das vierte Paar Hosen im laufenden Monat zerrissen hatte. Auf manche hätte mein Verhalten sicher nicht mehr normal gewirkt, und in Glasgow oder London hätten mir meine Kinderstreiche womöglich Ärger mit den Behörden eingebracht. Zum Glück (für die Behörden) wuchs ich aber in Dunvegan auf der Insel Skye auf, und da konnte ich ungestraft den Wilden spielen.

In Wirklichkeit war das Chaos, das ich hinterließ, immer nur der Kollateralschaden etwas zu enthusiastischer Entdeckerfreude, und meine Eltern nahmen es gelassen, meistens jedenfalls. Wenn ich wieder einmal mit blutüberströmtem Gesicht oder einer Verbrennung zweiten Grades an den Händen zur Tür hereinstürmte, leistete mir Mum unerschütterlich Erste Hilfe. »Das war nicht gerade schlau von dir, Danny, das weißt du hoffentlich«, mahnte sie dann streng und untersuchte kopfschüttelnd meine neueste Verletzung. Mitleid gab es kaum. Manchmal bekam ich etwas zu naschen, damit ich beruhigt und beschäftigt war, während meine Eltern berieten, ob sie mich vierzig Meilen weit ins nächste Krankenhaus fahren sollten – aber das geschah nur, wenn es mich wirklich schlimm erwischt hatte.

Einmal, ich muss etwa acht Jahre alt gewesen sein, stieß ich auf einen alten eisernen Pflug, den Peter, mein Dad, an der Außenwand seines Museums aufgehängt hatte (zu dem Museum kommen wir noch). Er muss dreihundert Kilo gewogen haben und hatte an einem Ende eine Art Handgriff, der so furchtbar verrostet war, dass er messerscharfe Kanten hatte. Für mich aber war er nichts weiter als ein Klettergerüst. Es wäre doch klasse, sich mit den Händen dranzuhängen und ordentlich zu schaukeln! Ich sprang hoch und griff nach dem Gestänge, woraufhin das ganze Gerät auf mich herunterkrachte und das verrostete Griffende mir die Kopfhaut am Hinterkopf aufriss. Es tat ziemlich weh, und das Blut lief mir den Hals herunter.

Ich rannte, eigentlich nicht weiter besorgt, ins Haus zurück, um mich erneut zusammenflicken zu lassen, aber meine Mutter bemerkte natürlich, was los war. Sie verfiel nicht in Panik, sondern inspizierte ruhig die Wunde, wobei sie in den Schrank griff und mir eine Packung Schokoladenkekse hinhielt, das Einzige, was mich dazu brachte, bei der Wundversorgung stillzuhalten. Als sie festgestellt hatte, dass der Schnitt, *hey*, doch nicht so schlimm war, wie er aussah, wickelte sie mir einen Verband um den Kopf und ermahnte mich, in Zukunft besser aufzupassen. Im Nachhinein kann ich nur staunen, dass mir der Pflug nicht den Kopf abgehackt hat.

Versteh mich nicht falsch: Mum war ziemlich streng. Sie hat mir keinesfalls alles durchgehen lassen, besonders nicht, dass ich meine kleine Schwester drangsalierte – ein weiterer Lieblingszeitvertreib von mir. Heute, wenn ich als Erwachsener zurückschaue, ist das der einzige Punkt, an dem ich Gewissensbisse wegen meiner Kindheit bekomme. Aber ich sage mir, dass auch das meine Schwester zu dem Menschen gemacht hat, der sie heute ist.

War ich ungezogen, folgte irgendwann unweigerlich die Strafe, und meine Freunde hatten teilweise ziemlich Angst vor meiner Mutter, besonders wenn sie irgendwann »genug hatte« von meinen Streichen. Ich hatte übrigens auch Angst vor ihr. Wenn ich zu einem Freund oder in den Wald spielen gehen wollte, fragte ich meinen Dad, der viel leichter zu überreden war. Was meine Unfälle und Verletzungen anging, erklärte Mum mir später, habe sie sich lieber damit abfinden wollen, als mich in Watte zu packen. Sie verfolgte keine Strategie damit, mich etwa besonders abzuhärten, aber wenn ich wieder einmal wie ein Tasmanischer Teufel zur Tür hereingestolpert kam, wirkte Dad doch manchmal ziemlich besorgt. Ich glaube, er hat schon Angst um mich gehabt.

Ich war ständig auf Zerstörung aus, und zwar im großen Maßstab. Damit meine ich nicht Sachbeschädigung – ich habe mich nie an fremdem Eigentum vergriffen; gelangweilter oder bösartiger Vandalismus war nicht mein Ding. Aber ich fand es ungeheuer befriedigend, wenn ein Ast abbrach oder eine alte Mauer irgendwo weit draußen in sich zusammenstürzte. Wenn ich in der Schule gefragt wurde, was ich einmal werden wolle, sagte ich immer: »Abbruchunternehmer.« Mein Traum war, vom Sprengen leer stehender Gebäude zu leben, und dafür übte ich tagein, tagaus – draußen im Freien, oft mit Sperrmüll. Ich schmuggelte Dads Sägen in die Grundschule von Dunvegan ein, um während der Mittagspause Bäumen die Äste anzusägen, und als ich in einem Schuppen Opas alte Machete aus dem Zweiten Weltkrieg fand, wurde sie sofort zu einem wichtigen Werkzeug für meine Höhlenbauprojekte im nahen Wald.

Eines Tages gab es einen ziemlichen Aufruhr, als ich die Klinge während des Unterrichts zog, genauer gesagt, mitten in einer Kasperletheatervorstellung, was vielleicht nicht der beste Zeitpunkt war. Alles erstarrte in Panik, sogar Kasperle hörte volle fünf Sekunden lang auf, mit seinem Prügel auf Gretel einzuschlagen – da war es einem Nachwuchsunheilstifter doch tatsächlich gelungen, ihm die Schau zu stehlen. Der Lehrer schaute mich an, als wolle er sagen: »Was zum Teufel soll das jetzt wieder?«, beschlagnahmte die Machete und händigte sie nach dem Unterricht meinen Eltern aus, vermutlich mit ernsten Ratschlägen, ihren haumesserschwingenden Verrückten von einem Sohn besser in den Griff zu bekommen.

Ich fand es toll als Kind in Dunvegan. Skye, eine der nördlichsten Insel der Inneren Hebriden, ist sehr abgelegen und Dunvegan nur ein idyllisches Fischerdorf mit vielleicht 350 Einwohnern. Im Sommer kamen Touristen ans Seeufer, um Dunvegan Castle und die malerischen Hügel der MacLeod's Tables zu besuchen. Von unserer Straße aus konnte ich bis zu den Black Cuillins hinaufschauen, einer fast tausend Meter hohen Bergkette, die vom Inaccessible Pinnacle, der »Unbezwingbaren Zinne«, gekrönt wird, einem scharfen Felsgrat von nur hundertfünfzig Meter Länge. Das zerklüftete Felsgelände sollte später die Location für *The Ridge*, eines meiner beliebtesten Videos, abgeben; meine anfänglichen Abenteuer dort oben waren aber vergleichsweise harmlos. Wir gingen in den Teichen der Fairy Pools am Fuß der

Berge schwimmen, aber es war noch lange hin, bis ich auf die Idee kam, die Respekt einflößenden Gipfel zu bezwingen.

Das Zentrum Dunvegans bildeten einige Pubs, der Polizeiposten, ein paar Läden und ein kleines Hotel – kaum genug für eine Vororthauptstraße, aber für den ganzen Nordwesten der Insel reichte es. Die Mitte von Dunvegan war sozusagen der Times Square oder Sunset Boulevard von Nordwestskye. Die Einheimischen kamen oft genug zwölf Meilen weit gefahren, nur um Lebensmittel einzukaufen und sich die Zeitung zu holen. Für einige von ihnen waren wir, die wir im Dorf selbst wohnten, praktisch Stadtmenschen.

Dunvegan war für mich ein natürlicher Trainingsparcours. Auch ohne die Läden war für einen abenteuerlustigen Jugendlichen wie mich dort genug los – in den Wäldern, am Strand und in den Felsen. Schon als Kleinkind war ich davon besessen, von den höchsten Klippen zu springen, die ich finden konnte. Bei uns zu Hause im Tigh na Bruiach, dem »Haus am Hügel«, gab es im Garten einen riesigen Spielplatz aus Schaukelseilen, Klettergerüsten und einem Baumhaus, das Dad aus alten Torpedotransportkisten gebaut hatte (Gott weiß, wo er die aufgetrieben hatte). Auch aus diesem Spielplatz machte ich einen Hindernisparcours, und schon als Vierjähriger kletterte ich auf die Bäume und sprang krachend wieder herunter.

Diese Leidenschaft hat mich nie verlassen, und bei einem meiner Kindergeburtstage – mit neun, glaube ich –, spannten wir aus ein paar alten Tornetzen Fangmatten zwischen den Bäumen. Sie sahen wie Hängematten aus, und wir Kinder ließen uns mit Begeisterung hineinfallen. Möglichst weit durch die Luft zu segeln begeisterte mich derart, dass ich es mir zur Aufgabe machte, die Landezone zu erweitern. In der Schule arbeitete ich heimlich an Bauplänen für den Garten und dachte mir mit meinen Freunden immer tollkühnere und weitere Sprünge aus, um die Flugweite über die Netze zu steigern.

Zum Glück für mich gab es jede Menge Baumaterial am Strand. Am Wochenende suchte ich mit ein paar Freunden die Küste nach Treibgut ab. Wir sprangen von einem Gezeitentümpel zum nächsten und hielten Ausschau nach angeschwemmten Fischernetzen und Holzplanken. Wir fanden immer mal ziemlich große Treibholzstücke, lange hölzerne Latten zum Beispiel. Für die meisten Leute war das einfach nur Müll, für uns aber ideales Feuerholz. Tauwerk, zäh und haltbar, war ideal für den Garten. Das Zeug zu transportieren war allerdings nicht leicht. Ein großes Fischernetz kann leicht eine Tonne wiegen, und es kostete uns manchmal das ganze Wochenende, es bis zu einem geschützten Platz zu schleppen, mitunter drei oder vier Meilen weit. Am nächsten Wochenende kamen wir dann wieder und schleppten es weiter. Wenn wir es endlich bis zur Straße bugsiert hatten, zerrte Dad es auf die Ladefläche seines Pick-ups und fuhr mit uns nach Hause.

Dort durchsuchte ich Mums Küchenschubladen nach Werkzeugen und kletterte damit in den Netzen herum. Gewöhnlich benutzte ich ihr großes Vorlegemesser, um lose Enden abzuschneiden. Die Schärfe der Klinge hatte ich vorher an den Kanten von Bücherregalen und Türrahmen geprüft. War sie scharf genug, kletterte ich, das Messer zwischen den Zähnen wie ein jugendlicher Jack Sparrow, in die Bäume, um damit auf die im Garten gespannten Netze einzuhacken. Wenn es dunkel wurde, blieb es dann vergessen draußen zurück.

Wenn es Zeit war, Essen zu machen, fing Mum an, nach ihren guten Küchenmessern zu suchen. Fand sie in der Küche keine mehr, wusste sie, wem sie das zu verdanken hatte. Sie knallte die Schublade zu und fixierte mich streng.

»Daniel, bring sofort meine Messer zurück, oder ich schieß dich zum Mond!«

Mürrisch kletterte ich dann noch einmal in die Netze – gewöhnlich war es dunkel und regnete –, um ihre Küchenmesser zu suchen, die ich irgendwo in die Rinde eines Baums gerammt hatte.

Ich war schon ziemlich ungezogen. Meistens hatte das Unheil, das ich anrichtete, etwas mit Streichhölzern zu tun. Im Garten zündete ich riesige Scheiterhaufen an, die ich mit Benzin aus Dads Schuppen in Gang brachte – oder jeder anderen brennbaren Flüssigkeit. Ich überschüttete einen großen Haufen Treibholz und Torfstücke mit meinem Brandbeschleuniger und sah dann mit großen Augen zu, wie alles in Flammen aufging. Manchmal waren meine Feuer so groß, dass dichte schwarze Qualmwolken durch die Straßen zogen, die das ganze Dorf einhüllten. Man fühlte sich wie im Krieg.

Als Mum und Dad bemerkten, dass ich mich zum Pyromanen entwickelte, versteckten sie die Streichhölzer. Brennbare Flüssigkeiten waren plötzlich aus dem Haus verschwunden. Aber das hielt mich natürlich nicht auf. Ich wusste mir zu helfen. Streichhölzer mit dem schönen Namen »Swan Vesta« gab es ohne Probleme im Dorfladen, und in der Autowerkstatt fand niemand etwas dabei, wenn ein Achtjähriger Rasenmäherbenzin »für Dad« holte.

Ich bekam einige Verbrennungen ab. Ich steckte sowohl meine Beine wie auch beide Arme in Brand, und es war ein Wunder, dass es glimpflich abging. Aber es war knapp. Schnell lernte ich, wie gefährlich Streichhölzer in Verbindung mit

Benzinkanistern sind – das brennende Zeug floss mir manchmal hinterher, wenn ich davonlief. Ebenso fasziniert waren meine Freunde und ich vom Bleigießen. Einmal warfen wir einen Topf mit geschmolzenem Blei um, und ich schaute fasziniert zu, wie ein Tropfen, der mir auf den Handrücken gespritzt war, sich zischend in meine Haut grub. Vermutlich habe ich das Blei immer noch in mir, zusammen mit der chirurgischen Stahlplatte und ihren Schrauben, die seit einem Unfall vor einigen Jahren mein Schlüsselbein zusammenhält. Bei Sicherheitskontrollen am Flughafen muss ich jedes Mal ziemlich viel erklären.

Eine weitere Leidenschaft, die ich als Achtjähriger hatte, waren Felsblöcke, die ich von den Klippen stürzte. Mit Klassenkameraden unternahm ich oft Expeditionen in die MacLeod's Tables, zu denen wir sogenannte Pinch Bars mitnahmen – massive Stemmeisen, fast zwei Meter lang –, um damit Findlinge auszuheben. Diese Hügel waren unser Spielplatz, egal, wie das Wetter war – auch wenn es stürmte und eisiger Regen uns ins Gesicht prasselte, ich zog meine gelben Gummistiefel an (Sicherheit hat Vorrang) und machte mich auf, den größten Felsen, den ich finden konnte, über die Kante des Kliffs ins Meer krachen zu lassen. Einiger dieser losen Felsblöcke waren wirklich groß – viel größer als ich –, und um den Pinch Bar besser ansetzen zu können, kletterte ich auf sie drauf. Sicherheitshalber seilte ich mich an; meine Freunde hielten das andere Ende des Seils und würden mich hoffentlich halten können, falls der Fels vorzeitig abstürzte. Wenn ich spürte, dass er ins Rollen kam, sprang ich rasch ab und sah zu, wie er die Klippen hinunter ins Meer donnerte.

Ich weiß nicht, woher ich diese Neigung zu Hochrisikoverhalten eigentlich habe. Mum arbeitete bei einem örtlichen Bauunternehmer im Büro, und Dad war Kurator des Giant MacAskill Museum, einer Sammlung, die unserem berühmten Vorfahren Angus MacAskill gewidmet ist. Der war volle 2,36 Meter groß und damit nach der Definition des *Guinnessbuchs der Rekorde* der »größte nicht krankhafte Fall von Riesenwuchs«. Von der Figur her war er ein Schrank von Mann – sein beeindruckender Brustumfang von zwei Metern war der größte je bei einem nicht Fettleibigen gemessene.

Auf seiner Heimatinsel Berneray, wo er 1825 zur Welt kam, wurde Angus damit ziemlich berühmt. Als sich herumsprach, dass er sich zwei Fässer mit jeweils 150 Liter Portwein unter die Arme klemmen und sie herumschleppen konnte, ohne auch nur ins Schwitzen zu geraten, erhielt er ein Engagement als Attraktion vom weltberühmten Barnum-Zirkus. So verdiente er seinen Lebensunterhalt durch Tourneen, die ihn durch ganz Nordamerika führten. Er geriet in viele Schlägereien (wahrscheinlich hat er meistens gewonnen) und vollbrachte erstaunliche Kraftakte – unter anderem konnte er ein ausgewachsenes Pferd über einen 1,20 Meter hohen Zaun heben. Meinen Dad faszinierte der berühmte Vorfahr so sehr, dass er 1989 das Giant MacAskill Museum eröffnete, das er bis heute kuratiert und das zu einer Sehenswürdigkeit auf der Insel Skye geworden ist. Viele Touristen reisten an, die sich über Angus' Leben informieren wollten. Als ich klein war, erzählte ich meinen Mitschülern stolz, in unserer Familie habe es ein echtes Monster gegeben.

Je mehr ich mich mit meinen Videos befasse und mich in wagemutige Stunts stürze – zum Beispiel indem ich mit dem Rad von einer Klippe ins Meer oder von einem Dach zum anderen springe –, desto deutlicher wird mir, dass ich vermutlich eine Menge von Dads kreativem Geist geerbt habe. Kurator eines Museums über einen Riesen in der Familie ist eigentlich ein ziemlich verrückter Beruf, aber er ergriff die Gelegenheit, als sie sich bot, weil er glaubte, das könne interessant werden. Dad hat sein Geld noch nie auf alltägliche Weise verdient. Was das abenteuerliche Leben angeht, folge ich ihm wohl nach.

Im Vergleich mit Angus wirken die anderen Familienmitglieder eher kurz gewachsen. Ich selbst wurde am 23. Dezember 1985 geboren. Ich habe eine zwei Jahre jüngere Schwester, Margaret Ishbel, zwei Stiefbrüder, Ewen und Robin, sowie zwei Stiefschwestern, Mary und Muriel, aus einer früheren Ehe meines Vaters. Meine Stiefgeschwister sind einige Jahre älter als ich und haben nie bei uns gewohnt, sondern wuchsen in einem Dorf namens Borreraig auf, von uns aus gesehen am anderen Ufer, und das war vielleicht auch besser so. Ewen, ein begeisterter Motorradfahrer, hat sich einmal bei einem Unfall die Wirbelsäule und beide Beine gebrochen, Robin ist ein ausgezeichneter Kitesurfer, und Mary hat sich den Arm zertrümmert, als sie und meine Stiefbrüder auf einem Feld irgendwelchen Unsinn mit Autos anstellten. Margaret Ishbel, meine Schwester, ist ein ziemliches Original, immer für einen dramatischen Auftritt gut und auf der ganzen Insel als *Maggie Mayhem* (»Chaos-Maggie«) bekannt. Als Kind hatte ich wohl einen ähnlichen Ruf. Die MacAskills leben draußen in der Wildnis, werden die Bewohner von Skye gedacht haben, und müssen selbst für ihre Unterhaltung sorgen.

Wie Mum mit den ganzen Sorgen, die ich ihr machte, fertiggeworden ist, weiß ich nicht. Sie hat meinetwegen bestimmt Albträume gehabt. Immerhin, ich musste nie ins Krankenhaus, was eigentlich ein Wunder ist. Ich holte mir Schnittwunden und schlug mir fies den Kopf an, aber ich glaubte lange, ich müsse wohl aus Gummi sein, weil ich mir nie einen Knochen brach. Der erste schmerzhafte Unfall, an den ich mich erinnere, war dann der Zusammenstoß mit einem Stapel Stühle, als ich einen Gang in der Schule entlangrannte, bei dem ich mir ein paar Rippen anknackste. Aber meistens stand ich einfach wieder auf, wenn ich von einer hohen Mauer gesprungen war, und machte weiter; Schmerzen und Verletzungen ignorierte ich.

Einmal fiel ich zu Hause im Garten von einem Baum. Ich stürzte ungefähr sechs Meter tief, landete voll auf dem Rücken und schlug mit dem Hinterkopf auf, sodass ich das Bewusstsein verlor. Keine Ahnung, wie lange ich auf dem Rasen gelegen habe. Als ich zu mir kam, kroch ich zum Haus zurück und wurde auf der vorderen Terrasse erneut ohnmächtig, bevor mich jemand fand. Erstaunlicherweise war ich sofort wieder auf dem Damm. Zum Arzt wollte ich absolut nicht, und schon am Tag darauf kletterte ich abermals in den Bäumen herum und überlegte mir verrückte neue Sprünge in die Netze. So übte ich für ein Leben, in dem es darauf ankommt, vorsichtig zu sein und Unfälle zu vermeiden. (Auch wenn es für alle anderen so aussieht, als suchte ich die Gefahr geradezu.)

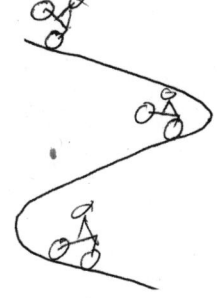

Szene drei

Aufblende
Außen. Loch Dunvegan.
Ein Wohnmobil mit Danny und seinem Fahrrad kurvt auf der A850 durch die schottischen Highlands in Richtung Dunvegan.
Schnitt zu einer Reihe von Stunts an verschiedenen Locations: Danny springt über die Mauern von Brücken und Dämmen, fährt auf dem Geländer vor dem Polizeirevier; auf dem Zeltplatz von Dunvegan sehen wir ihn bei einem 360-Grad-Footjam-Tailwhip auf dem Dach seines Wohnmobils, und vor dem Hintergrund von Dunvegan und der MacLeod's Tables vollführt er einen Bunnyhop-Frontflip von einer Wasserzisterne. In dieser Szene ist Danny nach Hause zurückgekehrt, um die Tricks, die er als Kind gelernt hat, zu meistern.

Way Back Home, 2010

Ein geborener Anarchist

Mein erstes Fahrrad war ein Monstrum, ein schwarz-rotes Raleigh-Kinderrad, das mein Dad vom Sperrmüll mitbrachte, als ich vier war. Er machte es wieder fahrbereit, schrubbte den Rost ab, so gut es ging, und schenkte es mir. Der Vorbesitzer hatte leider vergessen, die Stützräder mit wegzuwerfen, also endeten meine ersten Fahrversuche, die mit einem hoffnungsvollen Anschub durch Mum oder Dad starteten, unweigerlich damit, dass ich vom Kurs abkam und entweder gegen eine Wand fuhr oder mit dem Gesicht nach unten auf dem Bürgersteig landete.

Aber bald hatte ich den Bogen raus, und Stürze hatten mich noch nie abgeschreckt. Endlich war ich mobil, und ich konnte nicht genug davon kriegen. Ich hatte ja schon Erfahrung mit den Sprüngen in die Netze, und Radfahren war für mich eine weitere Beschäftigung, die Spaß brachte. Mit dem kleinen Raleigh-Rad probierte ich Tricks auf dem Rasen; und als ich die Kunst beherrschte, von A nach B zu fahren, steigerte ich den Einsatz: Ich sprang von unseren Terrassenstufen, die etwa dreißig Zentimeter hoch waren, übte das Überspringen von Baumwurzeln und das Schleuderwenden vor den Mohnblumen am Ende des Rasens. Es dauerte nicht lange, bis ich mir erste kleine Sprungschanzen auf den Gartenwegen baute.*

---

* Übrigens trage ich immer einen Helm, schon damals als Kind, als ich auf dem Raleigh durch die Gegend fetzte. Zum Glück waren Helme bei

Das Fahrrad war ideal für mich, als ich eingeschult wurde. Wir wohnten eine Dreiviertelmeile von der Dunvegan Primary School entfernt, und der Verkehr war bei uns natürlich längst nicht so gefährlich wie in der Stadt, also durfte ich schon mit sieben alleine zur Schule fahren. Den Bürgersteig entlangzuradeln war wie ein Traum. Morgens verlief alles ziemlich ruhig, aber wenn die Schule aus war, stellten wir Schüler uns wie bei einem Rennen auf und rasten durch die Straßen nach Hause – das war ein ungeheurer Spaß. Eines Nachmittags brachten mir einige ältere Schüler bei, wie man freihändig fährt. Danach fuchtelte ich immer wild mit den Armen in der Luft herum, wenn ich über den Schulhof und die Hauptstraße entlangfegte. Für die Rennen gab es keine Teilnahmebedingungen.

Eigentlich war die Strecke bis vor unsere Haustür ein guter Übungsparcours, wenn ich heute darüber nachdenke. Je öfter ich sie fuhr, desto genauer lernte ich, wo die besten Hindernisse warteten. Ich wusste, welche Bordsteine mich in die Luft schleudern würden, wenn ich schnell genug darüberfuhr; einige Grasbuckel hatte ich so oft malträtiert, dass ich sie zu kleinen Sprungschanzen umgeformt hatte – bei der Tankstelle war eine besonders gute. Bald waren ich und mein Raleigh unzertrennlich, und als ich ein bisschen älter war, erweiterte ich meinen Horizont. Ich fuhr jetzt auch zu Freunden, die einige Meilen weit weg wohnten, und versuchte ständig, neue Tricks zu lernen. Freihändig fahren war nur der Anfang; bald schon beherrschte ich den Wheelie, das Fahren auf dem Hinterrad. Als er mir das erste Mal gelang,

---

Trials nie verpönt, und sie haben mich einige Male vor Verletzungen bewahrt, auch wenn ich bei verschiedenen Stunts und Lines mehrere zertrümmert habe.

war das ein wunderbares Erlebnis. Ich verbrachte Stunden damit, auf dem örtlichen Parkplatz mit dem Vorderrad in der Luft hin und her zu fahren. Meinen Erfolg zählte ich an den weißen Linien zwischen den einzelnen Stellplätzen ab: Zuerst schaffte ich nur einen, dann zwei; als ich über drei Stellplätze hinweg auf dem Hinterrad fahren konnte, hatte ich das Gefühl, es geschafft zu haben.

Der erste Trick, der mir wirklich gelang, war der Snake Skid. Ich nahm Anlauf, so schnell ich konnte, machte eine Vollbremsung und schleuderte mit blockierten Rädern seitlich über den Boden wie eine Schlange. Die Bürgersteige vor unserem Haus waren ziemlich löchrig, voller Erde und Kies; ich fetzte über sie dahin und ließ das Hinterrad elegant hin und her schwingen, wobei die Reifen des Raleigh tiefe Spuren hinterließen. Ich fuhr immer ohne Rücksicht auf das Rad, und als ich – lebend und ohne schlimme Blessuren – meinen zehnten Geburtstag feierte, war das kleine Kinderfahrrad Bruch. All meine Fahrräder mussten ziemlich viel hinnehmen; ich war vermutlich der beste Kunde bei Island Cycles, dem Fahrradladen auf unserer Insel.

Mein zweites Rad war wieder ein Raleigh, Modell Burner – ein BMX-Rad der alten Schule, das mir ein Mitschüler überließ. Es war für mich eigentlich zu klein, aber das sollte mir nur recht sein. Das hieß nämlich, dass ich es viel besser herumschleudern konnte als ein meiner Größe angepasstes. Es dauerte nicht lange, bis ich mich damit auf den Altglascontainer des Dorfs wagte. Von dort herunterzuspringen hatte sich von uns noch niemand getraut, selbst die großen Brüder meiner Freunde nicht, denn es ging gut 1,80 Meter hinunter.

Mich schreckte das nicht. Eines Abends, als ich mit meinem Kumpel Kenneth herumhing, beschloss ich, es zu versuchen. Ich wusste, dass ich den Sprung schaffen konnte, aber ich rechnete mir nur etwa eine fünfzigprozentige Chance aus, dass er gelang und ich nicht kopfüber abstürzen würde. Als ich dann aber oben auf dem Container stand und Kenneth mir das Burner hochreichte, machte ich mir Mut: Ich hatte schließlich schon 1,20 Meter mit diesem Rad geschafft, warum also nicht 1,80?

Allerdings machten diese sechzig Zentimeter jetzt, wo es so weit war, den Sprung doch um einiges riskanter, und die Aussichten für eine erfolgreiche Landung sahen von dort oben auf einmal nicht mehr besonders gut aus. Ich warf Kenneth einen Blick zu. Er schaute besorgt zurück.

»Willst du's dir nicht noch mal überlegen, Danny?«, fragte er. Ich merkte, dass er sich innerlich schon darauf vorbereitete, gleich den Notarzt rufen zu müssen.

Ich schüttelte den Kopf, aber so entschlossen, wie ich aussah, war ich längst nicht mehr. Das war wohl das erste Mal, dass ich vor einem Sprung zuerst meine Angst besiegen musste. Ich hatte zwar ohne Fahrrad schon größere Sprunghöhen bewältigt; ich hatte kein Problem damit, drei Meter tief von einem Baum zu springen. Der Altglascontainer war aber etwas anderes. Ihn mit dem Fahrrad zu bewältigen galt in Dunvegan als geradezu mythische Leistung.

»Hmmm«, sagte ich zögernd. »Keine Ahnung, wie das ausgehen wird ...«

Ich hob das Vorderrad an, indem ich kräftig in die Pedale trat, und auf einmal zerrte die Schwerkraft an mir, als ich über die Kante rollte. Das Straßenpflaster kam mir verschwommen entgegen, und für den Bruchteil einer Sekunde drohte ich das Gleichgewicht zu verlieren, weil mir der rechte Fuß vom Pedal rutschte. Ich bekam das Rad rechtzeitig wieder unter Kontrolle. Knirschend schlugen die Reifen auf dem

Beton auf, und ich fuhr mit hämmerndem Herzen davon; es war ein irres Gefühl. Ich hatte es geschafft, und mein Ansehen auf der Insel war gerade ein bisschen gestiegen. Auf zwei Rädern wurde ich schnell zur örtlichen Landplage.

Als ich elf wurde, schenkten mir meine Tanten Jean und Sarah ein Kona Fire Mountain zum Geburtstag. Das ist ein brauchbares Mountainbike, und mit ihm unternahm ich die ersten Schritte zum ernsthaften Biker. Ich war geradezu auf dieses Rad fixiert. Ich las Fahrradzeitschriften und schaute mir Videos an; mit meinen Freunden diskutierte ich fachmännisch über neue Ausrüstungen und die besten Biker, ich war wie besessen von ihren Videoparts und -stunts. Von meinem Kona stieg ich kaum noch ab – ich fuhr damit in den Wald, unternahm lange Fahrten über die Hügel und übte im Dorf meine Stunts. Im Garten setzte ich mir immer größere Sprünge zum Ziel. Ich versuchte sogar, mich über Dads Rasenmäher zu werfen. Der hatte vorne große offen liegende Sensenblätter, und eine zu kurze Landung hätte in einer bluttriefenden Fahrt im Krankenwagen enden können. Ich hatte kein Vorbild in dem Sinne, dass ich jemanden nachgeahmt hätte, zum Beispiel Evel Knievel mit seinen Motorradstunts. Es machte mir einfach Spaß, ständig neue Moves zu wagen.

Als ich dann Trial-Biken für mich entdeckte, änderte das alles. Das erste Video, das ich sah, war *Chainspotting* von 1997 über die britische Mountainbike-Szene, in dem die großen Fahrer vorgestellt wurden. Martyn Ashton war dabei, Martin Hawyes und auch Hans Rey. Sie führten ihre Tricks vor und sprangen über Poller und Parkbänke, einer von ihnen sprang sogar von einem drei Meter hohen Dach. Ich wusste von den anderen Kindern in der Schule, dass es Biker gab, die so etwas mit BMX-Rädern machten, aber mit einem Mountainbike hatte ich das noch nicht gesehen. Man konnte das also hinbekommen! Ich hatte selbst schon Ähnliches versucht und mir eigene Tricks ausgedacht. Als ich jetzt die Fertigkeiten der Meister sah, folgte ich ihnen gebannt.

Der Film *Chainspotting* hob das Trial-Biken auf eine neue Ebene. Ashton, Hawyes und Bike-Legende Rey hatten den Stil der Trial-Rennen weiterentwickelt und konzentrierten sich auf die Stunts. Der Parcours war nicht mehr im Gelände aufgebaut, sondern bestand aus den ganz normalen Requisiten einer städtischen Umgebung – man sah Biker, die Bushaltestellen und die Geländer auf Parkplätzen und am Straßenrand für ihre Stunts nutzten. Das war einerseits etwas, das ich auch versuchen konnte, und andererseits von ungeheurem ästhetischen Reiz. Ich sprang ohnehin gern in die Netze bei uns im Garten, kletterte ständig auf Bäume, und bei der Suche nach neuem Strandgut für meinen selbst gebauten Trainingsparcours hüpfte ich oft genug von einem Gezeitentümpel zum nächsten, wobei ich Augenmaß benötigte, um die Distanz richtig abzuschätzen. Beim Trialen war das sehr ähnlich – man musste Entfernungen und Annäherungswinkel richtig kalkulieren. Es war ein bisschen wie eine Rechenaufgabe. Martyn, Martin und Hans sprangen allerdings nicht am Strand von einem Felsblock zum nächsten, sondern auf beiden Rädern über einen Wassertank oder schlugen einen Salto von einer hohen Mauer herunter.

Was Martyn und Hans da vorführten, fand ich viel reizvoller als alles, was an Stunts auf einem Skateboard möglich war, und in Dunvegan war das Terrain sowieso so rau, dass ihm kein Skateboard gewachsen gewesen wäre. Auf einem Mountainbike waren vielfältigere Tricks möglich, und natürlich war unwegsames Gelände kein Hindernis, dafür war ein

Mountainbike ja gemacht. Nachdem ich *Chainspotting* gesehen hatte, überschlugen sich meine Fantasien. Wie im Rausch und voller Inspiration mähte ich mich durchs Dorf und übte wie besessen Wheelies, Skids und Sprünge von Mauern und Blumenkübeln. (Ich habe übrigens stets darauf geachtet, nicht die Pflanzen in den Kübeln zu beschädigen – ehrlich.)

Schnell galt ich als jugendlicher Ruhestörer, dem sicher bald eine ASBO drohte. (Mit dieser Anordnung, der Anti-Social Behaviour Order, wurden in Großbritannien kleinere Vergehen in der Öffentlichkeit geahndet, meistens gegen Jugendliche.) Kein Wunder, wenn man bedenkt, wie ruhig es in unserem Dorf war. Es gab in Dunvegan so gut wie keine Kriminalität, und meine waghalsigen Unterfangen waren vermutlich das Verbrechensähnlichste, was das örtliche Polizeirevier je zu sehen bekam, so sehnsüchtig die Constables auch auf flüchtige Kriminelle wie in *Crimewatch* hoffen mochten. Ich belästigte und behinderte zwar nur die Fußgänger auf der Hauptstraße, dies aber ständig, denn wir wohnten fast in der Ortsmitte. Sowie ich auf die Straße hinausfuhr, sprangen die Leute erschrocken beiseite. Es gab Beschwerden, nicht nur im Sommer während der großen Ferien, sondern sogar im Winter.

Das war recht erstaunlich, denn Skye ist nicht gerade mit schönem Wetter gesegnet. Meistens regnet es auf der Insel, dazu ist es eiskalt – und wir reden vom Juli. Im tiefsten Januar war es angesichts schwerer Nordweststürme einfach unmöglich, mich auf den Straßen auszutoben, also steuerte ich ein kleines Einkaufszentrum namens Kinloch an (wir nannten es Gun Shop). Es lag an der Hauptstraße hinauf nach Dunvegan Castle und war überdacht, um die Kunden vor dem Regen zu schützen. Außerdem war es abends beleuchtet, und es gab Stufen und Blumenkübel, auf denen ich üben konnte – einfach perfekt! Ich ernannte den Gun Shop zu meinem Trainingsgelände, und bald waren die Ecken der Ziegelmauern von meinem Bash Ring ziemlich abgeschliffen. Ich lernte hier aber sehr viel und entwickelte meinen Stil beträchtlich weiter. Ich verdanke dem Gun Shop also eine Menge.

Leider erwiderte der Gun Shop meine Zuneigung nicht; es gab neue Beschwerden, und unser Ortspolizist, PC Duncan Carmichael, ernannte sich selbst zur Ein-Mann-SOKO, um mir das Handwerk zu legen. Er hatte es darauf abgesehen, mich zu erwischen, obwohl ich letztlich nichts Schlimmes anstellte – ich war schließlich keine Gefahr für die Allgemeinheit. Meistens zumindest. Klar, manchmal fuhr ich auf dem Hinterrad die Straße entlang, das Vorderrad in die Luft gerissen, und manchmal fuhr ich ohne Licht, aber ich war weder ein Selbstmörder noch ein Verrückter. Ich zischte nie unmittelbar vor einem fahrenden Auto über die Straße, und ich sprang auch nicht vom Dach des Bushäuschens, während sich verängstigte Rentner darunter in Deckung flüchteten. Andererseits wusste ich natürlich, dass meine Tricks mir Ärger einbringen konnten, aber ich machte weiter, weil ich nichts anderes zu tun hatte. Wir hatten zu Hause weder eine PlayStation noch einen Computer, und ich hockte auch nicht gerne vor dem Fernseher. Radfahren war mein wichtigstes Hobby, und ich konnte nicht genug davon bekommen. Abends um sieben oder acht konnte man mich jeden Abend im Gun Shop finden, wo ich mit dem Kona Fire Mountain zwischen den Wänden hin und her sprang, während draußen der Wind heulte und der Regen peitschte.

PC Carmichael sah das alles etwas anders. Er schleppte mich andauernd zu meinen Eltern und warnte sie, ich würde allmählich ein Fall für die Behörden. Das war nun doch ein bisschen übertrieben. Ich war zwar kein Musterknabe, aber ich hing auch nicht morgens um zwei betrunken an Straßenecken herum. Meine Eltern aber verloren bald die Geduld.

»Wir nehmen dir das Fahrrad weg!«, schrie mich Mum eines Abends an.

Sie hatte zwar Verständnis dafür, dass ich draußen herumtoben wollte, aber ich wurde langsam zu einem Problem. In der Schule war es genauso schlimm. Dort zog ich das Unheil geradezu an, besonders als ich nach der Grundschule in die Portree Highschool wechselte, eine Sekundarschule, die eine Dreiviertelstunde von Dunvegan entfernt liegt. Ich war nicht etwa ein Schulhoftyrann und geriet auch nie in Schlägereien, aber mit dreizehn Jahren wurde ich zum Störenfried. Ich hatte viel zu viel Energie in mir und dazu eine Menge Klassenkameraden, die das nur zu gerne ausnutzten.

Ich war der Kleinste aus unserem Jahrgang und wurde deshalb zum lebenden Crashtest-Dummy ernannt. Meine Freunde dachten sich einen Streich aus, und ich war der Stuntman, der ihn ausführte. Die Nachteile bedachte ich immer erst, wenn ich hinterher stöhnend am Boden lag oder zum Rektor bestellt wurde. Meine Noten waren mal gut, mal schlecht. Wenn es um Praktisches ging, wie im Werkunterricht oder in Physik, waren meine Noten akzeptabel, aber in den geisteswissenschaftlichen Fächern, in Englisch oder Geschichte zum Beispiel, bekam ich kein Bein auf den Boden. Erst später stellte sich heraus, dass ich Legastheniker bin, was konkret bedeutete, dass mir Lesen und Schreiben viel schwerer fielen als den meisten anderen Kindern. Ich war oft unaufmerksam und dachte mir, statt dem Unterricht zu folgen, lieber Stunts oder eine neue Line aus. Die Schulbücher interessierten mich nicht; ich starrte sehnsüchtig zur Wand oder aus dem Fenster hinaus.

Am Ende brachte mir meine Disziplinlosigkeit eine Suspendierung ein, das heißt, ich wurde zeitweilig vom Unterricht ausgeschlossen. Der Tropfen, der das Fass zum Überlaufen brachte, war eine harmlose Schokokugel (Maltesers), die ich dem Schulbusfahrer an den Hinterkopf schnippte. Es war Nachmittag, der Bus fuhr uns nach Hause, und wir tobten alle ziemlich herum. Das Bonbon traf zielgenau, ein guter Schuss, aber als ich das dumpfe »Plopp« hörte, mit dem das Schokogeschoss aufschlug, wusste ich, dass ich es übertrieben hatte. Der Fahrer schrie auf, sein Rücken krümmte sich, und er machte eine Vollbremsung.

»Das reicht! Ich bringe euch jetzt allesamt zur Polizei!«, brüllte er.

Ich dachte noch, das meint er nicht ernst – das dachten wir alle. Wir waren schließlich schon mehrere Meilen von der Schule entfernt. Aber da hatten wir uns geirrt. Der Busfahrer wendete und fuhr schnurstracks zum Polizeirevier von Portree zurück. Wir nahmen die Sache auch dann noch nicht so ernst – bis ein Polizeibeamter zu uns in den Bus stieg und uns aufforderte, ein Geständnis abzulegen. Mir wurde schlecht. Ich war davon überzeugt, dass ich jetzt verloren war. Aber wir alle hielten uns an unseren Ehrenkodex: Freunde verpfeift man nicht, komme, was da wolle. Als uns aber einige Tage später von unserem Lehrer gemeinschaftliches Nachsitzen angedroht wurde, meldete ich mich freiwillig, um die anderen nicht mit hineinzuziehen, und wurde ausgesperrt. Zu Hause kam das nicht gut an. Vom Unterricht ausgeschlossen, schlechte Noten und die örtliche Polizei, die meine nächtlichen Aktivitäten missbilligte – so machte man sich in der Familie nicht beliebt. Und dann passierte es, ein grausamer Schicksalsschlag: PC Carmichael beschlagnahmte mein Fahrrad.

Das war wirklich extrem. Es ging dabei um einen weggeworfenen Teddybären, den meine Freunde und ich an einem Sommerabend neben einem Müllcontainer gefunden hatten. Die Straßen waren leer, also setzte ich den Bären mitten auf die Straße und übte Bunnyhops. Plötzlich heulte eine Sirene, Blaulicht flackerte, die stille Dorfstraße sah auf einmal aus, als würde eine Drogenrazzia bevorstehen. PC Carmichael, mein Erzfeind, raste in seinem Streifenwagen heran. Er hatte weiter unten an der Straße gelauert und uns in Sicherheit gewiegt, bevor er zuschlug.

»Schnell weg!«, schrie jemand.

Alle rannten in Deckung – einige ins Gebüsch, andere flüchteten auf einen nahen Parkplatz, ich warf mich hinter den Altglascontainer. Als ich sah, wie Carmichael um einen abgestellten Schulbus herumschlich, wagte ich den Ausbruch. Aber er war schneller als ich, packte mein Rad und drückte es gegen eine Mauer. Er las mir allen Ernstes meine Rechte vor.

»Daniel MacAskill«, deklamierte er zornentbrannt, »ich nehme dich wegen verkehrsgefährdenden Verhaltens auf einem Fahrrad vorläufig fest. Alles, was du ab jetzt sagst, kann und wird vor Gericht gegen dich verwendet werden …«

Es war unglaublich. Ich sehe noch heute vor mir, wie ich da stand und dachte, ich fahre doch nur Fahrrad – ich schlage keine Schaufenster ein und wälze mich nicht besoffen im Rinnstein.

Carmichael lieferte mich bei meinen Eltern ab und verkündete, mein Fahrrad sei für den Rest der Sommerferien einbehalten. Noch schlimmer jedoch war, dass ich vor ein Children's Panel kam. Im schottischen Rechtssystem ist das eine Art Jugendgericht, vor dem ich jetzt als Angeklagter stand. Ich hatte ziemlich viel Angst. Als die Anklageschrift verlesen wurde, sah ich mich für meine »Verbrechen« schon im Jugendarrest. Zum Glück kam es aber nicht so weit, und ich erhielt nur eine Verwarnung. Dennoch: Auf einmal stand ich da – ohne Fahrrad, voller Energie und mit den langen Sommerferien vor mir. Die nächsten Wochen würde ich mir irgendein Unheil ausdenken müssen, das ich anrichten konnte, um die Zeit totzuschlagen. Ich sprang wie ein Wilder in die Netze im Garten, entfachte enorme Feuer und beschoss mit meiner Steinschleuder PC Carmichaels Haus.

Ich war mehr als frustriert.

Szene vier

Außen. Kapstadt, Südafrika.
Ein strahlend sonniger Tag. Danny fährt durch die Stadt. Die Straße ist verlassen, nur ein oder zwei Fußgänger laufen vorbei und ahnen nicht, was gleich passieren wird. Sekunden später fährt Danny einen Wheelie in der Fußgängerzone, springt eine Treppe hinauf und weiter auf eine Reihe Fahrradständer. Auf dem Hinterrad hüpft er von einem Ständer zum nächsten, vom letzten aus springt er dann auf eine Mauerkrone, fährt sie bis ans Ende und springt mit einem 360-Grad-Tailwhip auf den Bürgersteig zurück. Die Straßen Kapstadts haben sich in einen Trial-Parcours verwandelt.

Danny MacAskill Plays Cape Town, 2011

Ken und die Inverness-Gang

In Dunvegan hatte sich eine winzige Trial-Szene entwickelt. Sie bestand aus meinem Cousin Donnie McPhee, der in Broadford lebte, an der Südküste von Skye, und mir. Dazu kamen zwei Freunde, Jamie Stewart und Alex Kozikowski, und manchmal gesellte sich nach der Schule auch Donnie zu uns. Beim Radfahren stachelten wir uns gegenseitig zu immer gewagteren und tollkühneren Tricks an. Die Highschool in Portree wurde zum Treffpunkt für jugendliche Biker – hauptsächlich weil es keine anderen Treffpunkte gab. Oft hingen wir nach dem Unterricht zusammen dort herum und quatschten über neue Stunts und neue Räder, die wir in Bike-Zeitschriften gesehen hatten.

Und, endlich, nach den Sommerferien holte ich mir von PC Carmichael mein geliebtes Mountainbike zurück. Es dauerte nicht lange, und ich raste wieder abends durch den Gun Shop und übte im Schein der Straßenlampen 180- und 360-Grad-Schleuderwenden. Die Parkbänke und Mauern des Dorfs beherrschte ich inzwischen im Schlaf, es gab keine Herausforderungen mehr, an denen ich meine Technik hätte verbessern können.

Dunvegan war nicht gerade das ideale Trainingsgelände, und das hieß auch, dass es keine erfahreneren Biker gab, die ich zum Vorbild hätte nehmen können. Ich entwickelte meinen Stil ganz alleine, ohne alle Regeln. Nur mangelnde Fantasie hätte mir Grenzen setzen können, und die sprudelte im Gegenteil über vor Plänen.

Meine Freunde und ich bemühten uns, die Stunts zu meistern, die wir aus unserem heiß geliebten Film *Chainspotting* kannten; wir fuhren in einem Stil, der normalerweise Trial-Wettkämpfen vorbehalten ist, aber auf der ruhigen Hauptstraße. Ich versuchte dabei ständig, mich selbst zu übertreffen. Hatte ich an einem Tag zwanzig Backhops geschafft, fand ich das schon nicht schlecht. Hörte ich dann, dass Donnie in Broadford vierundzwanzig hingelegt hatte, respektierte ich das als klasse Leistung, die ich aber sofort schlagen musste! Das war ein ganz neues Gefühl für mich. Eigentlich bin ich kein Wettkampftyp, der immer der Beste sein muss. Mannschaftssportarten wie Fußball oder die aggressive Hockeyvariante namens Shinty, die an unserer Schule gespielt wurde, interessierten mich nicht. Ich war lieber mit mir und meinem Fahrrad alleine. Es war mein Ein und Alles.

Donnie, Jamie, Alex und ich wurden Bike-Nerds. Biken hatte mich in den Bann geschlagen. Ich überlegte ständig, mit welchen Teilen ich mein Kona Fire Mountain aufrüsten könnte. Da schien es nur folgerichtig, dass mein Berufsziel auf einmal Fahrradmechaniker war. Nach Monaten und Jahren eifriger Lektüre von Bike-Magazinen dachte ich mir, okay, ich liebe die richtig guten Bauteile, da wäre es doch toll, sie für andere Leute zu richtig guten Fahrrädern zusammenzustellen. Damit würde ich aus meiner Leidenschaft einen Beruf machen. Das klang vernünftig, eine Win-win-Situation, und ich verfolgte dieses Ziel in der Schule wie in der Freizeit. Meinen Lehrern sagte ich, ich wolle ein Handwerk lernen. Zu Hause bastelte ich an meinem Fahrrad herum, und wenn eine neue Zeitschrift erschien, betrachtete ich sehnsüchtig, was jetzt der letzte Hit in Sachen Equipment war.

Bald hatte ich auch ein besseres Rad. Als an meinem ehemals beschlagnahmten Kona schließlich die Gabel abbrach, wünschte ich mir ein Pashley, wie es die Tongue-Brüder Matt und Eddie, bekannte Trial-Profis, besaßen. Ich hatte die Anzeigen in *Mountain Biking UK* studiert, und wer sich mit Fahrrädern ein bisschen auskannte, wusste, dass das Pashley hauptsächlich auf Wendigkeit und Leichtigkeit angelegt war, und trotzdem hielt es den härtesten Bedingungen stand. Es war also die perfekte Lösung für jemanden mit meinem Ehrgeiz und meiner Fantasie. Der babyblaue Trial-Rahmen 26Mhz der Baureihe TV bestand aus papierdünnem Reynolds-835-Stahl. Als der Motorradrennfahrer Guy Martin 2015 einen neuen Geschwindigkeitsweltrekord für Mountainbikes aufstellte, hatte sein Rekordfahrzeug ebenfalls einen Rahmen aus Reynolds-835-Rohren. Es war schon ein beeindruckendes Rad, das Pashley, und ich hätte es mir nie leisten können. Zum Glück sprang meine Großmutter ein, die es mir großzügig schenkte.

Jetzt hatte ich also ein Profirad, eines, das wirklich ernst zu nehmen war. Umso mehr begeisterte ich mich für Trial, auch wenn es nicht einfach war, da auf dem Laufenden zu bleiben. Ich war damals fünfzehn, wir schrieben das Jahr 2000, und auf Skye war das Internet noch furchtbar langsam. Von Breitband keine Rede. Suchmaschinen waren noch eine neue Sache und nicht besonders gut. Oft musste ich mich mit dem begnügen, was in *Mountain Biking UK* zu lesen stand, wenn ich erfahren wollte, was Martyn Ashton, Hans Rey, Martin Hawyes oder Steve Peat so trieben. Wenn ich die Berichte durchblätterte und ein Interview nach dem anderen las, schienen sie mir geradezu von den Seiten entgegenzuspringen, mit einem Bunnyhop natürlich. Ihre Erlebnisberichte klangen verrückt, und ihre Einstellung zum Biken und die Stunts, von denen sie erzählten, sprachen mich unmittelbar an, weil sie an einem Street-Style arbeiteten, mit dem ich mich identifizieren konnte (gut, Peaty vielleicht nicht, aber er bleibt eine Legende).

Außerdem schaute ich mir jede Menge neuer Tricks aus einigen *Mountain-Biking-UK*-Videos ab, die ich als Kind geschenkt bekommen hatte. Eines, *Dirty Tricks and Cunning Stunts*, machte ich zu meiner persönlichen Stilanleitung und Gebrauchsanweisung; das Band war irgendwann richtig ausgeleiert. Die Hintergrundgeschichte war lustig – das Video wurde als ›Fantasievoll. Lehrreich. Humorvoll‹ angepriesen. In der Einleitung sah man Martyn Ashton und Martin Hawyes, mit Perücken verkleidet, in der Parodie einer Siebzigerjahre-Verfolgungsjagd, die sie sich mit der Polizei durch London lieferten. Ein paar Ninjas waren auch dabei. Für Donnie, Jamie, Alex und mich zählten aber nur die beeindruckenden Sprünge, die ganz mühelos wirkten. Wir fingen an, Backhops, Fronthops und Gap-Jumps zu üben.

Auch andere Biker haben mich beeinflusst. Je älter ich wurde, desto mehr Videos stapelten sich bei mir. Von den Amerikanern Ryan Leech und Jeff Lenosky hatte ich *Revolution*, das ich mir praktisch täglich anschaute. Ryans und Jeffs Stil veränderte meine Perspektive, weil es darin mehr um Street-Trial ging. Ryan und Jeff fetzten durch San Francisco und New York, sprangen auf Geländer und zeigten G-Turns und Manuals. Ich wurde auf dem Fahrrad jetzt immer gewandter. Wieder und wieder schauten wir uns *Revolution* an, dazu Jeffs und Ryans andere Filme wie *Evolution* und *Contact*, meistens bei Donnie zu Hause, während wir darauf warteten, dass der Flüssigasphalt auf unseren Bremsbacken trocknete (nur so war deren Bremswirkung perfekt fürs Trialen – die Felgen werden dadurch klebrig).

Bald bekam ich die Gelegenheit, es meinen Helden gleichzutun. In Broadford, praktisch neben Donnies Haus, sollte ein Mountainbike-Trial stattfinden. Ich war wie elektrisiert. Organisiert hatte die Veranstaltung Graham Finney, der von unserer Insel stammte und eine wichtige Rolle in der Motorrad-Trial-Szene auf Skye spielte. Den Skye Trials Club gab es schon eine ganze Weile, und Graham hatte Übung darin, einen Parcours über Felsen und durch Flüsse zu legen, oft genug im strömenden Regen. Jetzt also wurde eine Mountainbike-Version angekündigt – etwas trockener angelegt –, und Graham war mit Begeisterung dabei. Er hatte damals den Ehrgeiz, Bikern ohne Motor dieselbe aufregende Wettkampfatmosphäre zu bieten, wie sie die langjährigen Clubmitglieder dauernd erlebten.

Motorrad-Trial kam auf Skye gut an; es gab jedes Jahr mehrere Wettkämpfe. Es war also einleuchtend, auch eine »Pedalversion« zu veranstalten, da beide Sportarten letztlich verwandt sind. Mountainbike-Trial entstand nämlich, als der Vater des spanischen Motorradfahrers Ot Pi darauf beharrte, dass sein Sohn zuerst auf einem Mountainbike übte, was er auf dem Motorrad erreichen wollte. Dadurch entwickelte sich eine gemeinsame Wettkampfkultur, und der Parcours, den Graham für uns absteckte, unterschied sich nicht groß von einem für Motorräder. Er hatte den Eigentümer einer stillgelegten Tankstelle überredet, ihn das Grundstück benutzen zu lassen. Die alte Tanke war von Autowracks umzingelt; manche rosteten dort anscheinend schon seit den Dreißigerjahren vor sich hin. Um einen Altglascontainer zog sich eine Bahn aus verwitterten Europaletten. Das sah zwar nach wenig Aufwand aus, aber der Parcours war gar nicht so anspruchslos, und die Jugendlichen, die sich mit ihren Rädern am Start aufreihten, waren alle unglaublich aufgeregt.

Was mir an Graham – außer seinem unvermeidlichen Lächeln – auffiel, war vor allem sein schottischer Akzent. Er sprach immer sehr schnell, und er war der erste Mensch, den ich je das alte Dialektwort *ken* statt *know* für »wissen« verwenden hörte – wie in *Do you ken Donnie?* (»Kennst du Donnie?«) oder *It's pishing down, ken?* (»Es regnet ganz schön, weißt du?«). Ich fragte mich zuerst, wer dieser Ken war und ob er für den Motorradclub arbeitete. Aber Graham wusste genau, was er tat, auch wenn man ihn nicht gut verstand.

Als dann der große Tag da war, wurden wir nicht gerade von Zuschauermassen überrannt – ich glaube, es tauchten drei oder vier Typen auf. Aber das Trialen machte ungeheuren Spaß. Ich fuhr gut und gewann alle Wettbewerbe, an denen ich teilnahm. In zwei Durchgängen schaffte ich es, ganz ohne *dabs* durchzukommen, obwohl ich an Wettkämpfe überhaupt nicht gewöhnt war. Auch Graham war begeistert und organisierte im folgenden Jahr ein weiteres Event, aber diesmal mit einem größeren Einzugsgebiet als nur unserer abgelegenen Insel. Bevor wir begriffen, wie uns geschah, hatten sich ein paar ältere Jungs aus Inverness angemeldet, und das war eine große Sache. Die Jungs aus Inverness – Biker vom Festland also – waren für uns Sagengestalten. Gegenüber dem, was auf dem Festland abging, gab es ja auf Skye eigentlich gar keine Bike-Szene, und wir alle kannten die Gerüchte – *die Legenden* – über die aus Inverness. In der Schule erzählte man sich, sie könnten problemlos 360er springen und in perfekter Haltung drei Meter droppen. Wenn Mum mich nach Inverness mitnahm, sah ich oft einen Mountainbiker freihändig auf dem Hinterrad dahinzischen, so schnell, dass er schon um die Ecke war, bevor ich die Marke ausmachen konnte, die er fuhr. Solche Begegnungen hoben das Ansehen der Inverness-Gang gewaltig.

Mir war nicht ganz wohl dabei, gegen diese Jungs antreten zu müssen. Trial waren mir ebenso neu wie Wettkämpfe an sich, und jetzt waren auf einmal die Großen mit dabei. Das machte mir zu schaffen. Kurz nach meiner Anmeldung war ich bei Donnie zum Essen. Er merkte, dass ich nervös war.

»Was ist los?«, fragte er.

»Ich glaub's noch gar nicht, dass wir wirklich gegen diese Typen antreten sollen«, gab ich bedrückt zu. »Wir sind hier auf Skye ziemlich abgekapselt. Ich kenne überhaupt keine Fahrer außer denen aus der Portree Highschool, und Wettkämpfe habe ich schon gar nicht gegen sie gefahren ...«

Meine Befürchtungen bestätigten sich. Als ich die sagenumwobenen Kids aus Inverness mit eigenen Augen sah, tauchten sie mit den besten Rädern auf, die man sich nur vorstellen kann. Ein Monty war dabei, ein Megamo, ein oder zwei Pashleys und sogar eines der extrem seltenen Brisas – die meinten es wirklich ernst. Der Parcours in Bradford war diesmal auch schwieriger. Es gab weiterhin die Palettenstapel, aber jetzt waren einige einschüchternde Granitbrocken dazugekommen, die Graham mit einem geliehenen Radlader herumgewuchtet hatte. Außerdem hatte er eine Reihe großer hölzerner Kabeltrommeln (die Art für schwere Erdkabel, wie man sie auf Baustellen sieht) und ein paar alte Parkbänke aufgestellt – also alles, was den Parcours ein bisschen spannender machte.

Die Aussicht auf einen echten Wettkampf hatte diesmal mehr Zuschauer angelockt, größtenteils Eltern der jugendlichen Teilnehmer. Ich stand unter einer Menge zusätzlichem Druck. Aber ich steckte ihn gut weg – ich gewann alle drei Trial-Wettkämpfe, für die ich mich angemeldet hatte, und das als einer der jüngsten Teilnehmer. Weil ich aber nicht der ehrgeizige Typ bin, der unbedingt gewinnen will, bedeutete mir das persönlich nicht viel. Nur weil ich jetzt gesiegt hatte, wollte ich nicht dauernd Wettkämpfe fahren. Wichtig war dieses Event jedoch in einer anderen Hinsicht: Bis jetzt hatten wir auf Skye – oder genauer gesagt, in Broadford und Dunvegan – wie in einer Blase gelebt, die jetzt geplatzt war. Zum ersten Mal waren die Biker aus den gesamten Highlands zusammengekommen. An diesem Tag schloss ich eine Menge Freundschaften. Soziale Netzwerke existierten noch kaum – es war die Zeit vor Facebook und Twitter, sogar vor MySpace –, und durch den persönlichen Kontakt – *old school* sozusagen – mit Bikern von außerhalb der Insel wurde ich zum Teil einer größeren Welt.

Dunvegan allerdings kam mir dadurch umso kleiner vor. Die Begegnung mit den Kids aus Inverness bei Grahams Veranstaltung hatte mir gezeigt, dass da draußen eine große weite Bike-Welt auf mich wartete, und die wollte ich entdecken. Außerdem hatte ich auf Skye keine besonderen Aussichten, was die Berufswahl anging. Dad hatte eine Zeit lang die verrückte Idee, ich solle Berufssoldat werden, aber die Armee war nun wirklich nichts für mich. Als ich 2002 die Portree Highschool mit ein paar ganz guten Noten beendete, war ich gerade siebzehn – und weiterhin entschlossen, eine Ausbildung als Fahrradmechaniker zu machen. Das Erste, was ich konkret unternahm, um meinen Traumberuf Wirklichkeit werden zu lassen, war ein Anruf bei Bothy Bikes, einem Fahrradhändler in Aviemore, einem betriebsamen Ferienort im Nationalpark Cairngorms. Es war meine erste Blindbewerbung.

Aviemore kannte ich ganz gut durch meine Tante Jean. Sie betrieb eine Übernachtungsherberge, das Glen Feshie Hostel, für Rucksackreisende, die den Nationalpark besuchen wollten. Das Hostel war immer ausgebucht. In der Ferne sah man die schneebedeckte Bergkette der Cairngorms, und im Park gab es jede Menge schöner Wanderwege, die sowohl bei Mountainbikern wie Wanderern sehr beliebt waren. Wir verbrachten, seit ich acht war, unseren Familienurlaub – im Sommer und über Weihnachten – in Aviemore. Ich fand es klasse dort. Ich konnte über die Wanderwege heizen, so viel ich wollte, und schaute oft bei Bothy Bikes vorbei, um sehnsüchtig die Fahrräder anzustarren.

Für jemanden wie mich war der Fahrradhändler an der Hauptstraße, zwischen Läden mit Wanderer- und Outdoor-Ausrüstung gelegen, eine Goldmine. Drinnen fühlte ich mich wie zu Hause. Überall standen und lagen Fahrradteile herum, die ich bisher nur in *Mountain Biking UK* gesehen hatte, und sogar der Geruch begeisterte mich: Bei Bothy Bikes roch es nach Schläuchen, Reifen und Kettenöl. Im Eingangsbereich lagerten Federgabeln, auf dem Boden stapelten sich Räder, von der Decke hingen Rahmen. Mit zwölf oder dreizehn verharrte ich voller Ehrfurcht inmitten all dieser Wunderdinge und staunte die vollgefederten Bikes an, zum Beispiel das neueste Pashley-Modell. Hier sah ich mein erstes Downhill-Bike, ein Kona Stab Deluxe und das legendäre Santa Cruz Super 8. Nicht nur die, sondern sämtliche Rahmen, die angeboten wurden, waren für mich unerschwinglich. Manche kosteten über tausend Pfund. Aber das störte mich nicht. Wenn es einen Traumarbeitsplatz für meinen Traumberuf gab, dann war es hier.

Als ich mich aber nach einer Stelle erkundigte, musste mich David Keegan, dem der Laden gehörte, enttäuschen: Sie brauchten zurzeit keinen neuen Mechaniker. Das war ein ziemlicher Schlag für mich. Mum gefiel es, dass ich mich überhaupt um einen Beruf bemühte, und wollte mir helfen. Sie meldete mich für einen Fahrradmechaniker-Ausbildungskurs des City and Guilds of London Institute (kurz: City and Guilds) in Spalding an, unten in Lincolnshire. Das hieß zwar, dass ich eine Weile von zu Hause weg war, aber mir gefiel es, und im Kurs lernte ich jede Menge interessanter Techniken kennen, zum Beispiel, wie man Sturmey-Archer-Hinterradnaben oder klassische Konuslager (eine altmodische Form des Tretlagers) wartet. Ich lernte sogar, mir ein Fahrrad komplett im Eigenbau herzustellen. Als dann kurz nach Ende des Kurses 2003 eine Stelle bei Bothy frei war, bewarb ich mich wieder – und bekam meinen Traumjob.

Ich war begeistert. Bei Bothy zu arbeiten war eine große Sache, und das war nicht mal die einzige Attraktion in Aviemore. Der gesamte Ort war ein Paradies für Trial-Biker. Außer den Wanderwegen kreuz und quer durch die Landschaft gab es mitten im Dorf noch einen Autoparkplatz voller Findlinge und Felsbrocken aus den nahen Bergen. Der Platz hatte den treffenden Spitznamen »Rocky Car Park« und bot ein ideales Übungsgelände für Mountainbiker: Überall standen Poller, sehr geeignet für Tiretaps, Bänke und Sperren für Drops sowie Gap-Jumps und Geländer, auf denen man entlangrollen konnte. Nach Feierabend sprang ich unter den Flutlichtern des Parkplatzes von einem Felsen zum nächsten. Allein dieses gar nicht große Gelände bot viermal so viele Hindernisse wie ganz Dunvegan. Ich hatte einen riesigen Sprung nach vorne gemacht.

Szene fünf

Innen. Dannys Kinderzimmer, Dunvegan.
Danny und sein Fahrrad sind auf Spielzeuggröße geschrumpft. Zoom auf Dannys Helm, auf die Handschuhe und auf die Pedale. Er blickt in die Kamera, nickt, lächelt und fährt dann eine Solorunde durch einen Spielzeugparcours aus übergroßen Buntstiften, Spielkarten und Bauklötzen mit Buchstaben. Die Buchstaben bilden das Wort DANNY.
Das ist der Trial-Parcours in Dannys Gedanken; er besteht aus den Hindernissen, die er sich als Kind vorgestellt hat – riesigen Spielbrettern, Spielzeugpanzern und Formel-1-Automodellen. Wir sehen ihn sogar mit einem Exemplar des *Dandy Annual* (eines Comicjahrbuchs) durch den Looping einer Hot-Wheels-Rennbahn rasen ...

Imaginate, 2013

Das Auge des Bikers

Ich bin beim Radfahren gerne alleine. Das war schon immer so und wird wohl auch so bleiben. Ich brauche einfach meinen Freiraum. Meine Freunde in Dunvegan wohnten immer meilenweit weg, deswegen lernte ich, mich selbst zu beschäftigen. Ich fand es spannend genug, zwischen Blumenkübeln im Gun Shop hin und her zu springen, auch ohne Gesellschaft. Das ist heute noch so: Ich bin normalerweise solo unterwegs, besonders nach einem langen Tag voller Planungen für Shows und Videos und mit mehreren Meetings. Ich fahre dann ein paar Stunden lang durch die Umgebung von Glasgow, wo ich inzwischen in der Innenstadt wohne; in Dunvegan begnüge ich mich mit den vertrauten Lines im Dorf. Dabei habe ich, wie jeder Sportler, gute und schlechte Tage. Manchmal baue ich einen Sturz nach dem anderen, und nichts klappt, weil ich mich innerlich nicht hineinfinden kann. Aber wenn ich in einen Flow gerate, fühle ich mich so stark, dass ich bei jedem Stunt das Gefühl habe, ich reiße gleich die Griffe vom Lenker. Steht dann ein Bunnyhop über eine 1,20 Meter hohe Mauer an, mache ich ihn einfach, und mein Körper und mein Fahrrad lassen mich nicht im Stich.

Bevor du dir jetzt aber Sorgen um meine Sozialkompetenz machst, gebe ich Entwarnung. Ich bin nicht etwa vereinsamt. Ich habe jede Menge Freunde, ehrlich. Ich teile mir die Wohnung (sie ist ziemlich groß) mit sieben Kumpels, und die haben zum großen Teil auch mit Fahrrädern zu tun und spielen eine große Rolle bei allem, was ich bisher erreicht habe. Etwa John Bailey: Er betreibt zusammen mit George Eccleston, einem weiteren Freund, das Unternehmen Vision Ramps, das zum Beispiel die Szenenaufbauten für meine Videos *Cascadia* und *Imaginate* erstellt hat. Zwei weitere Mitbewohner, Ali C. und Duncan Shaw, sind Trial-Fahrer der Spitzenklasse. Duncan managt gerade eine Show – »The Drop and Roll Tour« –, in der ich auch dabei bin. Unsere Wohngemeinschaft sieht genauso aus, wie du dir das jetzt vorstellst, nämlich wie eine Fahrradwerkstatt. Überall liegen Räder und Teile herum. Doch wenn sich einer von uns aufs Rad setzt und losfährt, dann gewöhnlich alleine.

Das stört keinen; es ist einfach unsere Art. Oft begegnen wir einander abends auf der Straße im Dunkeln, jeder mit seinen Kopfhörern in den Ohren. Ich glaube, ich habe 99 Prozent meiner Zeit auf dem Fahrrad ohne Begleitung verbracht, und das gefällt mir deswegen so, weil ich dann fahren kann, wie ich will und wann ich will. Und bei jedem Hindernis kann ich so lange bleiben, wie ich möchte, ohne dass ich mich mit jemandem absprechen muss. Ich kann mir die Stellen aussuchen, die mir gut passen, und wenn ich genug von einem Ort oder einem Hindernis habe, ziehe ich einfach zum nächsten weiter.

Auf dem Fahrrad lasse ich mich von meiner Fantasie leiten, lasse mich zu völlig neuen Orte mitnehmen. Die inneren Bilder können so stark sein, dass ich sogar in meinem Zimmer, wenn ich mir nur *vorstelle*, ich sitze auf dem Rad, neue Tricks und Plätze vor mir sehe. Städtisches Mobiliar – Parkbänke, Telefonzellen, Blumenkübel und so – sehe ich anders als andere. Alltagsgegenstände überhaupt sehe ich anders als andere. Ich sehe sie mit dem – wie ich es nenne – Auge des Bikers, wie durch einen Filter, der alles in ein Hindernis verwandelt. Ich leide unter Line-Sickness, der Krankheit, die alle Trial-Biker befallen hat: Wir sehen überall Lines. Mein Unterbewusstes sucht ständig die Umgebung nach solchen Herausforderungen ab, das Gehirn scannt sie – der Balkon dort, das Geländer am Parkplatz da drüben …

Es muss nicht mal ein tatsächlich existierendes Gelände sein. Am Esstisch wurde für mich früher die Gabel zum imaginären Fahrrad, mit dem ich die Krümmung eines Löffels nachfuhr oder vom Salzstreuer zur Pfeffermühle und hinunter auf meinen Teller sprang und mir dabei ausmalte, wie es wäre, diese Hindernisse in der Realität zu bewältigen.

Genau das wurde dann später zum Konzept für meinen Film *Imaginate* von 2013. Ich hatte mir vorgenommen, ein Konzept – egal, was, ich wollte mich nicht beschränken – für das seit einer Weile leer stehende Gebäude auszuarbeiten, in dem einst das Glasgow Transport Museum untergebracht war. Als wir uns zum ersten Mal dort umschauten, fiel mir die lebensgroße Nachbildung eines kleinen Bahnhofs auf, die von einer Ausstellung zurückgeblieben war. Die Museumsbetreiber hatten sie einfach stehen gelassen – und ich hatte mein Thema!

Die Idee, frühe Erinnerungen aufzugreifen und aus meinem Kinderzimmer in Dunvegan auf einen riesigen Hindernisparcours aus buntem Spielzeug zu übertragen, bedeutete zunächst, dass ich Pläne zeichnete, um Gleise oder einen Bahnsteig aus dem Bahnhofsnachbau darin einzubauen. Später kamen noch riesige Bauklötze hinzu und 1,80 Meter große Spielzeugsoldaten (Freunde von mir im Kampfanzug und mit olivgrüner Schminke). Wir mieteten sogar einen ausgemusterten Kampfpanzer und borgten uns von Red Bull einen Formel-1-Boliden. Die Requisiten waren real, aber das Bild war vor meinem inneren Auge entstanden, dem Auge des Bikers.

Radfahren ist nur ein Teil meines Lebens. Die andere Hälfte ist Kreativität; ich bin ein fortwährender Tagträumer. Oft muss ich mich regelrecht zwingen, nicht mehr ans Fahrrad zu denken, wenn ich im Bett liege und einschlafen will. Wenn ich wach bin, ist es nicht anders. Wenn ich irgendwo hinkomme, frage ich mich als Erstes, von wo aus ich am besten abspringen könnte. Das Auge des Bikers beginnt seine Arbeit sofort, es schätzt Größenverhältnisse und Abstände ein, sucht Kanten zum Droppen. Nahezu unwillkürlich halte ich permanent Ausschau nach eigenwilligen Hindernissen oder Geländeformen, die ich in einem nächsten Video einsetzen kann. Ich gehe dann ganz in meiner Welt auf, erscheine geistesabwesend. Vielleicht bin ich gerade in einem Einkaufszentrum und schlendere an Klamottenläden vorbei, aber ich sehe nur die Rolltreppe und ihre Möglichkeiten, die Schaufenster und die Modellpuppen darin als Hintergrund.

Hmmm, überlege ich weiter. Ich könnte an dem Müllcontainer da drüben abprallen, Schwung holen und damit auf das Rolltreppengeländer ...

Diese Bilder sehe ich so lebhaft vor mir, dass ich sogar *fühle*, wie ich nach einem Sprung wieder lande, die Reifen quietschen höre und wahrnehme, wie die Bremsen mit einem Ruck zupacken. Das geschieht unbewusst. Nicht einmal beim Autofahren hört das auf. Manchmal komme ich erst zu mir, nachdem ich zwanzig Minuten lang einer Idee nachgespürt habe, was durchaus nicht unproblematisch ist, wenn ich am Lenkrad sitze und über die Autobahn donnere.

Lebhafte Tagträume hatte ich schon als Kind; ich fand sie völlig natürlich. In der Schule waren mir die praktischen Fächer lieber als alles, was mit Schreiben und Lesen zu tun hatte, aber das lag daran, ich sagte es schon, dass ich Legastheniker bin. Mum und Dad merkten schon früh, dass mit mir etwas nicht stimmte – weniger, weil ich mich gerne aus Bäumen in Netze warf oder mich wie eine Stoffpuppe einen Abhang hinunterkullern ließ, sondern weil ich mich nicht auf den Unterricht konzentrieren konnte. Ich hatte eine extrem kurze Aufmerksamkeitsspanne. Im Unterricht musste man natürlich dauernd lesen und schreiben, und weil ich darin nicht sehr gut war, fing ich an herumzuzappeln. Das fanden meine Eltern und Lehrer sehr bedenklich, weil die Noten darunter litten.

Es ist nicht so, dass mein Konzentrationsmangel mich zum Trial-Biker gemacht hat – meine Schulbildung ist ziemlich ähnlich der vieler anderer Fahrer. Aber einige Experten bringen meine Legasthenie mit meinen unablässigen Ideen in Verbindung, die ich beim Tagträumen habe. Auf dem jährlich stattfindenden Edinburgh Science Festival hatte man mich einmal zu einer Veranstaltung eingeladen, die »Tunnel Vision« (»Tunnelblick«) hieß; dort wurde ich von Professor Ian Robertson interviewt. Robertson ist Psychologe und Gründungsdirektor vom Institute of Neuroscience am Trinity College in Dublin. Unser Gespräch drehte sich darum, was wohl in meinem Gehirn abläuft, wenn ich auf dem Rad meine Runden durch Glasgow drehe oder mir Ideen für neue Videos einfallen.

»Es ist für Sie mühsam, sich auf ein Buch zu konzentrieren«, erklärte Robertson. »Lesen ist nicht das Wahre für Sie, aber wenn ich mir *Imaginate* anschaue, sehe ich eine ausgeprägte visuelle Vorstellungskraft am Werk ...«

Ich schilderte ihm, dass ich in der Schule immer abschaltete, wenn es ums Lesen oder Schreiben ging. Ich fügte hinzu, dass ich im Kunstunterricht auch nicht herausragend gewesen sei, ich könne nicht gut zeichnen, leichter seien mir aber konkrete oder bildliche Unterrichtsstoffe gefallen.

Robertson erkundigte sich, ob ich für meine Videos Entwürfe zeichnete. Das täte ich schon, erklärte ich, aber es seien keine Meisterwerke. »Habe ich eine Idee für einen Stunt, male ich kleine Strichmännchen auf zwei Rädern, es sind grobe Skizzen, ein Art Storyboard für den Ablauf. Die hebe ich auf und hefte sie ab. Ich habe ganze Ordner voll mit allen möglichen Stunts, und wenn ich ein neues Projekt plane, blättere ich sie durch und lasse mich inspirieren. Auf dem Fahrrad hat man so viele Möglichkeiten, unendlich viele, und da ist es gut, wenn man eine Erinnerungsstütze hat ...«

Aber nicht nur meine Notizblöcke quellen vor Geistesblitzen über. Ich habe ein iPhone, dessen Speicher voll ist mit Sprachmemos, die ich während meines Solo-Brainstormings aufzeichne. An manchen Tagen habe ich eine Idee nach der anderen:

- Russisches *Final Frontier*
- Ich als der unsichtbare Mann (mit dem Queen-Song)???
- *The Fridge* (Parodie auf mein Video *The Ridge?*)
- *Bugsy Malone:* Ich fahre durch die Kulisse von »We Could Have Been Anything That We Wanted To Be« aus dem Kindermusical
- *Straight Outta Scotland* – Wortspielerei mit dem Film *Straight Outta Compton* über die Gangsta-Rapper N.W.A.

Professor Robertson vermutete, die Legasthenie könne durchaus ein Faktor für meine Kreativität sein. Unser Gehirn wird auf zwei verschiedene Weisen eingesetzt, so seine Theorie, einmal verbal, da geht es um analytisches, logisches und sprachorientiertes Denken; das ist das, was man in der Schule zum Beispiel in Englisch oder Geschichte übt. Die andere Form ist bildliches Denken, wie man es in den kreativen oder handwerklichen Fächern braucht, im Kunstunterricht oder beim Basteln mit Holz. Dabei muss man Bilder im Kopf erzeugen und innerlich vor sich sehen, was man vorhat, wenn es gelingen soll.

»Diese beiden Denkweisen«, meinte Robertson, »stehen im Konflikt miteinander. Sie behindern sich gegenseitig. Mit drei oder vier Jahren denkt ein Kind hauptsächlich in Bildern, aber dann geht diese Fähigkeit vielfach verloren, weil in den Schulen großer Wert auf verbales Denken gelegt wird.« Er machte eine kurze Pause, dann sagte er: »Danny, es ist gut möglich, dass Sie, wenn Sie damit nicht ein paar Schwierigkeiten gehabt hätten, vielleicht nie dazu gekommen wären, diese ausgeprägte innere Bilderwelt zu entwickeln, mit der Sie über die Fahrradstunts hinaus auch ein kreativer Produzent geworden sind. Würden Sie das ebenso sehen?«

Ich nickte zwar, aber sicher war ich mir nicht. Die Hypothese ist faszinierend, aber ich gehe eher davon aus, dass ich mich innerlich nicht so sehr von anderen Bikern unterscheide. Ich habe nichts weiter als eine ausgeprägte Vorstellungskraft, die ich in eine Reihe von Videos und interessanten Tricks umsetzen konnte. Das Auge des Bikers, mit dem ich die Umwelt sehe, hält mich ständig beschäftigt. Drück mir die Daumen, dass es noch eine Weile funktioniert.

Szene sechs

Aufblende.
Außen. Ein Supermarktparkplatz, Aviemore, Schottland.
Körnige Schwarz-Weiß-Aufnahme des jungen Danny, achtzehn Jahre alt, mager, auf einem 26-Zoll-Titan-Trial-Fahrrad. Er fährt an einen Mülleimer heran, springt mit dem Hinterrad auf den Deckel, korrigiert seine Position ein wenig und springt wieder herunter, erst gegen eine Steinmauer und dann auf eine weitere, schräg abfallende Mauer ein ganzes Stück tiefer. Danach springt er über einen Bach von einem Felsblock auf einen anderen und macht einen Tiretap gegen einen Baum von einer Grasböschung aus. Hier sehen wir Danny zum ersten Mal als YouTube-Trial-Biker.

TartyBikes, 2006

AVIMORE EDIT

Up to Rails to G turn

Police

Tire tap tree

Blunt to Backwards Manual

360 Nose Pick on Back of Bench

Versehentlich viral

Ich habe schon eine Menge Fahrräder geschrottet, aber die Rahmen habe ich immer behalten, egal, wie übel ich sie auch zugerichtet haben mag. Fast jedes Kapitel meiner Laufbahn als Trial-Biker ist in der Sammlung vertreten, darunter eine Reihe Pashleys, die ausgedient hatten, bevor ich auch nur nach Aviemore kam. Mein gutes altes Kona aus Dunvegan war leider schon ein Wrack, als ich dreizehn war (ich besitze nur noch den Vorbau); aber alle anderen Räder sind noch da. Manche bewahre ich in meiner Glasgower Wohnung auf, die anderen sind bei Mum and Dad auf Skye.

Als Jugendlicher wollte ich unbedingt ein Pace haben, wie Chris Akrigg es fuhr, der sechsmalige Meister der British National Trials. Es sah einfach cool aus mit seinen Hohlkammerfelgen aus gefrästem Aluminiumprofil. Im Physikunterricht zeichnete ich es immer in mein Schulheft, anstatt mich auf den Stoff zu konzentrieren. Als ich mir dann bei Bothy Bikes eines kaufen konnte, war es mein wertvollster Besitz – was mich nicht daran hinderte, es gnadenlos ranzunehmen. Nach fünf Monaten war es mit Rahmenbruch außer Gefecht gesetzt, das Schicksal vieler meiner Fahrräder. Es hängt jetzt bei mir zu Hause in Dunvegan an der Wand.

Das Pace war eine Rarität, und man musste Geduld aufbringen, wenn man es haben wollte. Das Modell, wie Chris es damals fuhr, war silbermetallic, aber meine Wunschlackierung war feuerwehrrot. Das sah fantastisch aus, aber auf diesen Sonderwunsch wartete der Kunde acht Monate. Ich war also tatsächlich, um weiter Rad fahren zu können, den größten Teil des Jahres auf die Großzügigkeit meiner Freunde angewiesen. Ich borgte mir die Räder von Kumpels auf Skye, behandelte sie jedoch ziemlich schändlich, sodass ich, als mein nagelneues Pace dann endlich geliefert wurde, im Besitz vieler Einzelteile war.

Je mehr ich als Biker wagte, desto mehr litten darunter die diversen Räder. Mir machte das allerdings nichts aus. Für mich ist ein Fahrrad ein Werkzeug, ein Gebrauchsgegenstand – Mitgefühl? Das hat mir noch nie im Weg gestanden. Ich zögerte nicht, die Gabel oder die Räder zu ruinieren, wenn es notwendig war, besonders wenn ich einen neuen Trick lernen wollte, zum Beispiel einen Tailwhip – dabei springt man ab, gibt dem Rahmen einen Tritt und lässt ihn um das Steuerrohr kreiseln. Während der Rahmen unter mir rotiert, muss ich mich von den Pedalen abstoßen und dann wieder auf ihnen landen. Das ist kein leichter Trick, und nach jedem vierten oder fünften Versuch musste ich das Hinterrad gerade biegen, weil es sich beim Landen verbogen hatte. Auch meine Sprünge und Drops, ja ganz allgemein mein Fahrstil wurden ehrgeiziger. Auf dem Übungsgelände des Rocky Car Park versuchte ich mich ständig an weiten Sprüngen zwischen Mauern oder Felsblöcken, und das ging nicht ohne eine Menge Stürze ab.

Abends fuhr ich ein paar Stunden lang durch die Gegend. In die Gegend um Aviemore kommen die Touristen hauptsächlich zum Wandern, Skifahren oder Mountainbiken; sie machten mir kaum jemals Probleme. Aber auch die Einheimischen erwiesen sich als nette Leute. Sie schauten mir zu, wie ich im Ort herumfuhr und nach Einbruch der Dunkelheit noch Felssprünge übte, im strömenden Regen mit Freunden oder bei Eis und Schnee alleine unterwegs war. Hier fühlte sich niemand davon gestört, wie ich es in Dunvegan erlebt hatte. Für sie gehörte ich schon bald zu Aviemore dazu.

Inzwischen interessierte ich mich immer mehr für die landesweite Szene. Besonders Chris Akrigg wurde sehr wichtig für meine Entwicklung. Ich verschlang im *Mountain Biking UK* alle Artikel über ihn. Mir gefiel sein unbekümmerter, aggressiver Fahrstil. Chris fuhr sein Pace wie ein Motorrad, besonders auf Wettkampfparcours. Die meisten Biker korrigieren die Position ihres Rads mit nervösen Minihüpfern, um Hindernisse genauer anfahren zu können. Chris nicht. Er bretterte zügig, fließend, ohne anzuhalten durch die Strecke. Er blieb permanent in Bewegung, ganz anders als Martyn Ashton, der scheinbar mühelos durch ganze Abschnitte auf dem Hinterrad hüpfte. Seine Technik war sehr präzise, und in seinen Videos gab es stets viele Stunts zu sehen – 180-Grad-Gaps und 360-Grad-Drops zum Beispiel. Beim Üben in Aviemore fuhr ich oft bewusst im Stil von Chris oder Martyn. Wollte ich einen meiner Stunts noch besser hinkriegen, sagte ich mir: »Okay, den lege ich jetzt hin wie Martyn!« So trieb ich mich selbst zu besseren Leistungen an.

Außerdem existierten mehrere aufregende Fahrstile, die sich im Trial neu herausgebildet hatten und die für mich wichtige Anregungen waren. Zum Beispiel den TGS-Stil (Taps, Gaps und Sidehops), wie Neil Tunnicliffe und Craig Lee Scott ihn praktizierten. Sie sprangen unglaubliche Weiten. TGS kam aus der Mountainbike-Szene, und ich war begeistert. Ich hatte noch keinen Laptop, bei Tante Jean gab es auch keinen Rechner, und ich war ohne Internet ziemlich abgeschnitten von solchen neuen Entwicklungen. Als ich sie dann sah, war ich baff. Neil und Craig sprangen fast einen halben Meter höher als irgendjemand vorher, und sie droppten von Mauern auf Leitplanken, wobei sie mit dem Vorderrad zuerst landeten. Die beiden hatten die Messlatte deutlich höher gelegt, und ich war fast ein bisschen entmutigt. Martyns und Chris' Stunts glaubte ich hinkriegen zu können, aber diese neuen Sachen waren eine ganz andere Liga. Trotzdem machte ich mich daran, sie ebenfalls zu können, allerdings nicht sehr erfolgreich.

Meine Arbeit wurde zwar nicht gerade fürstlich bezahlt – ich bekam bei Bothy nur den Lohn eines Auszubildenden –, aber das war nicht schlimm, weil ich in Tante Jeans Hostel wohnen konnte, wo ich sogar noch königlich speiste: Auf den Tisch kamen Lachs, Steak und Kartoffeln dauphinoise, dazu riesige Portionen Meeresfrüchtelasagne. Tante Jeans Kochkunst war berühmt, und es war nur gut für mich, dass ich jeden Tag die meisten Kalorien auf dem Weg zum Job wieder abbauen konnte. Ich fuhr nämlich elf Meilen weit auf einem alten Tourenrad bis zu Bothy Bikes. Dort angekommen, genoss ich alle Vorteil eines solchen coolen Arbeitsplatzes. Täglich konnte ich an hochklassigen Fahrrädern herumschrauben und Kunden in (zugegeben vielleicht etwas neunmalkluge) Fachgespräche verwickeln. Manchmal war es mir möglich, Bauteile und Rahmen zum Einkaufspreis zu sichern, und mir wurde schnell klar, wie wichtig das war: Ohne diesen Preisnachlass hätte ich woanders viel mehr verdienen müssen, um bei Bothy die tollsten Dinge zu erstehen.

Sogar die Umgebung war malerisch. Der Inhaber von Bothy Bikes, David Keegan, hatte seinen Laden nämlich inzwischen von der Hauptstraße Aviemores mitten hinein in den Nationalpark verlegt und kümmerte sich dort um die Bedürfnisse sämtlicher Radfahrer, von Kindern bis zu erfahrenen Bikern. Für die gab es die gesamte Palette an Mountainbikes der Spitzenklasse – Santa Cruz, Scott und Kona zum Beispiel –, aber es kamen auch viele normale Touristen, die sich ein einfaches Rad mieteten, um den Park zu erkunden. Die Landschaft war ein Paradies für Radfahrer. Das neue Geschäft wurde auch seinem Namen gerecht: Es sah wirklich wie ein *bothy* aus. In Schottland versteht man darunter eine Berg- oder Schutzhütte, die oft unverschlossen ist und jedem Wanderer offensteht. Das Gebäude lag ein Stück von der Straße ab, ein wenig versteckt in den Wäldern, fast wie in einem Märchen. Wenn es schneite – was im Winter oft vorkam –, glaubte man, sich in einem Postkartenmotiv zu befinden.

Ich hätte nirgendwo anders arbeiten wollen, denn hier konnte ich im Job so viel Rad fahren wie wohl nirgends sonst. Eigentlich immer – wenn ich nicht gerade etwas tun musste oder DJ Shadow und Rage Against The Machine hörte. Oft war ich morgens der Erste von den Jungs im Laden. In der Mittagspause setzte ich mich für eine Dreiviertelstunde auf mein Trial-Bike, und erst ganz zum Schluss, bevor ich mich auf dem Rückweg machte, schlang ich ein Sandwich und ein Päckchen Kekse, gefüllt mit Feigen, hinunter. Hinter dem Laden ragte der Craigellachie auf, ein beeindruckender Hügel. Wenn ich mich beeilte, schaffte ich es bis zum Gipfel, von dort oben konnte ich dann auf einem grandiosen Trail hinunterheizen, oft auf einem Mountainbike meines Arbeitgebers, das ich mir ausgeliehen hatte. Meist fuhr ich diese Strecke zusammen mit Mark, einem Kollegen. Nach Feierabend kurvte ich noch ein paar Stunden lang auf dem Trial-Rad im Rocky Car Park herum, bevor ich es wieder mit einem Tourenrad vertauschte und mich auf den Heimweg machte. Ich muss damals ungeheuer gut in Form gewesen sein.

Ich träumte übrigens nie von einer Karriere als Profi-Biker, das ist mir nie in den Sinn gekommen. Schlugen mir Freunde vor, ich solle mich doch mal bei ein paar Herstellern bewerben und mich um Sponsoring und Ausrüstung bemühen, zuckte ich nur mit den Schultern. Ein solches Vorgehen war unter Mountainbikern zwar üblich, besonders wenn jemand schon ein bisschen bekannt war, aber ich wehrte jedes Mal ab, wenn die Rede darauf kam. Es wäre mir peinlich gewesen, um Ausrüstung zu betteln, und ich glaubte sowieso nicht, dass mir jemand welche geben würde. Außerdem hatte ich bei Bothy gesehen, wie so was abläuft – wie junge Typen anriefen und sich als große Talente anpriesen, um kostenlos an teure Teile zu gelangen. Als Gegenleistung wollten sie Werbung für unseren Laden machen, mit einem Bothy-Logo auf dem Rad oder ihrer Jacke. Das war nicht mein Ding. Ich war überzeugt, dass man den richtigen Leuten irgendwann auffällt, wenn man nur gut genug ist. Und schließlich lebte ich meinen Traum ja schon – und das zum Einkaufspreis.

Das Phänomen der viralen Internetvideos gab es 2005 noch kaum. MySpace war eine neue Sache, und dass Bands ohne Plattenvertrag groß rauskamen, indem sie ihre selbst aufgenommenen Songs ins Netz stellten – zum Beispiel Lily Allen oder die Arctic Monkeys –, war noch ungewöhnlich. Kein Spitzenfahrer in der Mountainbike- oder BMX-Szene wusste damals, wie wichtig die sozialen Netzwerke einmal werden sollten, denn YouTube oder Twitter waren längst nicht so einflussreich wie heute. Für uns war das Internet völliges Neuland.

Als mir deswegen mein Kumpel Nash Masson vorschlug, ich solle doch ein Video über die Stunts drehen, die ich in und um Aviemore so abzog, lachte ich nur. Ich hielt das für einen Witz. Ich hatte zwar mit Donnie und Jamie ein paar Videos gedreht, aber die waren nur für Freunde gedacht. Aber ich fuhr schließlich doch nach Inverness, investierte 300 Pfund in eine Kamera und ernannte Nash zum Kameramann. Ich weiß nicht mal, ob er vorher überhaupt schon Videos gedreht hatte, aber eifrig war er zumindest.

Wir dokumentierten also einen Tag lang meine Stunts und Lines in Aviemore. Ich sprang auf ein Stahlgeländer vor dem örtlichen Supermarkt und legte danach ein paar fließende Lines im Rocky Car Park hin. In der Nähe vom Mambo's, einem Pub, gab es eine interessante Böschung, die zu einem Müllcontainer führte, gut geeignet für einen Tiretap obendrauf. Dann sprang ich wieder zurück und landete mit dem Hinterrad, auf dem ich dann zurückrollte, ohne das Vorderrad aufzusetzen – letztlich ein Wheelie rückwärts, aber um einiges schwieriger. Weiterhin hüpfte ich von einem Felsblock zum nächsten und sprang über den Bach, der sich durch den Ort zog.

Einige Zeit davor hatten Nash und ich uns heimlich in einen aufgegebenen Freizeitpark bei Aviemore geschlichen, ins Santa Claus Land, um dort Schaumstoff zu erbeuten. Es gab da einen ganzen Bereich, der mit dem Zeug gepolstert war, und wir rissen es von den Wänden und stopften es in Säcke. Eigentlich wollten wir damit die Landezone unserer Sprungschanze für unsere ersten Flips ausstaffieren, die wir aus Erde aufschütteten. Nach dem Absprung würden wir dann weich im dicken Polster aufkommen, es sollte uns abfangen. Meine ersten Versuche, einen Backflip hinzulegen, endeten allerdings unschön. Die Räder versanken bei der Landung im Schaumstoff und stoppten das Rad schlagartig, was ziemlich unangenehme Folgen hatte – ich knallte mit dem einen oder anderen Körperteil heftig an die Rahmenrohre.

Schnell wagte ich mich an Frontflips, und das war ein wahrer Meilenstein. Um diesen Vorwärtsüberschlag ohne größeres Verletzungsrisiko zu lernen, benötigte man als Mountainbiker im Grunde ein sogenanntes Foampit, ein Becken voller Schaumstoffschnipsel. Unsere eigenhändig gebastelte Sprungschanze, so stellte sich heraus, war aber genauso gut, und nach ein oder zwei Versuchen fand ich zu meiner eigenen Überraschung heraus, dass es mir leichtfiel, das Fahrrad in einen Überschlag zu zwingen. Ich befand mich zum ersten Mal kopfüber auf einem Fahrrad, und es war ein tolles Gefühl. Die Landung war noch nicht perfekt, aber ich bekam ein Gespür für die Technik, die ein guter Flip voraussetzt. Für unseren Film nahmen wir ein paar Versuche auf, die besten wurden gespeichert.

Auf die Idee, diese Clips bei MySpace oder YouTube hochzuladen, war ich bislang nicht gekommen. Was Nash da drehte, war rein für den Privatgebrauch, es waren Szenen mit zufällig zusammengestellten Stunts, ohne Konzept, nur zum Anschauen für Freunde gedacht. Wenn ich mich recht entsinne, befand sich der Film ein Jahr lang auf meinem Camcorder, bevor Donnie ihn sah, als ich 2006 über Weihnachten wieder auf Skye war.

Er war ziemlich beeindruckt von meinen Stunts und den Stürzen, die ich auf den geklauten Schaumstoffmatten aus dem Santa Claus Land absolvierte. »Gib mir das Video, Daniel, ich lade es für dich hoch«, schlug er vor.

»Wie – hochladen?« Ich wusste überhaupt nicht, was er meinte, so ahnungslos war ich, was das Internet betraf.

»Gib uns einfach das Band«, meinte er. »Mein Bruder Gordon schneidet die Stunts wirkungsvoll zusammen, und wir stellen das Ganze ins Netz. Wir machen einen tollen Clip daraus und laden ihn auf YouTube hoch.«

Ich ließ mich überreden. Das Ergebnis nannten wir *Tarty-Bikes*, nach einem Onlinehändler, der mir Rabatt auf ein paar Ersatzteile gewährt hatte. Bald hörte ich von Gordon, der Clip sei jetzt im Netz. Ich schaute ihn mir an, hatte aber die Sache schon bald wieder vergessen. Als ich das nächste Mal nachschaute, hatte er 250 000 Klicks. Auch im Trial-Forum, einer Internetplattform für Biker, kam er gut an, wie ich zu meinem Erstaunen erfuhr. Da ich noch immer keinen Rechner hatte, schaute ich bei einem Freund nach, um festzustellen, wie viele Leute sich das Video ansahen. Jedes Mal, wenn ich mich einloggte, verblüfften mich die Zahlen, insbesondere als wir die Millionengrenze überschritten. Eine Million Menschen hatte sich unser Video angeschaut! Zuerst musste ich lachen. Es war ein amüsanter Gag, mehr nicht. Ich hätte nie geglaubt, dass dieses Bike-Video, auf einem Parkplatz mit einer einfachen Kamera gedreht, irgendwelche Folgen haben würde.

Da hatte ich mich getäuscht.

Szene sieben

Aufblende.
Außen. Ein Trial-Parcours, Aberfeldy.
Ein grauer, regnerischer Tag. Dannys Freund Duncan Shaw mit seinem Fahrrad oben auf einem kleinen Stahlgerüst, etwa anderthalb Meter hoch. Darunter liegt Danny rücklings im Gras. Er wirkt nervös. Er hat die Hände schützend zwischen seine Beine gelegt.
Duncan fährt vor bis an die Kante und blickt hinunter. Er stellt sich aufs Hinterrad und droppt vom Gerüst. Der Hinterreifen landet zwischen Dannys Beinen, gefährlich nahe an wichtigen Körperteilen, die inzwischen mit einem Helm abgedeckt sind. Duncan fährt davon. Das besorgte Publikum schaut zu – und zuckt zusammen.

Danny MacAskill und The Clan in Aberfeldy, 2009

»The Clan«

Im Sommer 2006 hatte ich dann auch Aviemore zu Tode gefahren. Drei Jahre lang hatte ich jede Line im Ort geübt, die ich nur finden konnte, war wieder und wieder durch den Rocky Car Park gefetzt, ständig dabei, mir neue Fertigkeiten anzueignen. Aber plötzlich wurde ich unruhig, ich wollte weiterziehen. Dieses drängende Gefühl hatte auch mit einem zufälligen Gespräch mit Fraser McNeil zu tun, einem der besten Trial-Fahrer Edinburghs. Wir waren uns bei Bothy Bikes begegnet und ins Reden gekommen.

»Leb doch mal für eine Weile in Edinburgh«, schlug er vor. »Schau's dir an. Tonnenweise großartige Mauern, Geländer und so. Hin und wieder drehen wir auch ein Video. Du solltest dabei sein ...«

Ein paarmal fuhr ich mit dem Zug in die Stadt, um ein Gefühl dafür zu erhalten, wie es dort aussah. Sie gefiel mir. Zwar war ich in der Einsamkeit der Highlands aufgewachsen, aber Edinburgh war weniger abschreckende Großstadt denn ein großes Dorf. Es könnte der richtige Ort sein, überlegte ich, um als Biker dazuzulernen und auch eine andere Szene kennenzulernen. Ich musste meinen Horizont erweitern, und dafür war die schottische Hauptstadt ideal. Einige meiner Kumpels von Bothy Bikes waren in den letzten Monaten hierhergezogen und arbeiteten in einem Laden, der sich »Macdonald Cycles« nannte. Als sie hörten, dass ich dazustoßen wollte, sprachen sie mit ihrem Chef und überzeugten ihn, dass er einen weiteren Mechaniker brauchte. Er stellte mich ein, und wieder einmal hatte ich Glück gehabt.

Es war inzwischen Sommer geworden, die Sonne knallte vom Himmel, als würde sie einen grillen wollen, und unmittelbar vor der Haustür hatte ich unzählige Übungsmöglichkeiten für meine Tricks. Alles war unbekannt und aufregend. Selbstverständlich fuhr ich hier genauso meine Street-Trials wie in Aviemore, aber Edinburgh bot dazu einige legendäre Übungsgelände, etwa den Bristol Square, der mit seinen Treppenanlagen inoffizieller Treffpunkt der Freestyler war. Meist versammelten sich dort zwanzig oder dreißig Skateboarder und einige BMX-Fahrer. Ich trainierte vorwiegend vor der Nationalgalerie, in der Nähe einer Skulptur, der ich später den Spitznamen »Die Torte« gab. Auch das Parlamentsgebäude hatte einige schöne Betonblöcke aufzuweisen, über die man hervorragend springen konnte. Man kann sich das alles in *Inspired Bicycles* ansehen, einem Video von 2009.

Zum Mountainbiken bot Edinburgh ebenfalls reichlich Gelegenheit, sozusagen als Bonus. So konnte man Arthur's Seat hinauffahren, den nur 250 Meter hohen, aber steilen und zerklüfteten Hauptgipfel im Holyrood Park, mitten in der Stadt. An warmen Abenden wagte ich mich manchmal zum Gipfel auf, hügelauf und hügelab auf den Fußwegen (allerdings illegal, denn Radfahren ist hier verboten). Exzellentes Gelände fand ich auch in den Pentland Hills, oder ich fuhr eine Stunde weit in den Glentress Forest südlich der Stadt, ein baumreiches Mekka für Mountainbiker. Die Auswahl schien unerschöpflich.

Alles gelang mir jedoch nicht. In meinem ersten Jahr in Edinburgh hatte ich einen ziemlich hohen Verschleiß an Fahrrädern, zumal ich mich darauf verlegt hatte, einen Trick zu lernen, der sich »Hook« nannte: Dabei wirft man sich gegen eine Mauer und springt weiter bis auf ihre Krone. Technisch sah das so aus: Ich fuhr auf eine Mauer von etwa 1,80 Meter Höhe zu. Etwa zweieinhalb Meter davor drückte ich mich ab und zog das Vorderrad hoch, damit es gerade über die obere Mauerkante rutschte und ich wie an einem Haken hing – weswegen der Stunt auch Hook heißt. Gleich danach prallte das Hinterrad gegen die Mauer, und ich nutzte den Impuls, um das Bike ganz auf die Mauer zu hieven, wo ich auf dem Hinterrad zum Stehen kam.

In Aviemore hatte ich Hooks von 1,20 Meter Höhe geschafft. In Edinburgh aber, wo ich komplett neue Treppen, Mauern und Geländer hatte, um darauf herumzuspringen, testete ich viel Waghalsiges aus. Nicht nur fuhr ich ständig Fahrräder zu Schrott, auch mein Körper musste daran glauben. Alle paar Wochen hatte ich einen Rahmenbruch, und die Verletzungen meinerseits hörten nicht auf: ein gebrochenes Handgelenk, ein ausgerenkter Zeigefinger, gerissene Sehnen in beiden Köcheln sowie eine Unzahl von Prellungen an den Fersen (bis ich mir ein Paar ordentliche Schuhe zulegte). Zum Glück sahen die Chefs bei Macdonald Cycle die Sache ebenso locker wie die bei Bothy, und niemand meckerte, wenn ich mal wieder mit Gipsverbänden und Bandagen angehumpelt kam, selbst wenn viel zu tun war. Das Geschäft in der Morrison Street gab es schon seit Jahren. Es kamen viele Mountainbiker, aber die Hauptkundschaft waren Pendler. In den Achtzigerjahren war es der angesagteste Fahrradladen in der Stadt gewesen, Rennräder wie die von Raleigh waren damals extrem populär gewesen.

Vorwiegend war ich in der »Höhle« anzutreffen – dem Keller. Da unten reparierte ich klapprige alte Mühlen, ohne vom Strom der Kunden im Erdgeschoss gestört zu werden, die Fahrradhelme oder Flickzeug kaufen wollten. Die Höhle war cool, sie hatte Charakter – ein unterirdisches Labyrinth voller Einzelteile, dazu alte, spannende Rahmen und stapelweise Kisten mit Neuware. Musik von den Judas Priest dröhnte aus Lautsprechern, und ich war zufrieden. Fahrräder und Werkzeug störten sich nicht an dem Lärm und widersprachen mir auch nicht. Jeden Tag war ich froh, da unten meine Ruhe zu haben.

Nach Feierabend wurde es lustig, weil wir normalerweise ein Straßenrennen nach Hause veranstalteten. In der Stadt fuhr ich ein kleines Kona, das ich *The Wee Commuty* (»Der kleine Pendler«) getauft hatte, und sowie es achtzehn Uhr war, rasten wir um die Wette durch die Stadt. George und John – dieselben Freunde, die später Vision Ramps gründeten – waren mit mir am Start, und es waren immer wilde Partien. Wir ließen uns im Windschatten der Busse die Princes Street entlangziehen, um dann die Lothian Road und den Leith Walk abwärtszusprinten. In der Nähe der Wohnung, in der wir schon damals zusammenlebten, gab es einen großen Kreisverkehr, über den wir häufig hinwegbretterten, hemmungslos Kurven schnitten und dann keuchend und erschöpft in unsere Hauseinfahrt schlitterten. Stürze kamen dabei vor, aber das war egal. Waren zu viele Finger bandagiert, um auf der Arbeit noch Räder reparieren zu können, schickte mich Colin als Verkäufer in den Laden. Das war zwar nicht so klasse, wie alleine in der Höhle zu basteln, aber es gefiel mir trotzdem – selbst wenn ich Flickzeug verkaufen und mich mit nervigen Kunden herumschlagen musste.

Bei meinem enormen Verbrauch an Rädern und Radteilen war es wirklich ein Glück, dass ich über meinen Arbeitgeber so einiges günstiger bekam. Außerdem halfen mir einige

Sponsorenverträge, die ich noch bei Bothy Bikes abgestaubt hatte (ohne dass ich übrigens je darum gebeten hätte). Mein erster Sponsor war TartyBikes, ein Trial-Radhersteller, auf den ich bei einem Wochenendausflug gestoßen war. Ich benannte in der Folge mein erstes Video nach der Firma und konnte dafür, wenn ich neue Teile brauchte, einfach anrufen. Postwendend traf dann ein Paket mit dem Benötigten ein. Dave Cleaver, einer der Betreiber von TartyBikes, plante inzwischen, eine eigene Fahrradmarke auf den Markt zu bringen. Eines Nachmittags auf einer Messe im Conference Centre in Birmingham, ich wanderte gerade ein bisschen ziellos herum, nahm er mich beiseite.

»Ich dachte daran, dass du für Inspired Bicycles fahren könntest, meine neue Firma«, erklärte Dave. »Hättest du Lust?«

Ich verbrauchte mit meinem barbarischen Übungsstil reichlich Material, und Daves Angebot war mir sehr willkommen; er würde den Nachschub bei notwendigen Ersatzteilen sicherstellen, und zwar kostenlos. Nachdem ich bei Inspired Bicycles unterschrieben hatte, bekam ich jeweils die neuen Rahmen und Gabeln als Prototypen. Mit einem 24-Zoll-Street-Trial-Rad fing ich an. Es war das erste dieser Größe, das ich je gefahren hatte, und eines der ersten überhaupt, die speziell für meine Art Stunts gebaut waren. Eigens hergestellte Street-Trials-Räder gab es kaum, vor allem deshalb, weil nur wenige Street-Trial-Fahrer unterwegs waren – die Szene war sehr übersichtlich. Inspired war in diesem Business eine Ausnahme, noch ein paar andere setzten auf ähnliche Räder.

Mein neues Rad war auf Wendigkeit und Kontrollierbarkeit ausgelegt. Dazu kamen extrastarke Bremsen, sodass ich meine Bewegungen völlig im Griff hatte. Der Hinterbau hatte kurze Kettenstreben, wodurch ich das Rad leicht in den Manual ziehen konnte. Außerdem verbogen sich die Räder mit ihrem kleinen Durchmesser nicht ständig wie bei einem normalen Trial-Rad, was Tricks wie Tailwhips, 360-Grad-Wenden und Hooks erleichterte. Als ich das Inspired zum ersten Mal Probe fuhr, war es, als hätte mir genau dieses Rad schon immer gefehlt.

Ein anderes wichtiges Detail war der Sattel. Manche Trial-Räder haben überhaupt keinen mehr, da man ihn beim Trialen eigentlich nie benutzt. Aber das Inspired hatte einen – und sah dadurch auf den ersten Blick überraschend normal aus. Die Zuschauer akzeptierten meine abgedrehte Fahrweise in Videos wie *Inspired Bicycles*, weil ich meine Stunts auf etwas vollführte, das erkennbar wie ein Fahrrad aussah.

Ich bin mit meinen 1,77 Metern nicht gerade hochgewachsen, und mit den kleineren Rädern bekam ich jetzt auch meine Bunnyhops leichter hin. Als ich dann anfing, das Inspired in der Stadt auszuprobieren, veränderte sich durch die technischen Unterschiede auch mein Stil. Immer wenn ein Teil den Belastungen nicht standhielt und brach – das Steuerrohr, die Gabel –, rief ich Dave an und schilderte ihm, wie ich seinen neuesten Prototypen geschrottet hatte. Er hörte genau zu und änderte dann entsprechend den Entwurf für den nächsten Prototypen. So entwickelten wir allmählich gemeinsam ein Fahrrad, das mich bei meiner Weiterentwicklung begleiten konnte. Es war der Anfang einer starken Partnerschaft.

Nachdem ich mich in Edinburgh eingelebt hatte, konnte ich mich schon bald mit einer Menge einflussreicher Biker austauschen. Es gab zwar, wie gesagt, nicht viele Trial-Fahrer in der Stadt, aber eine lebendige Radfahrerszene. Auch kamen viele Biker von außerhalb, um Reparaturen machen zu lassen und neue Teile zu kaufen. Da spielte es keine Rolle, ob man Downhill, BMX, Rennrad oder Trials fuhr – wir gehörten alle zur großen Familie der Fahrradbesessenen; es gab keine Cliquen.

Umgeben von so viel Kreativität, hatte ich bald einen eigenen Plan gefasst: eine tourende Trial-Show namens »The Clan«. Mein Partner und Komplize bei diesem Coup hieß Iain Withers, ein ehemaliger Kurierfahrer und Fahrradbauer, der inzwischen eine Firma gegründet hatte, MB7, bei der man Unterricht im Mountainbike-Fahren nehmen und geführte Trips über die Trails in der Edinburgher Gegend machen konnte. Ich hatte inzwischen mehrfach für die Forestry Commission, die Forstverwaltung, gearbeitet – nicht als Holzfäller, sondern für ihr Fahrradstuntteam, das 7Stanes Cycle Display Team. Wir tourten durch die Mountainbike-Parcours in den Borders, der Grenzregion zu England. Das Team brachte seinen speziellen Trial-Parcours-Aufbau mit – ein paar Kisten, einige Geländerstangen zum Drüberspringen. Das war ein netter Nebenverdienst zu meinem Job bei Macdonald Cycles, aber ich wusste, dass ich selbst auch etwas in der Art auf die Beine stellen konnte. Als ich Iain 2008 bei einer Veranstaltung in Birmingham traf, fingen wir an, über die Gründung eines neuen Teams zu reden.

Was Trial-Wettkämpfe vor Zuschauern anging, hatte ich ja schon ein wenig Erfahrung, aber es war für mich nie das Wahre gewesen. Mir lag der Street-Trial-Stil mehr. Draußen auf der Straße kann ich, alleine im Regen, im Wind oder – wenn ich Glück habe – in der Sonne, einen Trick auch fünfzigmal üben, wenn es sein muss, so lange, bis ich ihn kann. Bei Wettkämpfen ist es anders. Sie haben strenge Regeln und eine Menge Einschränkungen. Ich fahre lieber ohne Regeln, stöpsele mir die Kopfhörer in die Ohren und gondele in meiner abgeschlossenen Blase durch die Straßen, immer auf der Suche nach dem nächsten Mauervorsprung zum Draufspringen, der nächsten Wand für einen Wallride, der nächsten Treppe, um im 360er herunterzuwirbeln. Kurzum: Die Wettkampfszene war nicht mein Ding.

Shows dagegen sind etwas anderes. Da geht es nicht um Leistungsvergleich, sondern um Unterhaltung. Man tourt durch die Lande und zieht auf Landwirtschaftsmessen, Musikfestivals und Firmenfeiern eine geile Show ab. Das größte Unternehmen dieser Art war die Animal Bike Tour, finanziert von und benannt nach der gleichnamigen Klamottenmarke. Headliner war Martyn Ashton. Animal war ein Hit. Die Bike Tour wurde oftmals auch für Großereignisse gebucht, zum Beispiel für den britischen MotoGP (Motorrad-Grand-Prix) in Silverstone. So hoch wollten Iain und ich gar nicht hinaus – zumindest noch nicht –, aber wir wussten, dass wir in Schottland, wo es viele gute Fahrer und eine interessierte Szene gab, erfolgreich ins Geschäft kommen konnten.

Wir einigten uns auf den Namen »Clan« und stellten eine Liste mit unseren Wunschkandidaten auf, den besten schottischen Trial-Fahrern. Darauf standen unter anderem der britische Meister Duncan Shaw und mein alter Kumpel Nash Masson. Bald stieß auch Fraser McNeil dazu, der mich überzeugt hatte, nach Edinburgh zu ziehen, und als sich die Sache herumsprach, wurden wir laufend gebucht. Wir sollten ebenfalls auf Landwirtschaftsmessen, bei Bike-Treffen, auf Rennen und Ausstellungen auftreten – überall eben. Wir bastelten uns einen transportablen Parcours aus Sprungrampen, einer Hochsprunglatte für Bunnyhops und einem Dreimeterturm zum Droppen. Bald war unser Terminkalender so voll, dass ich es am Wochenende nicht mehr nach Hause zu meinen Eltern schaffte; in zwölf Monaten traten wir bei zehn Schulshows auf und hatten dreißig bezahlte Vorstellungen. Ich war begeistert. Die Zuschauer jubelten uns zu, das war toll, aber vor allem war ich mit Freunden unterwegs und verdiente mein Geld mit Fahrradfahren.

2008 gelang mir mein erster Backflip. Das war ein unglaubliches Erlebnis. Es passierte bei der Eröffnungsveranstaltung vom Loch Lomond Sea Life Aquarium. Wir hatten eine ganz neue Sprungrampe gebaut, und am Tag zuvor, bei der Probe, hatte ich endlich den Flip gewagt, obwohl ich auf hartem Boden statt in einem Foampit landen musste. Es hatte funktioniert. Ich hatte gemerkt, dass die Technik des Flips (möglichst schnelle Anfahrt auf die Rampe, dann das Rad nach hinten ziehen, aber nicht zu fest, und gleichzeitig den Kopf zurückwerfen und nach oben schauen) eigentlich ziemlich einfach war. Dass ich den Backflip jetzt draufhatte, gab mir solches Selbstvertrauen, dass ich ihn gleich am nächsten Tag in Loch Lomond mit ins Programm einbaute, und von da an beherrschte ich ihn.

Auf der Arbeit bei Macdonald Cycles kam ich währenddessen mit einem Haufen Biker in Kontakt, die kein Trial fuhren – hauptsächlich BMXer. Damals traf ich auch Dave Sowerby, einen der besten BMXer in Schottland und einer der besten Filmproduzenten in der Szene. Jedes Jahr erschienen ein oder zwei tolle DVDs von ihm. Wenn es um BMX-Videos ging, war Dave unschlagbar; er arbeitete mit Proper Bike Co. und Nike zusammen und machte später BSD zu der Marke, die man heute kennt.

Dave suchte noch einen Mitbewohner für seine Wohnung im Edinburgher Viertel Marchmont. Ich sagte zu und merkte recht bald, dass mein neues Zuhause die örtliche BMXer-

Zentrale war. Immer wenn ein neuer BMX-Film herauskam, holte sich Dave eine DVD, und die Biker strömten zusammen, um ihn sich bei uns anzuschauen. Es war eine klasse Zeit. Ständig saßen zwanzig Leute herum und schauten sich die neuesten Filme an (oder eine Folge von *The Mighty Boosh*). Ich schaute zu, wie Dave die technischen Einzelheiten der Stunts erklärte. Er erzählte, worauf man bei der Aufnahme achten muss, damit sie ihre Wirkung entfaltete; wir sprachen über den Schnitt, sogar über den Soundtrack. Als ich noch in Dunvegan oder Aviemore herumgeflitzt war, hatte ich so etwas nie berücksichtigt.

Eines Abends veränderte Dave dann meine Einstellung zum Biken – für immer. Er brachte einen Film namens *Grounded* mit, den der Skateboard- und BMX-Hersteller Etnies produziert hatte. Protagonist des Films war der legendäre BMXer Ruben Alcantara; seine Inverts (extrem eingedrehte Tabletop-Jumps) wurden gerne in BMX-Magazinen abgebildet. Ruben wollte mit *Grounded* offenbar sein Meisterstück abliefern, und das sah man. Er zeigte krasse Stunts wie haarsträubende Steilwandfahrten, die schnell als »Ruben Wallrides« bekannt wurden und die Zuschauer verblüfft zurückließen, weil er regelrecht die Matrix manipulierte und ewig an senkrechten Wänden entlangrollte, was physikalisch kaum möglich schien. *Grounded* veränderte alles.

Nicht lange danach stürzte Dave Sowerby schwer und brach sich das Schienbein. Er hatte in einem Skateboard-Park in Perth geübt und einen weiten Sprung über ein Geländer versucht. Er sprang zu kurz und streifte mit dem Hinterrad das Geländer. Der Impact schleuderte ihn über den Lenker. Dave ist 1,90 Meter groß und kein Leichtgewicht – kein Wunder also, dass das Schienbein dem Aufprall nicht gewachsen war. Dave humpelte sechs Wochen lang an Krücken herum, konnte weder Rad fahren noch filmen und wurde fast wahnsinnig.

An einem Nachmittag, wir hingen gerade beide in der Wohnung herum, bot er mir plötzlich an, einen Film über meine Stunts und Tricks zu drehen. Es war eine Ehre für mich – ich wusste ja, wie gut er war, und hätte mich nie getraut, ihn selbst darum zu bitten.

»Klar«, stimmte ich zu. »Das wäre klasse.«

Ich meine, wie oft hat man schon die Gelegenheit, mit einem der größten Filmproduzenten im BMX-Geschäft zusammenzuarbeiten?

Szene acht

Außen. Princes Street Gardens, Edinburgh.
Im Vordergrund die Blumenbeete der Princes Street Gardens. Im Hintergrund sitzt Danny auf einer Mauer, von der aus er die Parkanlage überblickt. Er lässt die Beine baumeln. Unter ihm geht es sechs Meter abwärts bis zu einer Grasböschung, die bis zu einem Pfad reicht. Abblende.
Schnitt auf Danny, jetzt auf seinem Fahrrad, an derselben Stelle. Er rollt vorwärts, droppt ins Leere, dreht sich in der Luft und landet kurz auf einem schmalen Vorsprung. Das Bike setzt kurz auf, doch Danny zieht es von der Mauer weg, dreht sich im Fallen um 90 Grad, landet jetzt auf der Grasböschung und fährt davon. Während mehrere entsetzte Zuschauer ihm hinterherstarren, fährt er einfach davon.

Inspired Bicycles, 2009

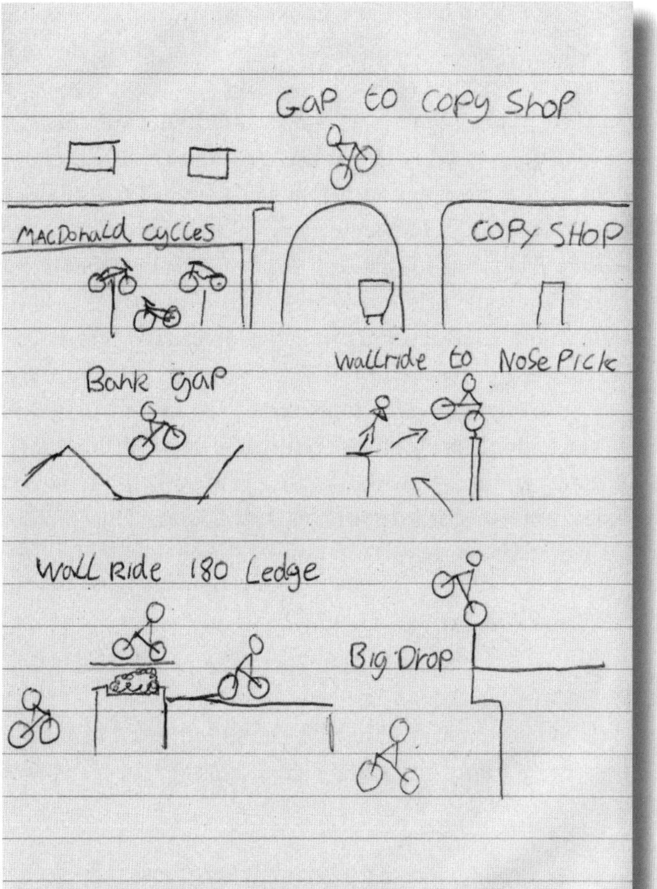

Gap to Copy Shop

MacDonald Cycles

Copy Shop

Bank gap

Wallride to Nose Pick

Wall Ride 180 Ledge

Big Drop

Über die Dächer

Zum ersten Drehtermin gingen wir ans Art College, an die Kunsthochschule. Wir wollten einige Lines mit Potenzial auskundschaften, mit Möglichkeiten für Stunts, die ich schon eine Weile im Kopf hatte. Es war ein frischer, klarer Herbsttag, die Sonne stand tief am Horizont, und Dave filmte mit einem Fischaugenobjektiv, sodass die Szene wirkte, als wäre sie in einem Goldfischglas aufgenommen worden. Es war das erste Mal, dass ich mich selbst so auf dem Fahrrad zu sehen bekam.

Wir filmten ein paar Moves; das Schwierigste war ein »Bump-180er« über ein Geländer am Straßenrand. Wir brauchten eine Weile, bis die Landung so aussah, wie wir es uns vorstellten. In einer anderen Szene verband ich einen Wallride mit einer 180-Grad-Drehung über ein Blumenbeet, gefolgt von einem Zwei-Meter-Drop. Diese Clips waren eine perfekte Grundlage für unsere Kameraarbeit. Ich begann, mir zu merken, wo die Stadt die besten Drehorte bot. Ich muss diese einmalige Gelegenheit ausnutzen, dachte ich. Was kann ich noch alles zeigen? Meine Ideen wurden immer kühner.

Ich kniete mich in jede Aufnahme voll rein. Wenn ich schon einen Film mit Dave machen konnte, dann sollte es auch ein *richtig guter* Film werden. Bislang war ich nur Rad gefahren; jetzt stellte ich mir vor, wie ich vor der Kamera den besten Effekt erzielen konnte, so wie es Ruben Alcantara in *Grounded* geschafft hatte.

In Edinburgh fielen mir jeden Tag neue Lines und Obstacles auf, aber manche davon waren zu riskant, um sie nur zum Spaß in Angriff zu nehmen. Jetzt aber, wo ich damit auf Film etwas Bleibendes schaffen konnte, waren sie das Risiko schon eher wert. Besonders reizte mich eine Mauer an den Princes Street Gardens. Sie fiel nach einer Seite sechs Meter weit ab und lief in einen steilen grasigen Hang aus. Das war heftig, aber ich traute es mir zu. Sowie ich diese Wand entdeckt hatte, wusste ich, dass ich diesen Drop wagen musste, weil ich etwas in dieser Größenordnung noch nie versucht hatte. Wenn das Wetter zum Filmen zu schlecht war, hielt ich auf dem Nachhauseweg manchmal dort an, um trotz Schnee und Eis in die Tiefe zu starren.

Eines Tages droppe ich hier herunter, dachte ich dann und bekam ein mulmiges Gefühl im Magen. Schon diese Mauer auch nur anzuschauen und ihre Höhe abzuschätzen machte mir Angst.

Bald hatte ich ein Gefühl dafür, wann mir ein Stunt so gut gelungen war, um filmtauglich zu sein. Nach jedem Stunt fuhr ich dorthin zurück, wo Dave seine Kamera aufgebaut hatte, über der er sich wie ein Riese duckte. Er zeigte mir, was er gerade aufgenommen hatte, oder gab mir ein paar Regieanweisungen. »Spinning goofy« (sich in die Richtung des rückwärtigen Fußes drehen) sah ebenso schlecht aus wie »bitch cranks« (treten, um nicht stehen zu bleiben), wenn man auf dem Hinterrad rollte. Alle Moves mussten möglichst in einem Zug durchlaufen, ohne Korrekturhopser zwischendrin.

Wir fanden in eine fließende Arbeitsroutine. Unter der Woche arbeitete ich weiter bei Macdonald Cycles und war zusätzlich am Wochenende mit Showterminen des »Clan« eingespannt. Zum Filmen kam ich nur, weil die Arbeitsschichten bei Macdonald sehr flexibel waren und ich mir meine freien Tage selbst aussuchen konnte. Ich hatte ständig die Wettervorhersagen im Blick, um mir die besten Termine zum Radfahren freihalten zu können. Wenn ich es absolut nicht schaffte, an einem sonnigen Tag freizubekommen, filmten Dave und ich wenigstens in der Mittagspause.

Er war sehr geduldig mit mir. Eigentlich sollte das Projekt in ein paar Wochen über die Bühne gehen. Aber der Herbst ging, der Winter kam, und es wurde rauer, vor allem regnerischer, und wir mussten eine Weile kürzertreten. Ich hatte noch eine Menge Dinge im Kopf, die ich probieren wollte, aber die konnte ich nur riskieren, wenn alle Oberflächen knochentrocken waren, besonders bei diesem Sechs-Meter-Sprung in den Princes Street Gardens. Da musste ich zwischendrin einen kupferbeschlagenen schmalen Mauervorsprung treffen, bevor es weiter nach unten auf den Grashang ging. Wenn der auch nur ein bisschen feucht war, rutschte das Rad ab und ich natürlich mit. Und Metallgeländer im Regen? Vergiss es. Ein Fehler ist schnell passiert.

Mittlerweile war es November, und wir wussten, wir würden auf den perfekten Tag eine Weile warten müssen, aber ich blieb optimistisch. Nach dem Aufwachen schaute ich zuerst aus dem Fenster. War der Himmel strahlend blau, klopfte ich an Daves Zimmertür, um ihn zu wecken. Er hatte oft bis spätabends an anderen Projekten gearbeitet, aber meistens war er trotzdem bereit, mit mir weiterzudrehen. Das war unglaublich nett von ihm. Er tat dies außerdem völlig umsonst; das Budget unseres Films lag bei genau null Pfund. Geld gaben wir nur für Videobänder aus.

Wenn es etwas Positives an den nassen und windigen Tagen gab, dann, dass sie mir Zeit zum Planen ließen. In der Mittagspause kam ich einmal aus der »Höhle« heraus, um mir ein Sandwich zu kaufen. Die Morrison Street war sehr belebt, und als ich auf eine Lücke im Verkehr wartete, um über die Straße gehen zu können, starrte ich geistesabwesend die Geschäftsfronten an. Direkt neben Macdonald Cycles befand sich CopyStop, ein Kopierladen, und zwischen den beiden lag Chuckie Pend, eine kleine Seitengasse. Beide Läden hatten flache Vordächer über dem Eingang, und die Seitengasse dazwischen war etwa vier Meter breit.

Wenn ich nun da drüberspränge?

Ich überlegte lieber nicht weiter. Sicher konnte man da oben keinen ordentlichen Anlauf nehmen. Bestimmt lag da Wellblech oder so. Aber als ich meinem Kollegen Nash davon erzählte, winkte er ab. »Bin schon oben gewesen«, meinte er lakonisch. »Total flach.«

Ich konnte es gar nicht abwarten, Dave von meiner Entdeckung zu berichten.

Damals kümmerte es mich nicht, ob diese Filmerei mich weiterbringen würde, heraus aus meiner kleinen Blase, aus der Trial-Szene, sogar aus der Mountainbike-Szene. An so etwas dachte ich gar nicht. Aber Dave gab mir wirklich Auftrieb. Er lobte mich zwar nie, das war nicht seine Art, aber ich merkte, dass ihn unser Filmprojekt genauso gepackt hatte wie mich. Jede Woche fügte er neue Extras hinzu – Parts, die dem Film eine Story gaben, Aufnahmen aus ungewöhnlichen Blickwinkeln, um meine Stunts besser zur Geltung zu bringen. Es gab stimmungsvolle Blicke auf die Türme und Zinnen Edinburghs bei Sonnenuntergang; als Eröffnungsbild stellte er sich die Silhouette der Festung vor. Natürlich war das ein Street-Trial-Film, und so sollte er sich auch anfühlen, aber Dave wollte schon eine bestimmte Stimmung einfließen lassen. Er war hier aufgewachsen, und seine Heimatstadt gut herüberzubringen wurde ein wichtiger Aspekt.

Ich konzentrierte mich darauf, so viele neue Stunts wie nur möglich zu planen. Manche bestanden nur aus einem einzigen Trick, andere aus einer festgelegten Abfolge, wie in einem BMX- oder Skateboard-Film. Zum Beispiel wirbelte ich in einem 360er eine Treppe mit fünf Absätzen hinunter, fuhr einen Hügel entlang und endete mit einem Bunnyhop auf einen Poller, bevor ich auf der Stelle wendete und einen Hook an einer über anderthalb Meter hohen Mauer sprang. Nach einer erneuten Wende, diesmal von der Kamera weg, beendete ich den Clip mit einem 360er eine Treppe mit zehn Absätzen hinunter.

Einige Banger, also spektakuläre Superstunts, hatte ich auch eingebaut. Ich überwand schließlich meine Angst und wagte mich tatsächlich an den großen Sprung von der Mauer in den Princes Street Gardens hinunter, obwohl ich zwei Tage brauchte, bis die Szene im Kasten war. Bei unserem ersten Versuch war der Himmel herrlich klar, aber der Wind heulte in Orkanstärke. Als ich aus der Wohnung kam, fiel mir auf, dass sich das Straßenschild in einer Böe bog. Mir kam das bedenklich vor, aber ich war fest entschlossen, keine Ausrede gelten zu lassen.

In der Nähe unseres Drehorts lag die Scottish National Gallery, und wir fürchteten, die Touristen, die dort unterwegs sind, könnten sich womöglich als Zuschauer ins Bild drängen. Um das zu verhindern, baute Dave die Kamera unten auf dem Fußweg auf, wo sie unauffällig blieb. Ich wiederum würde schnell und beiläufig auf die Brüstung der Mauer springen und abwarten, bis er mir das Startzeichen gab.

Es war furchtbar kalt. Ich trug nur eine Schicht Merinowolle und fuhr erst einmal ein paar Hindernisse ab, um mich aufzuwärmen. Trotz der Kälte fühlte ich mich wohl, weil ich mit meinem Rad gut zurechtkam. Wenn mir dieser Stunt gelang, hatten wir unseren Banger, den krönenden Abschluss.

Ich spähte über die Mauer, und Daves Blick sagte mir, dass er bereit war. Wir schauten uns um, ob die Luft rein war; als kein Mensch mehr zu sehen war, sprang ich mit dem Rad auf die Mauerkrone und setzte die Füße auf die Pedale. Dann war da auf einmal ein Gedanke, den ich nicht mehr loswurde: Die Gabel wird brechen.

Ich hatte keine Ahnung, woher diese Idee auf einmal gekommen war. Ich sah einfach instinktiv voraus, dass mir beim Aufprall die Vorderradgabel abbrechen würde. Ich überwand die Bedenken. »Und wenn sie bricht?«, sagte ich mir. »Immerhin eine spektakuläre Szene für den Film. Außerdem habe ich das jetzt schon so lange vor ... Ich mache es.«

Meine Angst hatte ich im Griff. Ich hatte schon so lange von dieser Stelle die Mauer hinuntergeschaut und mir vorgestellt, wie ich springen würde, dass ich keine Furcht mehr hatte. Der Drop war machbar, der Ablauf klar, das Ziel deutlich zu sehen. Ich sprang. Zunächst von der Brüstung bis auf den schmalen Vorsprung, dann weiter hinunter auf die Grasböschung.

Die Gabel brach. Genau wie ich es vorausgeahnt hatte, knickte sie ab, als das Vorderrad auf den Hang traf. Ich kullerte hinunter bis auf den Fußweg. Passiert war mir nichts, ich ärgerte mich nur furchtbar. Dann musste ich auf einmal lachen. Ich hatte gerade einen richtig fetten Drop gesprungen, sodass mein Bike unter mir kollabierte – und da stand ich nun unversehrt und lachte in mich hinein.

Mein Bike war natürlich nicht mehr zu gebrauchen, und wir mussten einen Monat lang warten, bis das Wetter einen erneuten Dreh erlaubte. Als es endlich so weit war, bauten wir den Stunt genauso wie beim ersten Mal auf: Dave postierte sich am Fuß der Mauer und ich obendrauf. Dieses Mal war das Ergebnis gemischt. Beim ersten Versuch geriet ich mit einem Fuß in einen Rinnstein und holte mir eine arg schmerzende Fersenprellung. Beim zweiten landete ich mit beiden Rädern auf dem Grashang und rollte weiter auf den Pfad hinunter. Geschafft. Ich war erleichtert. Der Sprung in den Princes Street Gardens war bei Weitem das Schwierigste, das ich je gewagt hatte. Wir hatten wohl den Höhepunkt unseres Films gedreht.

Zuerst war ich zwar ein bisschen enttäuscht, als ich mir die Filmaufnahmen ansah, weil nach meinem Absprung ein Haufen Touristen an die Brüstung gelaufen kam und mir ungläubig nachstarrte – sie hatten wohl erwartet, am Fuß der Böschung eine zerschmetterte Leiche vorzufinden. Dave ärgerte sich auch. Unsere Szenen sollten »sauber« wirken, ohne zufällige Passanten im Bild. Erst sehr viel später, als der Film schon im Netz stand, wurde mir bewusst, dass diese verblüfften Neugierigen die Szene überhaupt erst so besonders machten. Die Zuschauer des Films würden sich an ihre Stelle versetzen, wie sie ungläubig über die Mauer spähten und dachten: Was zum Teufel war das?

Achtzig Prozent der Dreharbeiten hatten wir inzwischen geschafft. Ich war einen 360er die Eingangstreppe der U-Bahn-Station am Hotel Sheraton hinuntergesprungen – alle siebzehn Stufen. Dann hatten wir einen Flair an einem Baum in einem großen Stadtpark, The Meadows genannt, gefilmt.

Schon seit einer Weile hatte ich vor, mal einen Schraubensalto zu wagen, ohne weiche Landung im Foampit. Falls du nicht weißt, was ein Flair ist – das ist ein ziemlich technikbetonter Move. Man rollt die Rampe oder Böschung hoch und zieht nach hinten, wie für einen Backflip, aber dann dreht man den Kopf zur Seite. Dadurch kann man, wenn man es richtig anfängt, eine waagerechte 180-Grad-Drehung in der Luft hinkriegen. Theoretisch. Wenn man landet, sollte man in die Richtung schauen, aus der man gekommen ist.

Das klappt natürlich nicht an jedem Baum. Die in den Meadows hatten die richtigen Wurzeln als Anlauframpe und waren unter BMXern seit Jahren bekannt. Für den Film musste ich jedoch noch ein bisschen nachhelfen. Ich füllte die Lücken zwischen den Wurzeln mit Erde auf, um einen besseren Absprung zu haben, und legte Sprungmatten im Landebereich aus, damit ich üben konnte, ohne Verletzungen zu riskieren.

Es schien übrigens niemanden besonders zu stören, was ich da in den Meadows, in den Princes Street Gardens oder auf dem Gelände der Uni so trieb. Ich achtete auch immer sehr darauf, niemandem vor die Füße zu fahren, wenn ich durch die Gegend bretterte. Wir arbeiteten so unauffällig wie möglich. Wir wollten keine Zuschauermengen, und nur hin und wieder verscheuchte uns ein Sicherheitsmann. Selbst unser Drehtermin für den Sprung über Chuckie Pend, das Nebengässchen zwischen MacDonald Cycles und Copy-Stop, lief ohne Probleme – und ohne Strafanzeige – ab, wahrscheinlich weil wir uns so diskret vorbereiteten. (So diskret das eben geht, wenn man an einer belebten Geschäftsstraße von einem Ladendach zum nächsten springen will.) Als dann der Morgen gekommen war, an dem wir drehen wollten, sahen Dave und ich, als noch nicht viel Verkehr war, uns die Dächer an und hielten Ausschau, wer alles in Sicht war. Bis jetzt war alles ohne Polizei abgegangen, das sollte auch so bleiben.

Oben auf dem Dach sah ich, dass Nash recht hatte. Beide Vordächer hatten völlig ebene Oberflächen. Der Platz für einen Anlauf reichte auch aus. Ich gab Dave Bescheid, dass die Line möglich war, und er half mir, das Rad hinaufzuhieven. Anschließend postierte er sich mit der Kamera auf dem Bürgersteig gegenüber. Nicht, dass wir Colin von Macdonald Cycles um Erlaubnis gebeten hätten – ich war mir aber sicher, dass es ihm nichts ausmachen würde, er war ein ziemlich entspannter Typ. Und die Leute vom CopyStop? Na ja, es war wohl geschickter, wenn wir erst den Sprung machten und uns danach entschuldigten, falls jemand schreiend herausgerannt käme. Bedenken hatte ich nur wegen der Wohnungen über den Läden. Schließlich war Sonntag. Ich wollte keinem harmlosen Bürger, der gerade duschte oder sich an den Frühstückstisch setzte, einen Heidenschreck einjagen, weil plötzlich im ersten Stock ein Fahrrad vor seinem Fenster vorbeiraste.

Der erste Versuch, die Gasse zu überspringen, ging schief. Ich verschätzte mich bei der Sprungweite, fuhr über die Kante hinaus, schlug einen Purzelbaum und knallte mit dem Rücken auf das Dach des Kopierladens. Ich hatte noch Glück, dass ich nicht ein Stockwerk tiefer auf dem Bürgersteig landete. Beim zweiten Mal ging es dann ganz leicht. Ich sprang über die Lücke, rollte das Vordach des CopyStop-Ladens entlang und droppte noch einmal ungefähr dreieinhalb Meter hinunter auf eine Mauerkrone und schließlich bis auf die Straße. Es war verdammt einfach – so einfach, dass ich den Stunt noch fünf- oder sechsmal wiederholte, damit Dave auch aus der Perspektive von unten schöne Bilder bekam.

Mit dem Chuckie-Pend-Dreh hatten wir eine weitere solide Line erledigt und das Material so ziemlich zusammen. Jetzt fing Dave an, über den Soundtrack nachzudenken. Er wollte etwas Großartiges, gleichzeitig exotisch und packend. Er hatte schon eine konkrete Liste – unter anderem mit Sigur Rós und The Walkmen –, entschied sich am Ende aber für eine Rockballade namens »The Funeral« von Band of Horses, einer Indie-Gruppe aus Seattle. Wir rechneten nicht damit, dass irgendjemand unser Video groß bemerken würde, und hielten es für unnötig, die Labels der Musiker um Genehmigung zu bitten. Dass jemand von der Band selbst unser Werk jemals zu Gesicht bekommen würde, war jenseits unseres Vorstellungsvermögens.

Überhaupt hatten wir beide nicht die geringste geschäftliche Erfahrung, die über die Mountainbike-Szene hinausging, und als wir den fünf Minuten und siebenundfünfzig Sekunden langen Endschnitt fertig hatten, gab es noch nicht mal einen Titel, um ihn anzupreisen. Schließlich einigten wir uns auf *Inspired Bicycles*, als Dankeschön an Dave Cleaver, der stets mit Ersatzteilen und Prototypen zur Stelle war, wenn ich welche brauchte. Sponsorennamen als Videotitel waren in der BMXer-Szene durchaus üblich, und uns kam es hier auch passend vor. Damit war die Produktionsphase unseres Werks abgeschlossen, und ich fuhr nach Dunvegan, um Dad bei Dacharbeiten am Giant MacAskill Museum zu helfen. Ich schnitt die Schilfbündel für das malerische Reetdach zurecht. Meinen Job als Fahrradmechaniker bei Macdonald Cycles hatte ich gerade aufgegeben – die Veranstaltungen des »Clan« waren so populär geworden, dass ich davon leben konnte. Unter der Woche hatte ich jetzt frei, und mal eben kurz nach Skye zu meinen Eltern zu fahren war kein Problem mehr.

Als Dave noch ein bisschen am Schnitt gefeilt hatte, organisierten wir eine Art inoffizielle Premiere mit ein paar Kumpels. Es gab weder einen roten Teppich noch Papparazzi, sondern Bier und Chips vom Imbiss um die Ecke. Eigentlich war uns gar nicht nach einer großen Feier; wir schauten uns den Film dreimal an, und dann stellten wir ihn bei YouTube ein, das war schon alles. Nach sechs Monaten Arbeit war die Premiere eher eine Enttäuschung. Wir tranken nicht mal das Bier, und niemand hing gespannt am Rechner und zählte, wie viele Klicks das Video bekam. Wir fanden uns vor dem Fernseher wieder. Es lief *Family Man*, das wollten wir nicht verpassen.

Es war ja schließlich nichts Besonderes passiert.

Szene neun

Außen. Marchmont, Edinburgh.
Ein Zaun aus oben abgeflachten Stahlstäben in einer ruhigen Edinburgher Straße. Danny rollt auf seinem Bike ins Bild, springt auf einen elektrischen Verteilerkasten neben dem Zaun und versucht, von dort aus auf dem Zaun, den er *the spiky fence* (»Stachelzaun«) getauft hat, entlangzufahren. Die Stäbe haben zwar keine echten Spitzen, sind aber nur daumendick, und er hat Schwierigkeiten, mit dem Vorderreifen die richtige Spur zu treffen.
Bei seinem ersten Versuch rutscht ihm das Hinterrad weg. Im Fallen verfangen sich die Speichen zwischen den Gitterstäben.
Abblende.
In der nächsten Einstellung sehen wir Danny, wie er mit einem Brett sein verbogenes Vorderrad wieder einigermaßen gerade hämmert. Er wirkt frustriert.

Inspired Bicycles, 2009

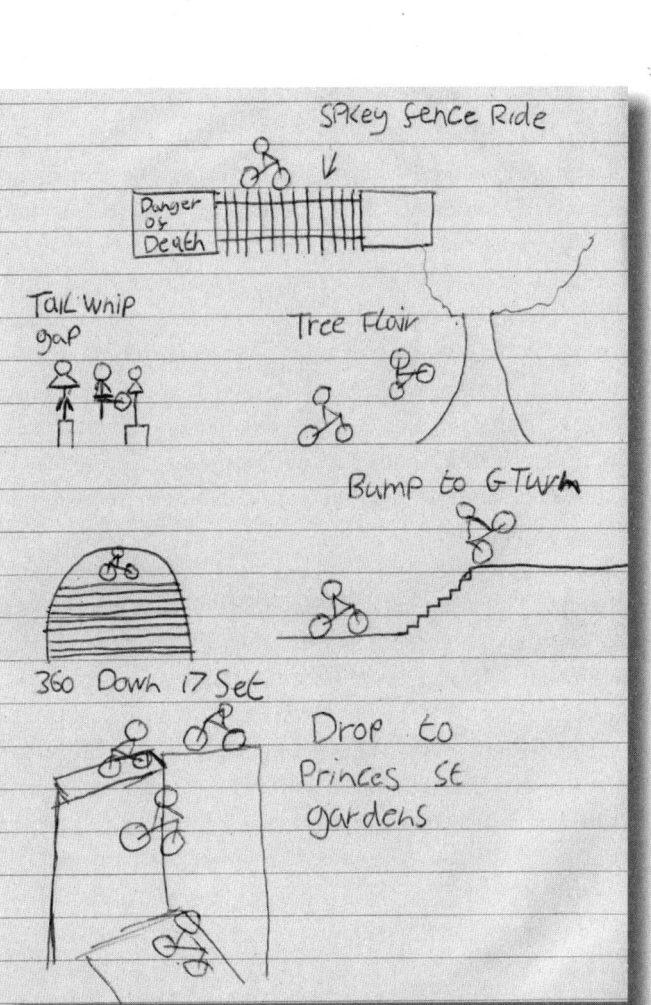

Lebensgefahr! Berühren verboten! (Die Geschichte vom verdammten »Stachelzaun«)

Schau dir *Inspired Bicycles* auf YouTube an, und nach zweiundzwanzig Sekunden taucht er im Bild auf: ein fast 1,80 Meter hoher Staketenzaun aus glatten, oben abgeflachten Metallstangen, die etwa fünfzehn Zentimeter auseinanderstehen und nicht dicker als ein Daumen sind. Diesen Zaun hatte ich in Marchmont gesehen, nahe unserer Wohnung; ich kam oft auf dem Weg zur Arbeit daran vorbei. Eines Morgens, als Dave und ich gerade angefangen hatten zu drehen, blieb ich stehen und schaute ihn mir genauer an.

»Hmmm. Ob ich vielleicht …«, fragte ich mich und schätzte die Höhe ab.

Ziemlich abwegig, da oben auf zwei Rädern entlangfahren zu wollen. Aber ich warf das Rad hin und kletterte auf den Verteilerkasten direkt links neben dem Zaun. Das würde meine Startplattform werden. Die Strecke auf dem Zaun war ungefähr sechs oder sieben Meter lang und endete in einem weiteren Verteilerkasten am anderen Ende.

LEBENSGEFAHR! BERÜHREN VERBOTEN! So warnte mich die Edinburgher Stadtverwaltung mit amtlichen Hinweisen, die auf dem Verteiler angebracht waren. Die elektrischen Schaltungen in diesem Kasten würden mich bei lebendigem Leib rösten, wenn ich in Kontakt mit ihnen kam, klar. Mir sagten diese Schilder aber auch, was mir drohte, wenn ich mit dem Zaun in allzu engen Kontakt kam.

Ein Sturz wäre hier zumindest sehr schmerzhaft. Trotzdem vermerkte ich Marchmont, als ich auf dem »Kleinen Pendler« weiter zur Arbeit fuhr, als einen Drehort für unser Video. Wir mussten es zumindest mal versuchen.

Einen Monat später wünschte ich mir manchmal, ich hätte diese Idee nie gehabt. Die Line war absurd schwierig, und ohne ein bisschen Glück würde es gar nicht gehen. War das Metall der Stäbe nur ein bisschen feucht, hatte ich überhaupt keine Reibung mehr; die Reifen rutschten nach einer Seite ab, mein Körper fiel nach der anderen. Nach zwei Stunden Probieren am ersten Tag kannte ich zumindest diese Risiken genau. Wenn ich vornüber vom Zaun stürzte, hatte ich eine gute Chance, in einer Notarzt-Reality-Fernsehserie als spektakulär aufgespießtes Unfallopfer aufzutreten.

Dann war da die Frage der Authentizität. Außer dem Sprung über die Nebengasse Chuckie Pend, bei dem ich zuvor mit der Leiter auf das Vordach meines Arbeitgebers klettern musste, hatte ich alle Drehorte im Video von der Straße aus mit dem Fahrrad angefahren. Das Prinzip war, alles auf dem Fahrrad zu machen, ohne absteigen zu müssen, und direkte Sprünge auf Mauerabsätze und Geländer wurden zu einer Manie für mich. Beim Staketenzaun wollte ich es genauso machen. Ich musste allerdings mit einer kleinen hölzernen Rampe unten am Verteilerkasten nachhelfen, aber dann schaffte ich es, vom Bürgersteig aus hochzuspringen.

Es dauerte Tage, bis wir den Stunt abgedreht hatten. Oft war ich nahe daran aufzugeben. Auf den Staketen eine gerade Linie einzuhalten, um nicht abzurutschen, war wahrscheinlich der schwierigste Stunt, den ich bislang geschafft hatte. Schon das Vorderrad genau auf diese schmale Spur zu setzen schien aussichtslos. Fing ich dann an zu rollen und musste ebenso auf die Spur des Hinterrads achten, wurden die Stäbe noch erschreckender. Ich fühlte mich schutzlos. Ich würde abrutschen. Ich würde nach vorne kippen. Bei schwierigen Stunts hatte ich häufiger kurz vor dem Ende die innere Gewissheit gehabt, dass es klappen würde, und musste mich geradezu davon abhalten, zu früh zu jubeln. Hier war es anders. Nur zu oft rutschte mir einen halben Meter vor dem Ziel das Vorder- oder Hinterrad weg und brachte mich in Lebensgefahr. Es war frustrierend.

Stundenlang sprang ich immer wieder auf den Verteilerkasten und wagte mich an die Fahrt über den Staketenzaun. Immer wieder, und es war verdammt kalt. Dave, der an der Kamera stand und nicht viel Bewegung hatte, klapperte gegen Schluss jedes Drehs mit den Zähnen und bekam vor Kälte blaue Lippen. Trotzdem gab er nicht auf. Nach mehreren Tagen voller Stürze und ständigem Abrutschen reichte es mir dann aber, und Dave reichte es auch. Wir legten diesen Stunt auf Eis. In ein paar Wochen wollten wir es noch einmal probieren, das nahmen wir uns fest vor. Nach dem letzten Versuch war ich ziemlich niedergeschlagen, als ich weiter zur Arbeit fuhr. Zum ersten Mal war ich an einem Stunt, den ich mir vorgenommen hatte, gescheitert. Außerdem fürchtete ich, wir würden überhaupt keine Gelegenheit mehr bekommen, den Dreh nachzuholen, weil der Winter vor der Tür stand und ich bei diesem Stunt auf trockenes Wetter angewiesen war, damit die Reifen genug Traktion hatten.

Manchmal wird ein Stunt ebenso sehr zu einem psychischen wie zu einem physischen Problem – zumindest bei mir ist das so. Es sind dabei nicht mal die gefährlichsten Herausforderungen, die sich zu den größten Provokationen entwickeln. Bei den Dreharbeiten für *Imaginate* 2012 wollte ich zum Beispiel einen Flair über eine Rampe springen, die aus vier riesigen Spielkarten bestand. Die vorderste war die Karo

Fünf (die ich seitdem am wenigsten von allen Spielkarten mag). Der Stunt war der letzte im Drehplan und auf dem Papier sogar einer der weniger riskanten, aber er wurde schnell zu meiner Nemesis. Immer wieder fuhr ich bis an die Rampe, um im letzten Moment abzudrehen; Stunde um Stunde umkreiste ich diese Spielkarten und versuchte mich zu sammeln. Ich brachte es einfach nicht fertig, diesen Flair zu drehen, und dachte ernsthaft daran, die Szene zu streichen. Am Ende hatte ich vier Tage gebraucht, bis wir sie im Kasten hatten. Ich muss wohl einen Aussetzer gehabt haben, Schluckauf im Gehirn sozusagen.

Beim »Stachelzaun« für *Inspired Bicycles* war es aber etwas anderes. Hier war es keine psychische Hürde, sondern einfach eine unerledigte Aufgabe, die mir keine Ruhe ließ. Als wir wieder vor dem Verteilerkasten und dem Zaun standen, spürte ich zwar, dass ich es jetzt schaffen konnte; genug geübt hatte ich ja. Aber immer noch verlor ich auf halber Strecke das Gleichgewicht, und nach drei Tagen auf diesen blöden Staketen hatte ich wieder genug. Jetzt wollte ich ernsthaft aufgeben. Dave hielt mich davon ab. Eines Abends, als wir in der Wohnung zusammensaßen, schlug er mir vor, es noch ein einziges Mal zu versuchen.

Ich hatte eigentlich keine Lust mehr, wusste aber, dass Dave nichts Unmögliches verlangte. Einen Versuch wollte ich also noch daransetzen, und als der Himmel das nächste Mal aufklarte – im April –, fuhren wir wieder nach Marchmont. Es war immer noch kalt, aber trocken genug, dass die Reifen Halt fanden; ich spürte es, als ich mit dem Hinterrad auf die Staketen rollte. Mittendrin kam ich dann ins Schwanken und musste hastig ein Bein seitlich wegstrecken, um nicht das Gleichgewicht zu verlieren. Dann stand ich auf einmal mit beiden Rädern auf dem zweiten Verteilerkasten.

Das war ein komisches Gefühl. Ich jubelte nicht los, ich fühlte keine große Euphorie. Ich war heilfroh. Einen schwierigen Stunt erfolgreich durchzuziehen fühlt sich nicht so an, wie man vielleicht erwarten würde. Ich bekomme keinen Adrenalinrausch, werde nicht überschwänglich. Vorwiegend bin ich erleichtert – erleichtert, endlich etwas hinter mich gebracht zu haben, das mich lange umgetrieben hat.

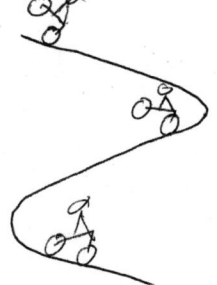

Szene zehn

Innen. Eine Sporthalle.
Flatland-BMX-Profi Keelan Phillips dreht mit seinem Bike eine Pirouette, die Reifen gleiten elegant über den gebohnerten Boden.
Off-Kommentator: Street Sports fanden einmal fast unbeachtet statt. An Orten, wohin sich kein Zuschauer verirrt, Untergrundsportarten an verlassenen Plätzen. Aber das hat sich inzwischen geändert.
Außen. Mehrere Straßenszenen.
Ausschnitte aus Skateboarder- und Freerunner-Videos, dann ein Clip aus *Inspired Bicycles*: Danny, wie er an einem Baum in den Meadows den Flair vorführt.
Off-Kommentator: Virale Videos gibt es jetzt schon seit über einem Jahrzehnt, aber seit Kurzem ist eine ganz neue Art aufgetaucht. Sie zeigt die artistischen Fähigkeiten von Street-Sports-Stars. Diese angeblichen Nischensportarten finden, wenn man sie im Netz zugänglich macht, sofort ein großes und begeistertes Publikum. Wer hätte gedacht, dass sich Millionen Zuschauer für Parkour, Skateboarding oder Street-Trial finden würden?
Weiterer Ausschnitt mit Danny aus *Inspired Bicycles*: Er springt zwischen den beiden Vordächern über Chuckie Pend.
Off-Kommentator: Eine dieser Sportarten ist Urban Trial Riding. Mit dem Fahrrad die ungewöhnlichsten Hinder-

nisse auf der Straße zu bewältigen, ohne den Fuß auf den Boden zu setzen, im Wettkampf mit anderen Fahrern. Es war allerdings nicht der Sieg in solchen Wettkämpfen, der einen bestimmten Fahrer auf der ganzen Welt berühmt gemacht hat ...
Schnitt. Danny steht vor einer roten Telefonzelle in Dunvegan.
Danny: Ziemlich merkwürdig, wie das alles gekommen ist. Letzte Woche habe ich dahinten in den Hügeln noch beim Torfstechen geholfen. Dann bin ich wieder unterwegs und mache meine anderen Sachen ... fast wie in zwei verschiedenen Welten.

Concrete Circus, Channel 4, 2011

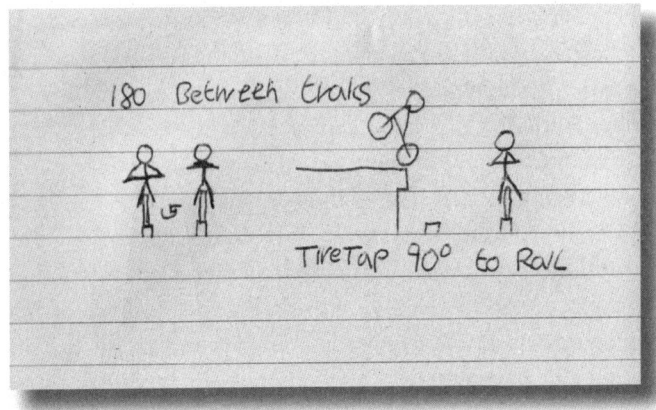

Ausbruch

Am nächsten Morgen war alles anders. Der 20. April 2009 war ein Montag. Ich schlief noch, als mein Mobiltelefon auf dem Nachttisch zu summen anfing.

»Hallo, spreche ich mit Danny?«, fragte eine unbekannte Stimme.

Ich schaute aufs Display: Nummer unterdrückt. »Ja, das bin ich ... Wer spricht da?«

»Ah, prima! Ich bin von der BBC. Wir haben Ihr Video gesehen. Wir würden gerne ein Interview mit Ihnen machen ...«

Zuerst sagte ich gar nichts. Ich wusste nicht, was ich davon halten sollte. Spielte mir da jemand einen Telefonstreich? Dann fiel der Groschen: Meinten die womöglich *Inspired Bicycles*? Es war ja nicht ganz unmöglich, dass jemand von der BBC es tatsächlich angeklickt hatte, aber auch nicht sehr wahrscheinlich. Wir hatten es ja erst am Abend ins Netz gestellt. Ich brummelte eine Ausrede ins Telefon, ich müsse jetzt zur Arbeit, und rief nach Dave. Jetzt musste ich doch nachschauen, wie das Video angekommen war, doch um YouTube aufzurufen brauchte ich seinen Laptop. Zahlen sprechen eine klare Sprache, und wenn es sich schon so verbreitet hatte, dass die BBC aufmerksam geworden war, dann hatten wir vielleicht in der Trial-Szene ein bisschen Eindruck gemacht.

Als Dave den Rechner angeworfen hatte, konnten wir nur noch staunen: Hunderttausende hatten sich *Inspired Bicycles* angeschaut, aus der ganzen Welt gab es Kommentare – viele Kommentare. Die Resonanz war unglaublich, und sie war zum allergrößten Teil positiv. Trial-Biker und BMXer, Jugendliche und ältere Biker schrieben uns. Stephen Fry, Fernsehmoderator, Comedian und Autor, erwähnte uns in einem Tweet, ebenso wie Lance Armstrong – damals, bevor er in Ungnade fiel, noch der erfolgreichste Tour-de-France-Sieger aller Zeiten und ein großer Name in der Fahrradwelt.

Mir sagte das alles eher wenig. Ich hatte es mit den sozialen Netzwerken nicht so, besaß weiterhin keinen Laptop, weshalb YouTube und Twitter noch immer fremdes Terrain für mich waren. Über die Bike-Szene kam ich eigentlich kaum je hinaus. Mit dem Internet war ich nicht wirklich vertraut, und 2009 war es auch nicht üblich, sich Videos auf dem Smartphone anzuschauen – es gab kaum welche. Das iPhone war gerade erst auf den Markt gekommen, und an virale Verbreitung dachten die wenigsten Menschen.

Inspired Bicycles war auf jeden Fall nicht gemacht worden, um einen Hype auszulösen. Wir hatten etwas schaffen wollen, das sich andere Biker in den eigenen vier Wänden anschauen konnten, in der Art von *Grounded* oder *Chainspotting*, und vielleicht gefiel es ihnen ja. Ich hatte mich jedenfalls nicht irgendwelchen Sponsoren anpreisen wollen. Ich sah mich damals eher als Mechaniker bei Weltmeisterschaften. Mit Trials ließ sich kein Geld verdienen – gut. Bei den Shows verdiente ich ein bisschen, auch gut, aber mir ging es beim Radfahren nicht ums Geld. Es existierten nur wenige Fahrer, die sich im Mainstream etabliert hatten: Martyn Ashton, Hans Rey und Chris Akrigg. Das war aber eine völlig andere Liga.

Doch auf einmal war ich eine öffentliche Figur. Große Tageszeitungen riefen mich an. Ausrüsterfirmen überschlugen sich mit Sponsoringangeboten – Firmen, die Energydrinks produzierten, Fahrradhersteller, Bekleidungsmarken. Ich ignorierte das alles und fuhr weiter bei den Shows des »Clan« mit, keineswegs wollte ich mich vor einen fremden Karren spannen lassen. Eines Tages dann, ich saß gerade bei Dave im Auto, klingelte wieder mein Handy. Der Produzent der *Ellen DeGeneres Show* wollte mich sprechen. Das ist eine amerikanische Talkshow, moderiert von der renommierten Komikerin Ellen DeGeneres. Es war richtig surreal. Der Producer bot mir einen Gastauftritt an – zur Hauptsendezeit, wie er betonte.

»Wir dachten uns, Sie könnten durch die Straßen von Chicago fahren, als Ellen verkleidet«, erklärte er. »Vielleicht springen Sie über ein paar Mauern oder machen irgendwas mit einem Haltestellenhäuschen oder einer Telefonzelle, was meinen Sie?«

Ich musste mir das Lachen verkneifen. Bin ich nicht Biker?, dachte ich im Stillen. *Nö*. Es klang nicht sehr verlockend.

Der Produzent ließ nicht locker. Eine einmalige Chance für mich! Mindestens ein US-amerikanischer Präsident sei schon bei Ellen zu Gast gewesen! Mein Cameo würde man natürlich ironisch-humorvoll präsentieren! Aber ich war mir sicher. »Danke, aber nein danke«, erwiderte ich und wünschte der Show alles Gute. Ich hatte keine Ahnung, wer diese Ellen DeGeneres war.

Aber sogar mit Absagen geriet ich inzwischen in die Öffentlichkeit. Dass ich nicht in der *Ellen DeGeneres Show* auftreten wollte, war den Zeitungen etliche Artikel wert, und das nicht nur in Großbritannien. Meine Stiefschwester Mary, die damals gerade in San Diego war, rief mich erschrocken an, weil sie in einer hiesigen Zeitung eine Story über ihren kleinen Bruder fand, der in Edinburgh mit seinem Kumpel und einer Kamera herumgondelte. Kurz darauf hörte ich von Freunden, die in Neuseeland ihre Ferien verbrachten, dass sich in einer Bäckerei Kunden über *Inspired Bicycles* unterhalten hätten, während sie in der Schlange warteten. Das war ziemlich bizarr. Immer mehr Berichte erschienen über mich. Mum hatte angefangen, die Ausschnitte in einem Schuhkarton zu sammeln, der schon bald überquoll. (Eines Nachts kamen ein paar Mäuse und fraßen das ganze Zeug auf.)

Ich wurde also ziemlich hofiert, und es waren durchaus Angebote dabei, die mir den Kopf hätten verdrehen können, aber ich war entschlossen, authentisch zu bleiben. Mit *Inspired Bicycles* hatte ich das Street-Trial-Fahren bekannt machen wollen. Dank Daves Kamera war jetzt eine Szene ins Rampenlicht getreten, die vorher kaum Aufmerksamkeit bekommen hatte – zumindest nicht bei den Mainstreammedien, die höchstens BMXer oder Mountainbiker wahrnahmen. Ich wollte meiner Sportart die gute Publicity gerne erhalten, aber nur, wenn ich mich dafür nicht irgendwie verkaufen oder lächerlich machen musste. Keine Albernheiten. Als Talkshowmoderatorin verkleidet durch Chicago zu fahren kam da nicht infrage. Dass ich auch einen Auftritt in der Halbzeitpause beim schottischen Fußballpokal-Endspiel ablehnte, weil ich bereits einen Termin mit dem »Clan« bei einer kleinen Landwirtschaftsmesse hatte, dürfte zeigen, welche Prioritäten ich hatte.

Wenn ich Rat brauchte, fragte ich Dave. Wenn mir jemand einen Auftritt oder einen Sponsorenvertrag anbot, entschied ich nichts ohne ihn. Ich wollte sichergehen, dass ich mir selbst treu blieb, und Dave wusste aus Erfahrung, worauf ich mich einlassen konnte. Nahm ich ein Angebot an, zum Beispiel, als ich der *New York Times* ein Interview gab, sprach ich vorher alles mit ihm durch. Ich wollte weder mich noch die Szene verkaufen. Wäre ich auf alle Deals eingegangen, die mir so angeboten wurden, hätte ich ein kleines Vermögen einstreichen und ein paarmal um die Welt jetten können, aber dann wäre ich als Videoprofi wohl kaum so erfolgreich geworden, wie ich es jetzt bin – und hätte auf jeden Fall meine kreative Freiheit aufgegeben.

Eigentlich ging ich nach einem ganz einfachen Prinzip vor: Ich tat nur, was ich für richtig hielt, und ging immer davon aus, dass alles gut ausgehen würde.

Eine Frage beschäftigte mich: Wieso ich? Es hatte schon vor *Inspired Bicycles* einige spektakuläre Bike-Parts auf Video gegeben. Aber irgendwie schien unser Film genau der richtige Part zur richtigen Zeit zu sein. Wir waren aus dem Nichts gekommen, und als der Hype um uns immer weitere Kreise zog, wurde mir klar, dass die meisten viralen Internetvideos spielende Katzen zeigten, oder jemand fiel von der Leiter. *Inspired Bicycles* war etwas Neues. Wir hatten sechs Monate Arbeit hineingesteckt und keine Mühe gescheut, und das sah man.

Außerdem hatten wir einen ungewöhnlichen Stil für einen Street-Sports-Film. Einige spektakuläre Videos aus Bereichen wie BMX oder Skateboarding konnte man im Netz abrufen, aber die Stunts, die dort gezeigt wurden, waren so schwierig und verblüffend, dass die normalen Zuschauer gar nicht mitkamen. Kameraarbeit und sportliche Leistung waren stets großartig, man sah Rail Grinds oder erstaunliche Switches, aber würdigen konnten das nur andere BMXer oder Skateboarder.

Deshalb gefiel mir auch Rubens Part in *Grounded* so sehr. Er fuhr ausschließlich auf zwei Rädern und benutzte gewöhnliches urbanes Mobiliar – Freitreppen, Mauern, Geländer. Wir hatten *Inspired Bicycles* nach demselben Prinzip gemacht, und Internetsurfer, denen ein Bike-Video normalerweise nichts gesagt hätte, konnten meine schlichten Lines – den Baum in den Meadows, den »Stachelzaun« in Marchmont oder die beiden Ladenvordächer – nachvollziehen. Und sie konnten sehen, wie schwierig das war, was so einfach aussah. Schon waren sie gefesselt, schon staunten sie. Sie kannten all meine Requisiten aus ihrem eigenen Alltag – die Treppe zur U-Bahn, ein Staketenzaun, ein Laden an der Hauptstraße. Genauso wichtig waren aber die eingebauten Schrecksekunden – zum Beispiel in den Princes Street Gardens, wo es aussah, als spränge ich von einem Gebäude. Das war sehr emotional – Staunen, Erschrecken, Angst –, und so entstand der Anreiz, das Video im Netz zu teilen.

Aber nicht nur bei den normalen Zuschauern, sondern auch in der Welt der Biker erregte *Inspired Bicycles* ziemliches Aufsehen. In der Trial- und Mountainbike-Szene wurde darüber gesprochen, weil noch nie jemand so viel Zeit und Mühe in ein Street-Video gesteckt hatte. Selbst den BMXern gefiel es, weil sie Daves Kamera- und Schnitttechnik genauso würdigten wie meine Stunts. Eine Woche nach der Veröffentlichung lobte mich einer meiner Helden, Hans Rey, auf Twitter in den Himmel. »Verdammt, schaut euch das an!«, schrieb er und meinte, das Video sei »auf einer ganz neuen Ebene«. Da war ich ziemlich stolz.

Und es kam noch dicker: Im März 2009 rief mich Martyn Ashton persönlich an, mein größtes Vorbild. Er lud mich ein, an einer Vorstellung seiner Animal Bike Tour teilzunehmen, einer Trial-Tourneeshow, die einige der besten Biker der Welt unter Vertrag hatte und mich auf die Idee mit dem »Clan« gebracht hatte. Es ging um einen Auftrag bei der BikeRadar

Live Show im Donington Park, und ich war begeistert. In Schottland hatten wir schon einige gute Leistungen gezeigt, aber die Animal Bike Tour war eine große Sache. Alles war viel aufwendiger. Die Organisatoren hatten den Ruf, auch die größten Namen zu gewinnen, wie Martyn oder Sam Pilgrim, den künftigen FMB-World-Tour-Champion.

Martyn und seine Kollegen zogen immer wahre Massen von Zuschauern an, und die Animal Bike Tour wurde oft für die größten Events im Motorsport gebucht, wie etwa das Goodwood Festival of Speed oder den MotoGP, den Großen Preis der Motorräder. Was dort gezeigt wurde, war der Maßstab für alle britischen Trial-Show-Teams, vielleicht sogar für alle weltweit, weil sie einfach so gut waren. Ich war, ehrlich gesagt, zuerst ein bisschen eingeschüchtert, plötzlich dabei zu sein – bei der BikeRadar Live Show, dem größten Bike-Event im ganzen Land. Dann schaute auch noch Martyn vorbei, um mich zu begrüßen, und ich wusste gar nicht mehr, was ich sagen sollte, obwohl er sich vor Begeisterung über *Inspired Bicycles* fast überschlug. Ich schaute mich um und glaubte mich in die Poster aus meinem Kinderzimmer in Dunvegan versetzt. Hans Rey war da, Steve Peat und Brian Lopes! Irrsinn.

Vor so vielen Zuschauern war ich mit dem »Clan« noch nie aufgetreten, und ich musste eine Menge Lobeshymnen über mich ergehen lassen, aber ich fühlte mich nicht unter Druck gesetzt. Körperlich war ich sowieso in Spitzenform, weil ich das ganze Jahr über auf dem Fahrrad gesessen und dabei einige der schwierigsten Lines gemeistert hatte, die ich mir je vorgenommen hatte. Ich fühlte mich stark, und jeder Sprung, jeder Drop gelang mühelos. Auch in den Parcours der Animal Show aus Kisten, Rampen und Geländerstangen verspürte ich eine Leichtigkeit. Ich wusste also, dass ich es auch auf der ganz großen Bühne schaffen konnte. Und als ich dann zum Abschluss meines Parts einen Tiretap von einem Winnebago-Wohnmobil aus hinlegte, hatte ich es tatsächlich geschafft.

Die Animal Show hatte ich bisher immer aus der Ferne bewundert. Jetzt, nachdem ich vor all meinen Helden gezeigt hatte, was ich konnte, fühlte ich mich endgültig in die Welt der Mountainbiker aufgenommen.

Ich wurde danach auf der Straße erkannt, wenn ich mit dem Rad unterwegs war. Unbekannte sprachen mich an. In Edinburgh zogen mich japanische und amerikanische Touristen in Gespräche über das Video. Manche waren *wegen* des Videos in die Stadt gereist. Die Einzigen, die in die Begeisterung über *Inspired Bicycles* nicht so einstimmten, waren – anfänglich zumindest – die unfreiwilligen Soundtracklieferanten Band of Horses. Ihr Song »The Funeral«, mit dem wir das Video unterlegt hatten, brachte genau die richtige emotionale Atmosphäre, aber auch ein Problem. Dave und ich hatten nicht so richtig gewusst, dass wir vor der Veröffentlichung erst das Plattenlabel hätten fragen und eine Vereinbarung über Tantiemen und Gebühren hätten treffen müssen. Im Internet konnte man sich herunterladen, was man wollte, und wir dachten, alles was im Netz steht, wäre umsonst. Außerdem hatten wir nicht damit gerechnet, dass der Film bekannt werden würde. Plötzlich war er dann *sehr* bekannt, und das Plattenlabel Sub Pop Records meldete sich prompt. Wir sollten das Video bitte schön wieder löschen – »The Funeral«, unsere Aufnahmen, alles.

Wir gerieten in Panik. Angespannte E-Mails wurden mit dem Plattenlabel ausgetauscht. Während wir noch um unseren Film kämpften, fiel dann zum Glück jemandem bei Sub

Pop auf, dass *Inspired Bicycles* dem Song »The Funeral« zu einem Popularitätsschub verholfen hatte; der Absatz war deutlich gestiegen. Mit unserer Piraterie hatten wir also den Verkauf des Titels gefördert. Es kam zu einem Agreement, das Label war zu einer stillschweigenden Duldung bereit – und wir hatten für alle Zukunft etwas gelernt.

Dave war zwar ein großartiger Filmemacher, und ich vielleicht ein ganz guter Biker – aber was das Internet anging, waren wir eben blutige Anfänger.

Szene elf

Innen. Das DISC Sports & Spine Center, eine Sportklinik in Marina del Rey, Kalifornien.
Danny in einem Behandlungsraum. Ein Facharzt begutachtet seine Verletzungen, indem er die Knie des Patienten beugt und streckt und nach ungewöhnlichen Empfindungen fragt. Danny nickt bei jedem schmerzhaften Reflex. Er fühlt sich offensichtlich unwohl. Experten analysieren Scans von Dannys Knie und erklären ihm, es gebe zwei Möglichkeiten: entweder Physiotherapie und regelmäßige Bewegungsübungen, was aber nicht gegen die nagenden Schmerzen hilft, oder aber eine Operation, die das Problem mit »über neunzig Prozent Wahrscheinlichkeit« beheben wird. Danny wirkt unsicher, wie er sich entscheiden soll.

MacAskill's Imaginate, Folge 1, 2013

Straße der gebrochenen Knochen

Am Ende des Jahres erstickte ich in Auftritts- und Vertragsangeboten; mein Leben geriet ein bisschen außer Kontrolle. Einmal bekam ich an einem einzigen Tag Anrufe und E-Mails aus zehn verschiedenen Ländern, darunter Fernsehproduzenten, die mich in ihrer Show haben wollten, Dokumentarfilmer, die Interviews wollten, Plattenfirmen, die mich für Musikvideos buchen wollten. Wegen des Videotitels *Inspired Bicycles* bekam auch Dave einen Teil der Anfragen ab, was ihn wahrscheinlich ziemlich genervt hat. Er musste eine eigene Danny-MacAskill-E-Mail-Adresse einrichten, um sie alle abzufangen, was aber auch nicht viel half. Ich selbst hatte noch immer keinen Laptop, und jedes Mal, wenn ich mich auf dem Rechner eines Kumpels oder in einem Internetcafé einloggte, quoll der Posteingang über.

Das Video verfolgte mich regelrecht. Wenn ich mit »The Clan« auftrat, wollten die Zuschauer mit mir über *Inspired Bicycles* reden. Ich brauchte jemanden, der mir den ganzen geschäftlichen Kram abnahm, einen Manager. In meinen E-Mails gab es genug Anfragen von Agenturen, die das gerne übernehmen wollten. Einige waren im Mainstream zu Hause und nicht das Richtige für mich – Sportleragenturen, die vor allem Tennisspieler, Golfer und Radrennprofis vertraten. Andere hatten Erfahrung mit Leistungssportlern in Extremsportarten – Snowboardern, BMXern, Skateboardern. Ich wollte in der Mountainbike- und Trial-Szene bleiben, und da kam eigentlich nur einer als Agent infrage: Tarek Rasouli.

Tarek war selbst ein Star-Biker gewesen; er fuhr Freeride und BMX, bis er 2002 einen schweren Unfall erlitt. Bei Dreharbeiten zur DVD *Kranked V* in Sun Peaks, British Columbia, ging ihm ein Sprung furchtbar schief, er verletzte sich an der Wirbelsäule. Seitdem sitzt er im Rollstuhl. Neue technische Entwicklungen geben ihm die Hoffnung, dass er eines Tages wieder gehen kann. Ich hatte seine Videos gesehen und mehrere Interviews mit ihm in Mountainbike-Zeitschriften gelesen. So wie er sich ausdrückte, schien er eine starke Persönlichkeit zu sein.

Tarek vertrat einige wichtige Namen in der Szene, unter anderem die von Red Bull gesponserten Mountainbiker Andreu Lacondeguy und Martin Söderström. Die beiden waren absolute Weltspitze im Freeride-Mountainbiken. Mich Tarek und seiner Firma Rasoulution anzuvertrauen schien mir daher die beste Möglichkeit. Er war jemand, der ein bisschen Organisation und Geschäftssinn in meine Karriere bringen würde, ohne meine Integrität zu zerstören.

Wir fingen damit an, aus den unzähligen Angeboten die guten auszusortieren. Tarek ist der arbeitswütigste Mensch, den ich kenne, und er zögerte nicht, mich zu den unchristlichsten Zeiten anzurufen, wenn er etwas von mir wollte. Er lenkte jetzt alle Energie, die er vor dem Unfall in seine Profilaufbahn gesteckt hatte, in seine Agentur. Tarek ist wirklich eine Naturgewalt.

Wir fanden schnell eine gemeinsame Linie. Ich erzählte ihm, dass ich unbedingt authentisch bleiben und keinesfalls irgendetwas unterschreiben wolle, das meinen Ruf schädigen würde. Er merkte sehr schnell, dass es mir nicht um Geld ging. »Ich mache mir nichts aus teuren Sportwagen oder so«, erklärte ich ihm bei einer unserer ersten Besprechungen. »So was reizt mich einfach nicht.« Das ist heute noch so. Ich wohne immer noch in unserer Wohngemeinschaft in Glasgow für 250 Pfund Monatsmiete. Vielleicht kaufe ich mir irgendwann ein eigenes Haus, aber im Moment bin ich zufrieden. Tarek verstand meine Einstellung sofort.

»Ich bin aber auch nicht naiv«, fügte ich hinzu. »Ich weiß, dass ich diese Stunts nicht ewig machen kann, also wäre es cool, wenn ich nach meiner Zeit als Biker ein bisschen was auf der Bank habe, damit ich meine kreative Freiheit nicht verliere ...«

Dann musste ich mir noch klar werden, wo ich in der Mountainbike-Welt stand. Trial-Wettkämpfe waren eigentlich nur eine Nische innerhalb einer ganzen Sammlung von Sportarten, die Downhill, Cross Country oder Dirt Jumping einschlossen. Aber letztlich gehörten auch all jene dazu, die am Wochenende ein paar Meilen auf dem Mountainbike abspulten. Die Mountainbike-Szene war viel entspannter als die BMXer- oder Skateboarder-Szene; sie akzeptierte jeden.

Trial-Fahrer gehörten zur Familie, weil Trial aus dem Mountainbiken hervorgegangen war. Ganz zu Anfang der Kamikaze Bike Games – das ist ein jährliches Mountainbiker-Treffen im kalifornischen Mammoth – folgten nach einem Abfahrtsrennen noch eine Reihe von Trials, und hier feierte Hans Rey seine ersten Triumphe. Mit seinem Ruhm wurde auch Trial-Biken bekannter, blieb aber immer noch eine Nische für wenige, ganz einfach, weil es ungeheure Geschicklichkeit und Fahrkunst erforderte.

Mit meinem Street-Trial-Stil, der sich wiederum vom gewöhnlichen Trialen abhob, besetzte ich also eine kleine Nische innerhalb einer Nischensportart. Tatsächlich hatte ich meine Nische für mich alleine. Ich hatte ein einziges Video herausgebracht und damit ungewollt und schlagartig Starruhm erworben. Es gab einige andere Fahrer, die Videos herausbrachten und davon leben konnten, zum Beispiel Chris Akrigg, aber es sind letztlich nur wenige. (Chris hatte viel Erfahrung im Filmen und strikte Qualitätsmaßstäbe. Wenn er ein Video herausbrachte, konnte man sich darauf verlassen, dass es Aufsehen erregen würde.)

Tarek verstand, dass es eine einmalige Aufgabe sein würde, mich zu managen, und dass wir zusammen einen Sprung ins Ungewisse wagten, wenn er mich akzeptierte. Nicht, dass mir daran nicht gelegen war. Ich konnte mein Glück gar nicht fassen, als er einwilligte.

Was Sponsoren anging, so schien mir Red Bull die beste Wahl zu sein. Dieser Energydrinkhersteller hatte sich schon seit einiger Zeit einen Namen als Sponsor für Extremsportarten gemacht. Das Unternehmen konnte eine beeindruckende Liste von Sportlern vorweisen, die dafür bezahlt wurden, Mützen, Helme oder T-Shirts mit ihrem Logo zu tragen, wenn sie an Wettbewerben wie den X-Games oder an Rennen teilnahmen. Es war außerdem eine ziemlich gemischte Liste – es gab Skifahrer, Motocross-Fahrer und Surfer. Red Bull hatte die bekannten Mountainbike-Downhill-Geschwister Rachel, Dan und Gee Atherton unter Vertrag, weiterhin den Extremmotorradfahrer Robbie Maddison. Tarek glaubte ebenfalls, dass die Firma gern mit meinen Stunts werben würde.

Tatsächlich hatte ich schon etwas in dieser Richtung von Red Bull gehört, bevor ich bei Tarek unterschrieb. Ich hatte mich nach einem E-Mail-Austausch mit einigen Leuten des Unternehmens getroffen, die für das Sportsponsoring zuständig waren. Sie waren durch *Inspired Bicycles* auf mich aufmerksam geworden, aber damals hatte ich den Eindruck gewonnen, Red Bull sei letztlich doch nicht allzu begeistert von meiner Nischensportart. Außerdem mussten sie sich ja fragen, ob ich den Erfolg wiederholen konnte. Klar, *Inspired Bicycles* hatte mich groß rausgebracht, aber konnte ich die Erwartungen erfüllen? War ich nur ein One-Hit-Wonder? Ich hatte mir die Messlatte nicht gerade niedrig gelegt. Ich fragte mich das übrigens selbst. Wir hatten für das Video sechs volle Monate gebraucht, und das in einer Stadt, die ich schon gut kannte. Konnte ich jetzt etwas Neues, Frisches nachschieben, und zwar bald?

Beim ersten Meeting mit den Red-Bull-Leuten war es ihnen wohl hauptsächlich darum gegangen, einen Eindruck von mir zu gewinnen. Red Bull ging ebenso sehr nach der Persönlichkeit wie nach den Fähigkeiten der Sportler, und auf ihrer Liste waren einige wirklich großartige Charaktere. Ich erhoffte mir von ihnen die Chance, einen Nachfolger für *Inspired Bicycles* zu drehen, und dafür würde ich gerne einen ihrer Helme aufsetzen – ohnehin ein Zeichen, dass man es als Extremsportler an die Spitze geschafft hatte.

»Ich möchte einen Film mit ein paar Freunden machen, mit jemandem wie Dave, der *Inspired* gedreht hat …«, erzählte ich ihnen bei der nächsten Begegnung. »Und ich will als Soundtrack nehmen können, was ich will.« Ich bestand darauf, alles nach meinen eigenen Wünschen durchzuziehen. Zu meiner Überraschung ließen sie sich darauf ein. Sie hatten sogar schon einen Vorschlag für den Plot des nächsten Videos.

»Wie wär's mit einer Tour durch Schottland, Danny?«, fragte der Sportmanager. »Du könntest in Edinburgh losfahren, bis rauf nach Skye, und unterwegs ein paar interessante Etappenziele ansteuern.«

Das war genau das, was ich gesucht hatte. Schottland, wie ich es erlebe, so wie es wirklich ist, die malerischen, abgelegenen ländlichen Gegenden, die kaum jemand kennt – das wollte ich gerne zeigen. Das war der Hintergrund für meine Street-Trial-Akrobatik. Ich würde Lines vor den Lochs fahren, Frontflips von Burgruinen in den Highlands vollführen und zum Schluss womöglich sogar meine alten Trainingsstrecken in Dunvegan unsicher machen. Ich war Feuer und Flamme.

Als ich die Vereinbarung mit Red Bull unter Dach und Fach hatte, meinte Tarek, ich solle mich jetzt mit ein paar der anderen Angebote befassen, die meinen Posteingang füllten. Vor meiner Unterschrift bei Rasoulution hatte ich schon ein Musikvideo *(Winter Hill)* für die Indie-Rockband Doves sowie einen Werbespot für die Arbeitsvermittlung S. 1. Jobs gedreht, in dem ich in Edinburgh und Aberdeen bei verschiedenen Stunts zu sehen war, unter anderem mit einem Flair an einem Baum. Die Botschaft des Spots war simpel: »Wenn du einen richtig tollen Job hast, macht sogar das Pendeln Spaß.« Ich hatte mich in Anzug und Krawatte geworfen, um den begeisterten Pendler zu verkörpern, und im Nachhinein passte das ganz gut. Trial und Tarek hatten mir zu einem Traumjob verholfen.

Dann aber schlug das Unglück zu. Gut, kein wirkliches Unglück, mehr das Berufsrisiko des Bikers. Im August 2009 war ich mit Tarek in Kalifornien, um mit möglichen Sponsoren zu reden, unter anderem dem Sonnenbrillenhersteller Oakley. Wir verbrachten einen Tag im Firmensitz in San Diego, der eine Art Abenteuerspielplatz war. Ich konnte nach Herzenslust herumtoben. Der Chef hatte sogar einen alten Panzer herumstehen, den wir ausprobieren durften, und ich fuhr um dem Geschützturm herum – ein ziemlich surreales Gefühl.

Hinter dem Gebäude war ein cooler Pumptrack angelegt, ein Fahrradgeländeparcours mit geneigten Kurven. Wenn man ihn »pumpt«, das heißt den Schwung ausnutzt, den man in den Kurven bekommt, indem man sich nach innen und unten tragen lässt, braucht man die Pedale überhaupt nicht mehr, sondern wird vom eigenen Gewicht immer weitergetragen. Wie gesagt, ziemlich cool. Ich pumpte also so vor mich hin und probierte in den Kurven sogar den einen oder anderen Flip aus, aber auf einmal rutschte mir, als ich durch den weichen Staub am Boden des Tracks schlitterte, das Vorderrad weg, und ich knallte auf den Boden. Schlüsselbeinbruch. Eigentlich war das der harmloseste Parcours, den ich während des ganzen letzten Jahres gefahren war – und auf einmal, völlig unerwartet, war ich ernsthaft verletzt.*

Fast zwölf Monate lang war ich außer Gefecht. Nachdem der Knochen nämlich neun Wochen Zeit gehabt hatte zu verheilen, rutschte ich in Edinburgh aus, als ich mit ein paar Kumpels herumtobte. *Kracks!* Wieder war er gebrochen. Jetzt musste ich sogar operiert werden, die Stücke mussten zusammengeflickt werden, und ich bekam eine Metallplatte eingesetzt, damit es auch hielt. Im Krankenhaus merkte ich, dass die Ärzte es gar nicht gut gefunden hätten, würde ich mich viel zu schnell wieder aufs Fahrrad setzen. Ihnen war

---

* So etwas passiert immer in den harmlosesten Situationen, glaube ich. Man haut sich den Fuß am Türrahmen an – Zehe gebrochen; man rutscht mit dem Messer beim Zwiebelschneiden aus – Sehne zerschnitten; man knallt auf den nassen Badezimmerfliesen hin – Handgelenk gebrochen. Mit diesem netten Pumptrack war es nicht anders. Alltägliche Unfälle machen mir mehr Sorgen als der gefährlichste Sprung. Es liegt wohl daran, wie konzentriert man ist. Bei einem riskanten Stunt bin ich voll bei der Sache, beim Zwiebelschneiden oder wenn ich in der Wohnung herumlaufe, jedoch nicht immer.

meine lange Verletzungsliste bekannt, einige hatten sogar meine Videos gesehen und dachten sich bestimmt: Wir wollen nicht die Schuld bekommen, wenn dieser Typ sich sofort wieder was bricht, sowie er hier raus ist. Lieber ein bisschen übervorsichtig sein ...

Ohnehin hatte ich mir vorgenommen, es dieses Mal langsam angehen zu lassen, und außer einer unangenehmen Wundinfektion verlief die Genesung jetzt planmäßig. (Die Infektion hatte ich selbst verursacht: Auf einer Fete war ich in das riesige Aquarium eines Freundes geklettert und darin untergetaucht. Ich mag mir gar nicht vorstellen, was da alles mit der Operationswunde in Kontakt kam.) Natürlich konnte ich es gar nicht abwarten, mich wieder aufs Rad zu schwingen, aber ich beherrschte mich. Mir kam es vor wie eine gefühlte Ewigkeit. Als ich endlich wieder aufsteigen durfte, im Januar 2010, flog ich abermals nach Kalifornien, ich wollte zu den Athertons. In Newport Beach wohnte ich bei Darren »Conehead« Roberts, dem Trainingsspezialisten von Red Bull. Er sollte mit mir Reha- und Trainingsmaßnahmen für die Schulter durchführen. Ich war inzwischen ein bisschen eingerostet und nahm mein Inspired-Rad mit, um wieder in Gang zu kommen. Doch ich konnte kaum vor die Tür treten. Kalifornien erlebte die schlimmsten Unwetter seit fünfzehn Jahren, und das Land fiel buchstäblich in Stücke. Der Regen war zwar nach schottischen Maßstäben kaum mehr als sanftes Nieseln, genügte aber, um überall schlimme Erdrutsche auszulösen.

Die Athertons sorgten für ausreichend Ablenkung. Dan trainierte schon für seine Olympia-Teilnahme in ein paar Jahren. Er war nämlich nicht nur Mountainbiker, sondern auch BMXer, und BMX-Fahren war kurz vorher olympische Disziplin geworden. Dafür wollte er sich unbedingt qualifizieren. Rachel erholte sich ebenfalls von einer Verletzung; im Grunde konnte es keiner von uns abwarten, endlich aufs Rad zu kommen.

»Wie wär's mit einem kleinen Downhill-Rennen?«, schlug Gee eines Tages vor. »Ein Rad kriegst du von uns, kein Problem.«

Ich war sofort begeistert. Die nächsten Tage bretterten wir die örtlichen Trials hinunter. Das machte Spaß, auch wenn es sehr ungewohnt war. Noch nie hatte ich auf einem Downhill-Bike gesessen, und es kam mir durch seine softe Federung und bullige Bauweise ungeheuer träge vor. Der Rahmen war auf Geschwindigkeit angelegt, nicht auf Wendigkeit. Aber als ich den Bogen raushatte, konnte ich sofort mit Gee mithalten. Wenn man bedenkt, dass er mehrfacher Weltmeister ist, war das schon ganz gut für einen Anfänger. Das hat mich dann wohl übermütig gemacht, und ich habe mich übernommen.

Als wir eines Nachmittags auf dem Heimweg waren, bemerkte Gee, im nahen Fontana würde bald das Southridge-Rennen stattfinden. »Cooler Wettbewerb«, meinte er. »Übrigens offen für alle. Meld dich doch an, nur so.«

Das hörte sich interessant an. Das Southridge ist in Kalifornien ziemlich bekannt; es ist kein Worldcup-Race, gilt aber unter Downhill-Fahrern als sehr anspruchsvoll. Die Strecke fängt felsig an, und dort oben ist man dem Wetter gnadenlos ausgesetzt. Am Schluss kommt ein übler flacher Abschnitt, bei dem man treten muss, was das Zeug hält. Aber ich glaubte mich auf dem Downhill-Rad inzwischen völlig sicher, also dachte ich: Warum nicht?

Im Nachhinein hätte ich mir selbst antworten sollen: »Weil man aufhören soll, bevor es zu spät ist«, aber das habe ich noch nie getan. Fragt meine Mum. Wir absolvierten einen Trainingslauf auf der Strecke, und als wir gerade durch eine Gruppe Felsblöcke fuhren, streifte ich einen von ihnen. Ich verlor die Kontrolle, katapultierte über den Lenker und flog mehrere Meter weit durch die Luft – so kam es mir zumindest vor. Jedenfalls sah ich einen Felsblock, der sich mir in Zeitlupe näherte.

Bitte nicht schon wieder, dachte ich noch.

Klar, ich landete genau auf dem Schlüsselbein. Ich hörte das inzwischen vertraute Knacken, mit dem es längs durchbrach.

Schmerz durchzog meinen Körper, aber zugleich brannte in mir eine enorme Wut. Gerade erst hatte ich sechs Monate pausiert, hatte mich wie kaltgestellt gefühlt – und nun das. Wie lange würde ich jetzt ausfallen? Ich stand zwar nicht unter Druck wie Dan mit seiner Olympiaqualifikation. Von ihm wurde erwartet, dass er es schaffte, und dazu musste er in diesem Jahr, aber auch im nächsten bei den Rennen gut abschneiden. Er konnte es sich nicht leisten, eine Pause einzulegen; eine Verletzung wäre eine Katastrophe gewesen. Für mich war der erneute Bruch zwar keine Katastrophe, aber ich war trotzdem furchtbar frustriert. Red Bull hatte mir angeboten, das größte Projekt meines Lebens zu finanzieren, ich wollte so schnell wie möglich damit anfangen, und jetzt dieser Mist!

Traurig und verzweifelt erreichte ich irgendwie das Ende der Strecke. Der nächste Knochenbruch in den USA. Die geplante Fortsetzung zu *Inspired Bicycles* war unsicherer als je zuvor.

Szene zwölf

Außen. Edinburgh Castle.
Totale auf die Silhouette der Stadt mit ihren Kirchturmspitzen. Dann Danny, wie er sein Fahrrad die Treppe zum Schloss hinaufträgt. Schwenk über eine Kanone. In der nächsten Einstellung trägt Danny zum ersten Mal seinen Red-Bull-Schutzhelm. Er fährt die Bastionen des Schlosses ab.
Abblende. Aufblende.
Danny auf einer steinernen Befestigungsmauer, die knapp vier Meter tief auf eine Grasböschung abfällt, unter der ein betonierter Weg verläuft. Er späht hinunter, als wolle er die Höhe abschätzen. Er wirkt ein wenig ängstlich, aber nicht sehr. Vor ihm das Panorama der Stadt bis zum Horizont …

Way Back Home, 2010

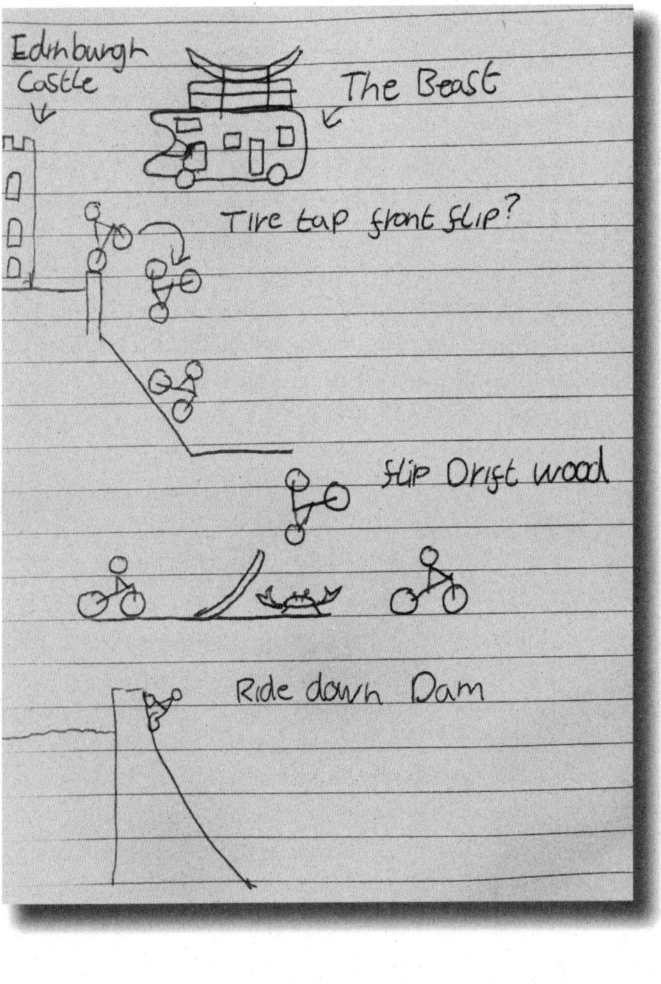

Edinburgh Castle

The Beast

Tire tap front flip?

flip Drift wood

Ride down Dam

Schluck zuerst
den größeren Frosch

Dass ich mich nicht rühren konnte, hatte auch seine Vorteile: Ich hatte jetzt Zeit, in Ruhe die Drehorte für meinen neuen Film auszusuchen, der *Way Back Home* heißen sollte, also etwa »Auf dem Weg nach Hause«. Das schien der richtige Titel für ein Roadmovie zu sein, das mich von Edinburgh zum Ort meiner Kindheit führen sollte, nach Dunvegan nämlich. Das Konzept: unterwegs meine Street-Trial-Moves zu performen, jedenfalls dann, wenn sich ungewöhnliche Hindernisse anboten. Die Recherchen für diese Locations waren eine willkommene Ablenkung, während ich auf dem Sofa lag und gelangweilt und ein bisschen mürrisch darauf wartete, dass ich endlich wieder aufs Rad durfte. Außer der Schlinge, die meinen Arm ruhig stellte, gab es noch einen gewichtigen medizinischen Grund, das vorerst bleiben zu lassen: Würde ich noch einmal stürzen, konnte sich theoretisch die Metallplatte, die mein Schlüsselbein zusammenhielt, so unglücklich verbiegen, dass sie mir die Halsschlagader durchtrennte.

Als ich so herumhing, holte mich doch noch die digitale Revolution ein. Endlich kaufte ich mir einen Laptop und verbrachte Stunde um Stunde mit der Drehortsuche via Google Images vom Sofa aus. Burgruinen, ehemalige Eisenerzbergwerke, dramatische Bergketten – ich sprühte nur so vor Ideen, als ich mich seitenweise durch Bilder scrollte. Der Ort musste nur eine Bedingung erfüllen: Er sollte für meine

Line einen tollen Hintergrund abgeben. Außerdem sollte er zumindest in der Nähe auf meiner Route von Edinburgh nach Skye liegen, die wir anhand eines Reiseführers abgesteckt hatten. Ich dachte ebenso an eine Reihe von Objekten, erschaffen von menschlicher Hand, die vor einer grandiosen Aussicht standen, etwa eine der alten roten Telefonzellen, von der ich dann herunterspringen würde. Es gab davon in Schottland, so hatte ich im Internet gecheckt, um die 3500 Stück. Mindestens fünfzig Zellen sah ich mir an, bis ich die fand, die genau richtig war. Sie stand auf Skye.

Wann immer es mir möglich war, schaute ich mir den eventuellen Drehort selbst an. Ich wollte ein Gefühl für die Line bekommen, bevor ich sie ins Programm aufnahm. Von einem Kumpel lieh ich mir einen alten Fiesta Automatik und fuhr in Schottland herum, während sich in meinem Kopf langsam eine »Story« für den Film entwickelte. Im Juni 2010 war ich schließlich gesund genug, um mich wieder aufs Rad zu schwingen. Zuerst einmal setzte ich mich auf den Sattel, damit ich wieder fit wurde. Ich war ja völlig aus der Übung und würde eine Weile brauchen, um meine alten Fertigkeiten wiederzuerlangen aus. Das gebrochene Schlüsselbein hatte unter anderem auch bedeutet, dass ich meine Bauchmuskeln nicht anspannen konnte – das tat einfach viel zu weh. Dadurch waren eine Menge Bewegungen ausgeschlossen. Neun Monate lang hatte ich mich morgens aus dem Bett und abends wieder in dieses hineingerollt, anstatt normal aufzustehen oder mich hinzulegen. Und wenn ich mich von einem Stuhl erheben wollte, hatte ich mich mit einem Arm mühsam hochgestemmt. Ich war wirklich nicht mehr *dialled in* und hatte eine Menge aufzuholen.

Doch an Ehrgeiz fehlte es nicht, und nachdem ich mich wieder an mein Inspired-Rad gewöhnt hatte, besorgte uns

Red Bull freundlicherweise ein Wohnmobil für unser Projekt. Dave Sowerby und ich hatten dadurch selbst in einsamsten Gegenden immer unser Hotel dabei. Als der Camper vor uns stand, wollte ich meinen Augen nicht trauen. Es war ein Fiat Swift Royale von 1996, aber praktisch neuwertig. Der Vorbesitzer musste das Wohnmobil gehegt und gepflegt haben, und für unsere Zwecke war es ideal. Am Heck gab es einen Halter für zwei Fahrräder, und auf dem Dachgepäckträger konnte ich haufenweise Sprungmatten stapeln. Innen war Platz für sechs, aber wir würden nur zu dritt sein – außer Dave und mir fuhr noch Mark Huskisson mit, ein Kumpel, der eine Doku über das Projekt drehen wollte. Wir hatten also reichlich Platz. Es war der reinste Luxus. Nachdem ich noch zwei große Subwoofer-Boxen eingebaut und eine Discokugel unter die Decke gehängt hatte, war es ein echtes Zuhause.

Trotz aller großzügigen Gesten war das Engagement von Red Bull begrenzt, was bedeutete, dass der Sponsor uns nicht limitieren wollte. Wir hatten dadurch kein endloses Budget, behielten jedoch die Freiheit zu machen, was wir wollten. *Way Back Home* gehörte uns. Der Film würde aussehen, wie wir ihn uns vorstellten, und wir waren ziemlich ehrgeizig. Mein Ziel war es, mindestens so beeindruckende Bilder und Stunts wie in *Inspired Bicycles* zu liefern. Zu meinen Ideen gehörte eine Fahrt über die Skye Bridge (sie verbindet meine Heimatinsel mit dem Festland), und zwar auf dem Geländer, mit abschließendem Sprung ins Meer (aus etwa dreißig Meter Höhe). Wir überlegten, ob ich den Inaccessible Pinnacle mit dem Fahrrad erklimmen sollte, die ebenso bekannte wie berüchtigte Landmarke der Insel. Wir fantasierten sogar über den Einsatz eines Hubschraubers. Während wir so über Lines und Locations brüteten und sie auf ihre Realisierbarkeit abklopften, fragte ich immer wieder Dave: »Was ist das Beste, was ich auf dem Rad geben kann, und wo ist der coolste Ort dafür?«

Schon seit Jahren träumte ich davon, etwas mit den Zinnen von Edinburgh Castle anzustellen. Fuhr ich unten in den Princes Street Gardens um die Burgmauer herum, schaute ich nach oben und stellte mir das Potenzial der großen alten Festung vor. Ganz oben war eine lange steinerne Balustrade zu sehen, die auf einen steilen Grashang hinunterging. Von dort wäre ein Tiretap mit Downside-360er-Tailwhip möglich, überlegte ich. Ich war mir ziemlich sicher, es lebend und heil bis zum Fuß der Befestigungsmauern zu schaffen. Der absolute Traum war aber ein Tiretap-Frontflip von dort oben.

Nach zwei Wochen Dreharbeiten und einigen anstrengenden und langen Tagen am Firth of Forth und auf den vorgelagerten Inseln rief ich ein paarmal die Öffentlichkeitsabteilung von Edinburgh Castle an. Ich wollte es kaum glauben, aber wir bekamen tatsächlich eine Genehmigung für anderthalb Stunden Dreharbeiten auf der Bastion. Es war richtig unwirklich, als wir dann mit dem Wohnmobil die Royal Mile entlang zur Burg hinauf-, durch das große Tor und in eine aus dem Felsen gehauene Kaverne fuhren. In den Eingeweiden des großen Festungskomplexes kamen wir uns vor wie in einer Gothic-Höhle.

Unsere Umgebung wiegte uns in Sicherheit. Wie sich jedoch herausstellte, blies draußen, im Bereich der Mauern, ein derartiger Sturm, dass es uns fast von den Füßen riss, als wir drei uns mit hochgezogenen Schultern und mit Kapuzen geschützt gegen die Elemente stemmten und der Regen uns kalt auf den Rücken peitschte. Wie sollte man unter diesen Bedingungen vernünftige Bilder bekommen? Mit uns war ein Sicherheitsbeamter hochgestiegen, ein gnadenloser Aufpasser in leuchtendem Orange, um die Windgeschwindigkeit zu prüfen. Bei den ersten Böen über fünfzig Meilen pro Stunde (etwa siebzig Stundenkilometer), so erklärte er, würde er die Dreharbeiten beenden. Allein der Aufenthalt auf der Mauer war dann zu gefährlich, erst recht konnte man es vergessen, irgendwelche Drops zu wagen.

Wir sammelten uns um das Display seines Windmessers. Die Zahlen flackerten zwischen fünfundvierzig und achtundvierzig Meilen pro Stunde. Dave warf mir einen Blick zu. Nicht warten, Danny, mach lieber schnell, wollte er mir damit sagen. Ich wärmte mich mit einigen 360er-Nose-Taps über die Mauer hinweg auf. Der Wind störte mich nicht mal, aber die Landung war die Hölle. Das Gras war nass, der Boden matschig, ich fand überhaupt keinen Halt, als ich aufkam. Ein paar Jumps gelangen mir aber trotzdem. Ich sagte mir schließlich: »Versuch's. Du hast nur diese eine Gelegenheit, also mach's gleich richtig.« Ich sprach mir selbst Mut zu.

Mein Traum war der Frontflip von der Mauer. Der Move war Neuland für mich, nicht nur die abgefahrene Location. Mir war zwar am Strand von Aberdour in Fife schon einmal die Landung auf zwei Rädern nach einem Bunnyhop-Frontflip gelungen, aber ein Tiretap-Frontflip auf einen durchweichten Abhang war eine ganz andere Nummer. Jetzt, bei Sturm und peitschenden Regenböen, kam mir mein Unterfangen völlig absurd vor. Aber es gab etwas, das ich tun konnte: Wenn ich unten ein paar Sprungmatten auslegte, die mich bei der Landung stabilisierten, war ich dem Sprung gewachsen. Das spürte ich, als ich mit angezogener Hinterradbremse und über den Lenker gebeugt auf den Abhang vier Meter unter mir starrte und den Sprung abschätzte.

Es war schon ein komisches Gefühl, als ich, mit dem Vorderrad über dem Abgrund, darauf wartete, dass es losging. Der Abhang schien meilenweit weg. Ich weiß ja nicht, dachte ich und spähte noch einmal hinunter. Im nächsten Moment warf ich mich nach vorne. Der Schwung schleuderte das Fahrrad fast komplett herum, und ich landete rückwärts auf den Matten. Es war keine perfekte Landung, aber es war eine Landung, und das war schon ein Wunder. Sehr viel wahrscheinlicher wäre es gewesen, mit dem Gesicht im Matsch bäuchlings nach unten zu rutschen. Fast geschafft.

Hey, dachte ich. Das klappt ja.

Ich kletterte auf die Mauer zurück. Nach einigen weiteren, nicht besonders vielversprechenden Versuchen gelang mir schließlich eine brauchbare Landung. Beide Reifen klatschten auf die Matten und hielten an Ort und Stelle, auch wenn mich der Aufprall über den Lenker katapultierte. Ich konnte es gar nicht glauben. So lange hatte ich schon auf diese Balustrade gestarrt und mir vorgestellt, über sie einen Flip zu schlagen. Jetzt sah es so aus, als würde der Traum wahr werden.

Inzwischen war ich in Übung, allerdings fror ich, war durchnässt und erschöpft, nicht nur von den Anstrengungen des Tages, sondern auch von den zwei Wochen zuvor, in denen ich unzählige Stunts hingelegt hatte. Meine mentalen Kräfte waren ebenfalls aufgebraucht. Außerdem lief uns die Zeit davon, und der Sicherheitsbeamte mit seiner Uhr und dem Windmesser wich nicht von unserer Seite. Dazu kamen die Zuschauer, die wir durch unser Tun angelockt hatten. Im Café oberhalb der Mauer hatte sich eine Gruppe deutscher Touristen hinter den Scheiben versammelt und deutete aufgeregt auf uns. Nicht lange, und sie richteten ihre

Kameras auf uns. Dave mahnte, dass eines dieser Filmchen leicht auf YouTube landen und unsere mühsame Arbeit entwerten könnte.

Nun werde ich leicht unkonzentriert, wenn ich gegen meine Angst ankämpfen muss. Die macht mir sowieso immer zu schaffen, wenn ich mich innerlich auf einen Sprung oder Flip vorbereite. Selbst wenn ich vollkommen allein gewesen wäre, hätte ich lange gebraucht, um mich zum Sprung zu überwinden. Mit all den Ablenkungen – ich musste die Kameraposition beachten, den blöden Sturm, die deutschen Touristen, die mich filmten – war es natürlich noch weit schwerer. Aber ich versuchte es, jetzt im Ernst – ohne die Matten. Es klappte auf Anhieb, doch Dave hatte den Moment verpasst. Er ärgerte sich furchtbar über sich selbst, auch wenn er es da oben nicht gerade leicht hatte. Er musste untätig zuschauen und eine Menge Geduld aufbringen, während ich mich innerlich vorbereitete. Wir standen schon eine Stunde hier draußen im Regen, und einen Großteil dieser Zeit hatte ich einfach nur über die Mauerkante gestarrt. Doch Dave verstand, was in mir vorging, und er wusste auch, dass ich diese Phase nicht auslassen konnte. Es wäre zu schön gewesen, wenn ich mich tollkühn von der Festung in die Tiefe hätte stürzen können – ohne Selbstzweifel und einer immensen Unentschlossenheit in letzter Minute –, aber da war die Angst. Was ich da vorhatte, war gefährlich. Ich musste es vernünftig und so sachlich wie möglich angehen.

Während ich mich mental auf den nächsten Versuch vorbereitete, fiel mir ein Ratschlag ein, den ich einmal gehört hatte: »Wenn du einen Frosch schlucken musst, sitz nicht da und starre ihn an – iss ihn. Und wenn es zwei Frösche sind, schluck den größeren zuerst.« Im Grunde hieß das: Wenn dir etwas Angst macht, bringe es schnell hinter dich. Klingt gut, funktioniert bei mir aber kaum. Manche Biker sagen sich tatsächlich: »Warum lange zaudern? Bringt nur Stress. Augen zu und durch.« Ich dagegen kann nicht anders – ich sitze da und starre den Frosch an. Der Frosch starrt zurück. Diesmal dauerte es eine Stunde, dann war ich endlich so weit ...

Das Vorderrad ließ ich über die Kante rollen. Ich warf mich mit meinem ganzen Gewicht über den Lenker und riss mit derselben Bewegung das Hinterrad über meinem Kopf nach vorne. Kurz wirbelte ich durch die Luft, dann klatschten die Reifen auch schon in den durchweichten Rasen. Trotz der viel zu weichen Oberfläche gelang es mir, im Gleichgewicht zu bleiben. Ich rollte auf den betonierten Weg und kam schleudernd zum Stehen. Kaum konnte ich es glauben. Einer meiner Traumstunts – ich hatte ihn gerade durchgezogen, vor laufender Kamera. Am besten war das Gefühl, dass ich damit die Trial-Welt ganz schön aufgemischt hatte.

Angst und Zweifel, eine Stunde lang den Frosch anzustarren – es war die Mühe wert gewesen.

Monatelang fuhren wir kreuz und quer durch Schottland, von einem Drehort zum nächsten. Eigentlich hätte *Way Back Home* in wenigen Wochen im Kasten sein sollen, aber im Endeffekt brauchten wir volle fünf Monate. Das Wohnmobil bewältigte in dieser Zeit über 17 000 Meilen, und an manchen Tagen hatten wir das Gefühl, wir pissten gegen den Wind, weil wir dem Drehplan hoffnungslos hinterherhinkten. Bei manchen Parts dauerte es Tage, bis alle Stunts abgedreht waren. Andere liefen prächtig – bis mittendrin das Wetter umschlug. Wir jagten ständig der Sonne nach, was in Schottland nicht einfach ist. Dann kamen wieder Tage, an denen ich sechs Stunden hintereinander immer dieselbe Line versuchte, die partout nicht klappen wollte.

Zum Schlafen kroch ich abends zwischen die beiden riesigen Basslautsprecher, die links und rechts neben meiner Koje standen. Dave war morgens immer als Erster wach. Er machte Frühstück – Schinkenbrote und Kaffee –, und weiter ging's, auf die Straße oder die Fähre zum nächsten Drehort. Hielt sich das Wetter, saß ich Stunde um Stunde auf dem Rad, bis der Stunt gelungen war und Dave eine perfekte Aufnahme hatte. Dann steuerte ich den Camper zur nächsten Location, während Dave die Aufnahmen durchsah. Wir hatten uns gut eingespielt, hatten unsere Routinen gefunden.

Das Wohnmobil hatte es allerdings nicht leicht mit uns. Die Einrichtung lag ziemlich schnell in Trümmern. Sie war nicht besonders stabil und den vielen Feten nach abgeschlossenen Drehs schlichtweg nicht gewachsen. Am Ende der Tour hatte der Camper reichlich Löcher, der Dachgepäckträger war abgerissen, die Springrollos nicht mehr zu gebrauchen. Eine Feier kostete der Küche das Leben, die Kojen gingen nach und nach zu Bruch, der Heizlüfter brannte aus, und die Toilettenkabine, die wir in einen Fahrradschuppen verwandelt hatten, war eine Ruine.

Höhepunkt der Dreharbeiten war der Besuch in Dunvegan, als ich die Schauplätze meiner Kindheit zur Kulisse meiner Stunts machte. Triumphierend und strahlend demonstrierte ich für Daves Kamera vor dem Polizeirevier des Dorfs mein Können. Unglaublich – ich war tatsächlich Profi-Biker geworden. Hoffentlich hatte PC Duncan Carmichael das mitbekommen … Auch die rote Telefonzelle, die ich im Netz gefunden hatte, suchten wir auf. Ich fuhr ein paar Lines über sie hinweg. Allerdings brachen mir bei einer Landung die stählernen Lenkergriffe ab, und die scharfen Bruchkanten schnitten mir widerlich tief in die Handfläche. Anschließend verbrachten wir zwölf Tage auf der Insel

Raasay, die vor Skye liegt, und bastelten uns einen Freeride-Parcours an einem Berghang. Es gab dort eine einstige Eisenerzgrube; wir filmten in ihr, benutzten auch die Grubenbahnstrecke, die in den Berg führte. Es war ein toller Spielplatz.

Nach all den Mühen wirkte das Ergebnis jedoch enttäuschend. Als ich mir *Way Back Home* zum ersten Mal anschaute, war ich frustriert und ernüchtert. Klar, auf eine Menge Parts konnten wir stolz sein, besonders auf den Sprung vom Wehrgang der Festung in Edinburgh sowie auf die Lines in Dunvegan. Aber manche Parts wirkten einfach nicht so, wie ich sie mir vorgestellt hatte. Ich hatte mir zu viel vorgenommen, und das Ergebnis kam da nicht ganz mit. Wir hatten all unsere Kraft in die Stunts und die Kameraarbeit investiert, aber ich musste immer wieder an Drehtage zurückdenken, an denen ich nicht alle geplanten Stunts geschafft oder das Wetter uns im Stich gelassen hatte.

Die Enttäuschung war aber nicht von Dauer, und letztlich gefällt mir *Way Back Home* doch sehr. Ich kann mit dem, was wir erreicht haben, durchaus zufrieden sein; es hat nur eine Weile gedauert, bis ich meine überzogenen Erwartungen überwunden hatte. Außerdem hatte ich ja noch jede Menge weitere Videos vor, und mit der Unterstützung von Red Bull würde ich all meine Ideen umsetzen können. Auch durfte ich das Wohnmobil behalten – ich blieb einfach darin wohnen.

Nach sechs Monaten musste ich dann aber doch ausziehen, weil es endgültig auseinanderfiel.

Szene dreizehn

Innen. Ein Parkhaus, New York City.
Der korrupte Detective Bobby Monday (Michael Shannon) von der New Yorker Polizei verfolgt den Fahrradkurier Wilee (Joseph Gordon-Levitt), der sich mit seinem Fahrrad zwischen den geparkten Wagen versteckt. Bobby Monday schreit einen uniformierten Streifenbeamten an.
Wiley will die Gelegenheit zum Entkommen nutzen. Er wird jetzt von Danny MacAskill als Stuntman gespielt. Er springt von einer Rampe, landet auf einem Autodach und tritt heftig in die Pedale. Die rasende Fahrt geht über eine Reihe Motorhauben in Richtung Ausgang.
Bobby Monday setzt ihm nach, kann aber nicht mithalten. Wilee kommt vor einem versperrten Ausgang schleudernd zum Stehen, wendet und fährt auf Geländern, Absperrungen und Autos zu einem anderen Ausgang, den er nach einem 360er von einem stählernen Laufgang gerade noch erreicht, während sich die Tore schon schließen …

Premium Rush, 2012

INDUSTRIAL REVOLUTIONS

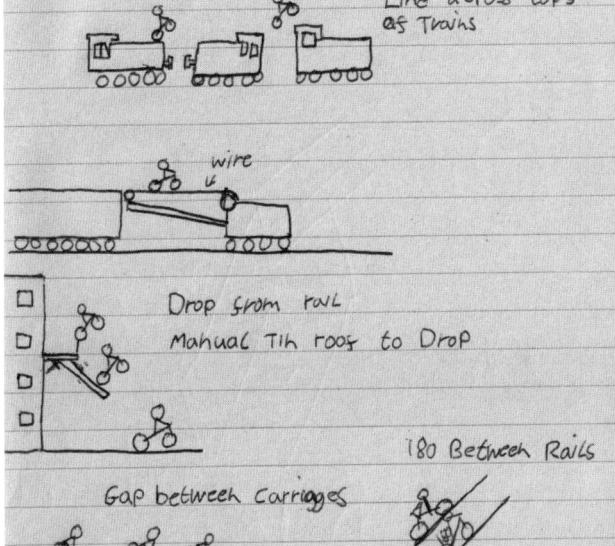

Line across tops of Trains

wire

Drop from rail
Manual Tin roof to Drop

Gap between carriages

180 Between Rails

Der Betonzirkus

Eines Morgens, Dave und ich drehten gerade in Edinburgh, fiel mir an einem vorbeifahrenden öffentlichen Bus etwas auf. Ich weiß gar nicht mehr, wo das genau war oder was ich gerade machte, aber den Bus werde ich so schnell nicht vergessen. Die Werbeaufschrift an der Seite war ein riesiges Foto von mir. Es war ein Standbild aus dem Werbespot für die Jobvermittlung, den ich vor ein paar Monaten gemacht hatte. Und plötzlich fuhren sämtliche öffentlichen Busse mit meinem Bild durch die Gegend, ich mit Anzug und Krawatte, mitten in einem Tailwhip auf meinem Inspired-Rad. Ich war völlig von den Socken.

Was war passiert?

Ich war noch nie auf Berühmtheit aus gewesen. Wenn andere Biker mitbekamen, was ich so konnte, und wenn es ihnen gefiel, reichte mir das. Was das Kommerzielle anging, hatte ich eine Art inneres Barometer, das mir genau zu verstehen gab, ob ich auf ein Angebot eingehen konnte. Ich stellte mir dabei vor, was ich selbst zu einem Werbespot oder einem Auftritt gesagt hätte, als ich noch bei Macdonald Cycles gearbeitet hatte. Wenn dieser jüngere Danny gedacht hätte, hey, das ist cool, dann konnte ich annehmen. Wenn nicht, gab ich Tarek Bescheid, er solle absagen.

Manche dieser Anfragen waren schon sehr seltsam. Während der Dreharbeiten zu *Way Back Home* bekam ich ein Angebot, als Stunt-Double in *Premium Rush* aufzutreten, einem Hollywoodactionfilm mit dem aus *Batman* bekannten Jo-

Auf dem Rad am Strand bei Port Charlotte, Isle of Islay, 1993

Meine jüngere Schwester Margaret Ishbel und ich: Wir sind beide begeistert von unseren neuen fahrbaren Untersätzen.

Mit meiner kleinen Schwester in Dads Schubkarre, Dunvegan

Beim Decken des Reetdachs vom Giant MacAskill Museum

Tiretap am Baum in den Meadows, Edinburgh, *Inspired Bicycles*, April 2009

Die Fahrt auf dem Staketenzaun, Marchmont, Edinburgh, *Inspired Bicycles*

Gap-Jump vom Vordach meines Arbeitgebers auf den Kopierladen nebenan, Edinburgh, *Inspired Bicycles*

Wallride, Gap und Sprung von der Mauer, Princes Street Gardens, Edinburgh, *Inspired Bicycles*

Backflip auf einem angeschwemmten Stück Treibholz am Strand von Arisaig, *Way Back Home*, 2010

Tiretap auf den Fundamenten einer Verhüttungsanlage der ehemaligen Erzgrube auf Raasay, *Way Back Home*

Bunnyhop und Frontflip von einem alten Wassertank oberhalb Dunvegans, *Way Back Home*

Von links nach rechts: Dave Sowerby, Mark Huskisson und ich. Mit dem Wohnmobil bei Arisaig während der Dreharbeiten zu *Way Back Home*

»Curry Night« im Wohnmobil: mit Dave bei den Dreharbeiten zu *Way Back Home*

Auf meinem Inspired-Rad, Edinburgh, 2009

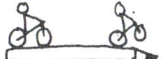

Vor der Kelvin Hall, Glasgow, mit der olympischen Fackel von London, 2012

In der Kelvin Hall: Dreharbeiten zur Schlusssequenz von *Imaginate*, März 2013

Manöverkritik – mit Nash Mason, Stu Thomson, Dave Mackison und Robbie Meade (v. l. n. r.) bei der Sichtung einer Szene für *Imaginate*

Backflip von einem wackeligen Stahlträger, Epecuén, Argentinien, März 2014

Im *Matadero*, dem alten Schlachthof von Epecuén

Lec Park am Steuer der Drohne, Scott Marshal und Stu Thomson auf dem Gipfelgrat der Cuillin Ridge, Isle of Skye, Juni 2014

Das Dreamteam: Donnie Macphie, Paul Smail, Lec Park, Alan Blyth, Stu Thomson, ich, John, Chris Prescott, Scott Marshal, Paul Diffley, Matt Barratt und Andy McCandlish (v. l. n. r.) am Strand von Glen Brittle, Isle of Skye

Mit Tarek Rasouli beim Training für den Wings for Life World Run, München, 3. Mai 2015

Das »Drop and Roll«-Team in voller Fahrt: Duncan Shaw, Alastair Clarkson, ich und Fabio Wibmer (v. l. n. r.)

Backflip zwischen zwei dreistöckigen Schulgebäuden. Dreharbeiten zum GoPro-Video *Cascadia*, Las Palmas, Gran Canaria, Oktober 2015

Beim Blick vom Boot über den Firth of Forth zur Eisenbahnbrücke.
Dreharbeiten zu *Way Back Home*, September 2010

seph Gordon-Levitt (Achtung, Spoiler: Seine Rolle war eine Hommage an Robin). Zuerst wollte ich nicht. Ich sollte als Gordon-Levitts Double der Authentizität halber ein Fahrrad ohne Gangschaltung benutzen, mit denen Fahrradkuriere häufig unterwegs sind, weil Gordon-Levitt ja einen spielte, der von einem bestechlichen Cop des NYPD durch die Stadt gehetzt wird. Mit solchen Rädern kannte ich mich nicht nur nicht aus, sondern sie waren gerade ungeheuer »in«, und ich wollte vermeiden, es so aussehen zu lassen, als spränge ich da auf einen Trend auf. Also schlug ich den Produzenten eine Reihe guter Biker vor, die ich persönlich kannte und von denen ich glaubte, dass sie besser für diese Rolle passten. Die Produzenten wollten aber unbedingt mich; sie gingen sogar so weit, das Drehbuch zu ändern, damit ich bei den Stunts mein Inspired-Rad verwenden konnte. Da konnte ich nicht anders, ich gab schließlich nach. Immerhin, sagte ich mir, hatte ich ja Erfahrung mit Verfolgungsjagden und Flucht vor der Polizei, wenn auch nur mit unserem Dorfpolizisten auf Skye. Frohgemut flog ich nach New York, wo der Dreh bereits lief.

Am Set war alles neu. Zum Glück ist Joseph Gordon-Levitt keine Diva, sondern ein vernünftiger und umgänglicher Mensch, und die Stunts, die ich absolvierte, waren geradezu einfach im Vergleich zu Sprüngen von Burgzinnen. Ich musste nur über einen Haufen geparkter Autos und Straßensperren fahren und dann einen 360er von einem Laufsteg aus hinlegen. Wie gesagt, simple Moves. Auf Raasay und Skye hatten wir einen anderen Schwierigkeitsgrad gehabt.

Fürs Fernsehen hatte ich bislang nicht gearbeitet, weil das Radfahren in diesem Medium ganz anders dargestellt wird, als ich es sehe. Bei *Inspired Bicycles* und *Way Back Home* hatten wir uns auf den Stil und die Stunts konzentriert; es ging nicht um Dramatik. In Fernsehdokus dagegen ist der Biker sehr stereotyp gezeichnet, immer wird er bei einem tollkühnen, aber simplen Sprung von unten gegen den Himmel gefilmt; in solchen Sendungen wird nie gezeigt, wie schwierig und anspruchsvoll Street-Trial ist.

Als mich der Sender Channel 4 dann 2011 für einen Auftritt in der Sendung *Concrete Circus* (»Betonzirkus«) gewinnen wollte, war ich deswegen zuerst nicht begeistert. Nachdem ich mit Mike Christie, Produzent und Regisseur des Formats, gesprochen hatte, ließ ich mich jedoch umstimmen. *Concrete Circus* versprach tatsächlich, ein bisschen anders zu werden. Es sollten vier Protagonisten auftreten – nicht nur Biker –, die alle eigene virale Videos im Netz hatten. Mike hatte unter anderem Kilian Martin auf seiner Liste, einen Freestyle-Skateboarder, und den Flatland-BMX-Profi Keelan Phillips. Außerdem hatte er das Parkour-Läuferduo Blue und Phil Doyle aus dem Londoner Team Storm Freerun für das Projekt gewinnen können. Die Läufer und Fahrer würden sich, so hieß es, die kreative Kontrolle mit den Filmemachern teilen, der Sender würde nicht hereinreden. Das bedeutete im Endeffekt, dass ich mein eigenes Video mit dem Budget eines großen Medienkonzerns machen konnte, und das klang nach einer Menge Spaß.

Ich sagte Mike also zu. Eigentlich dachte ich wieder an Dave Sowerby als Regisseur und Kameramann; wir hatten schließlich ein paar gute Videos zusammen gemacht. Doch es gab da ein Problem: Seit den Dreharbeiten zu *Way Back Home* war der arme Dave total ausgebrannt. Aber so richtig. Wir hatten es uns beide mit diesem Projekt nicht leicht gemacht. Dave hatte nie die Geduld verloren, aber die Dreharbeiten waren dennoch mörderisch gewesen. Ich weiß gar nicht mehr, wie viele Tage wir unterwegs gewesen waren, aber nicht eine Sekunde hatten wir Pause gemacht. Tag für Tag Arbeit, drehen und fahren, kreuz und quer durch das Land – das konnte nicht gut gehen. Dazu kam noch, dass Dave sich lieber nicht mit einer großen kommerziellen Fernsehanstalt einlassen wollte.

Daraufhin wandte ich mich an Stu Thomson, der nicht nur ehemaliger Mountainbike-Weltmeisterschaftsfahrer, sondern auch ein guter Freund von mir war. Ich kannte ihn als einen fähigen Regisseur, auch wenn er noch ganz am Anfang seiner Karriere stand. Eine Knöchelverletzung hatte ihn für immer aus der Downhill-Szene verbannt, woraufhin er mit einer Videoproduktionsfirma namens MTB Cut neu anfing. Das Internet nahm damals gerade erst Fahrt auf, aber Stu hatte sich schon einen Namen mit tagesaktuellen Videoberichten von der Mountainbike-Weltmeisterschaft gemacht. Er lud sie hoch, sowie er den Schnitt fertig hatte, womit er in der Szene der Schnellste war. Stu war ein kluger Geschäftsmann, aber auch sehr kreativ mit der Kamera. Er hatte das Auge eines großen Regisseurs, und sein Stil entwickelte sich schnell weiter; seine Videos waren bald großes Kino mit nahezu epischen Qualitäten.

Mit ihm zu drehen hielt ich für eine großartige Sache, und Stu war auch begeistert. Wir hatten nur ein Problem: die Deadline. In unseren vollen Terminkalendern war kaum Platz für nur eine einzige Vorbesprechung, und als wir anfangen konnten, hatten alle anderen ihre Beiträge schon fertig. Kilian Martin schaute auf Skye vorbei, um mich zu besuchen. Ich kannte ihn nur von seinen Videos. In New York, während ich mit *Premium Rush* beschäftigt war, hatte mir mein Freund Nash eines davon gezeigt, und es hatte mich umgehauen. Kilian war unglaublich: Sein Stil war so leicht und fließend, er wirkte auf dem Skateboard richtig entspannt. Alles war eine mühelose, elegante Mischung aus Old School mit Flatland-Moves und fantastischen New-School-Stunts. Im Grunde hatte er eine ganz neue Szene für sich alleine geschaffen.

Der Besuch erinnerte mich aber auch daran, dass die Uhr tickte. Die Deadline rückte immer näher, während Stu und ich noch nach einem passenden Drehort suchten. Mir waren die Ideen ausgegangen, da ich ganz Schottland gerade erst monatelang abgegrast und für *Way Back Home* ausgeschlachtet hatte. Da konnte mir niemand mehr etwas Neues oder Aufregendes zeigen.

»Wo zum Teufel sollen wir noch hin, Stu?«, murrte ich. »In Schottland bin ich doch schon überall gewesen.«

Stu nahm daraufhin die Sache in die Hand. Er stellte sich eine moderne Industrieruine als Drehort vor, eine verfallene Location mit Charakter, verfallen, düster, abseits aller Touristenrouten. Stundenlang suchten wir auf Google Images nach geeigneten Plätzen, bis wir an einem regnerischen Nachmittag plötzlich fanden, was wir suchten: die Dunaskin Ironworks, eine 1988 geschlossene Eisenhütte. Dunaskin sah auf den Bildern toll aus. Die Fassade wurde von zwei großen Schornsteinen eingerahmt und bestand aus alten Ziegelmauern mit viel Patina und zwei angemessen rostigen Eingangstoren. Es gab bröckelnde Mauern, über die ich springen konnte, Bahngleise zum Gappen und stehen gebliebene Waggons als Sprungschanzen.

Bei genauerem Hinschauen stellte sich das Industriegelände bei Dunaskin sogar als idealer Drehort für ein Video heraus. Alles war verrostet – die Treppen, die Einzäunungen, die schrottreifen Eisenbahnwaggons. Auf dem Gelände befand sich auch ein ehemaliges Kraftwerk; für uns bedeutete das einen Spielplatz von unendlicher Größe. Auf der Karte waren unzählige Ruinen zu erkennen, überall standen alte Hochöfen, in denen früher Eisenerz geschmolzen worden war, und es gab einen baufälligen Verschiebebahnhof mit alten Schienen und mehrere Dampflokomotiven.

Weil sich das alles in unmittelbarer Nähe befand, konnten wir eine Rahmenhandlung für unser Video entwickeln, eine lose Story. Die Industrieruinen, ihr Verfall und die damit verbundene Atmosphäre gaben das Thema vor. Nach nur sechs Tagen hatten wir den Dreh geschafft; dem Ergebnis gaben wir zu Ehren der Location den Titel *Industrial Revolutions*.

Sind die Dreharbeiten zu einem Video vorbei, folgt normalerweise eine intensive Diskussion über den Soundtrack, für den ich immer schon eine längere Liste mit möglichen Bands und Songs im Kopf habe. Bei *Industrial Revolutions* stand die Musik aber schon von Anfang an fest, weil Stu jemanden bei Universal Records kannte. Weil unser Film nicht über Satellit, sondern nur im irdischen Fernsehen ausgestrahlt werden sollte, bekam er ohne Probleme einen Lizenzvertrag, und Universal schickte uns einige Tracks, mit denen wir herumbasteln konnten.

Eine der Single-CDs war vom englischen Singer-Songwriter Ben Howard und hieß »The Wolves«. Dieser Song passte genau zu dem, was wir mit unserem Video vermitteln wollten. Noch bevor wir mit den Aufnahmen fertig waren, stand er als Soundtrack fest. Stu klappte die Hecktüren seines Transporters auf und drehte die Lautsprecher auf, und ich zischte über Waggondächer und sprang von einem Geländer zum anderen, während »The Wolves« dröhnte. Häufig stimmte ich meine Fahrweise und die Stunts sogar auf den Text oder ein Gitarrenriff ab. Dabei gelangen mir ein paar coole, unwiederholbare Moves – so nahmen wir zum Beispiel auf, als ich wie ein Seiltänzer über einen Stahldraht fuhr, der zwischen zwei ausgemusterten Eisenbahnwaggons gespannt war.

Diese Lines verschafften uns eine Menge Aufmerksamkeit. Als der Film im August 2011 herauskam, überschlug sich Guy Martin auf Twitter vor Begeisterung. *Concrete Circus*, die Dokumentation auf Channel 4 mit den fabelhaften Parts von Kilian, Storm Freerun und Keelan, kam beim Fernsehpublikum großartig an. Ich selbst war ziemlich zufrieden damit; es ist bis heute eines meiner Lieblingsvideos, auch wenn mich die Fernsehausstrahlung nicht weiter gereizt hat. Die zusätzliche Publicity war einfach nur Mittel zum Zweck – vor allem wenn ich dadurch mehr Videos drehen konnte. Außerdem musste ich mir um meine Prominenz keine Sorgen mehr machen. Mein Gesicht schaute mir von jedem öffentlichen Edinburgher Bus entgegen, und das reichte mir vollauf; ich zuckte jedes Mal zusammen.

Dann kam eine Pechsträhne.

Mein linkes Bein war völlig kaputt, und ich wusste nicht, warum. Schon während der Dreharbeiten zu *Industrial Revolutions* konnte ich oft kaum richtig laufen, das Kniegelenk wollte einfach nicht. Sechs Tage lang humpelte ich gequält herum und schluckte dauernd Schmerztabletten, um es durchzustehen.

Nach dem Dreh hatte ich eine Ruhepause, und die Verletzung schien nicht mehr so schlimm, der Schmerz ließ nach. Das war eine Erleichterung, weil ich in Vancouver zu einer großen Mountainbike-Produktion mit dem Titel *Strength in Numbers* erwartet wurde. Ich sollte neben grandiosen Fahrern wie Gee Atherton, Wade Simmons und Anthony Messere auftreten und freute mich darauf, nach acht Monaten im ländlichen Schottland mal wieder in einer Großstadt zu drehen.

Produziert wurde das Video von Anthill Films, einer der angesehensten Firmen in der Szene; jeder beteiligte Biker bekam einen Solopart, was eine große Sache war. Mit einem solchen Video war ich nicht mehr auf YouTube angewiesen, um in der Mountainbike-Welt Ansehen zu gewinnen; ich war Teil eines hochkarätigen Projekts und auf Augenhöhe mit den Besten der Welt.

Aber die Vorfreude wurde schnell enttäuscht. Ich hatte acht Wochen für die Arbeit in Kanada eingeplant, und auch nach vierzehn Tagen, in denen wir die richtige Location suchten, war mein Bein noch immer nicht in Ordnung. Ich konnte es nicht voll belasten, dabei wusste ich weiterhin nicht, was eigentlich damit nicht okay war. Als ich dann einen Tiretap von einem Baumstamm im idyllischen Stanley Park in der Innenstadt von Vancouver nicht richtig hinbekam und vom Rad springen musste, um nicht zu stürzen, landete ich mit dem linken Fuß in einem Haufen Gänsekacke und rutschte weg. Mein linkes Knie knickte unter mir ein; ich spürte richtig, wie die Muskeln rissen und an meinem Meniskus zerrten. Es tat ziemlich weh, ich konnte nicht laufen und erst recht nicht Rad fahren. Und auch eine sechswöchige Rekonvaleszenz in Vancouver reichte nicht, um das Knie zu stabilisieren. Noch schlimmer fand ich jedoch, dass ich mich bei einem sechswöchigen Projekt nach einer halben Stunde so dämlich außer Gefecht gesetzt hatte. Himmelherrgott.

Nach einem produktiven Jahr musste ich also erneut eine Zwangspause einlegen. So viele Chancen und Möglichkeiten lagen vor mir, aber anscheinend entkam ich dem Schicksal nicht, dass auf jedes Video eine Verletzung folgte. Ich haderte mit meinem Schicksal, vor allem auch, weil Red Bull gerne ein neues Internetvideo mit mir drehen wollte.

Meine Geduld wurde auf eine harte Probe gestellt …

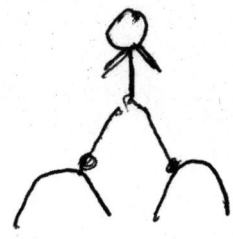

Szene vierzehn

Innen. Glasgow Transport Museum.
Danny hüpft auf einem ausgemusterten Kampfpanzer herum, umgeben von lebensgroßen »Spielzeugsoldaten« – es sind alles Freunde, die mit Kampfanzügen kostümiert und olivgrün geschminkt sind.
Danny rollt das Geschützrohr entlang bis zur Mündung, beugt sich vor, hebt das Hinterrad und vollführt einen 360-Grad-Footjam, aber ... Autsch! Der Vorderreifen rutscht weg, das Rad stürzt in einem ungünstigen Winkel, Danny wird mitgerissen und kracht mit dem Rücken auf den Boden. Drei Spielzeugsoldaten beugen sich besorgt über ihn und schauen nach, ob er noch lebt. Im Off wird ein entsetzter Ruf hörbar.
Danny ist ohnmächtig geworden ...

Imaginate, Abspann, 2012

Kaputt

Meine Bilanz, was gebrochene Knochen und zerfetzte Sehnen betrifft, ist nicht sehr eindrucksvoll, jedenfalls im Hinblick auf das, was alles hätte passieren können:

- linker Fuß, gebrochen (dreimal)
- rechter Fuß, Sehne gerissen (zweimal)
- linker Meniskus, gerissen
- Zeigefinger, ausgerenkt
- rechtes Handgelenk, gebrochen
- rechter Arm, Operation, um eine tiefe Risswunde zu säubern
- Lendenwirbelsäule, Operation
- linkes Schlüsselbein, gebrochen (dreimal)

Im Vergleich zu anderen Extremsportlern habe ich bis jetzt verdammt viel Glück gehabt. Das liegt sicher daran, dass ich meine Stunts bei eher niedriger Geschwindigkeit vollführe, während ein Motocross-Freestyle- oder Downhill-Fahrer bei einem Sturz oder Zusammenstoß eine völlig andere Wucht zu spüren bekommt. Wir haben zwar alle einen mehr oder weniger identischen Körper, und auch ein Sturz mit einem Trial-Bike kann gefährlich werden, aber wenn ich mit einem Rennrad gestürzt wäre, hätte ich mir weit mehr Knochen gebrochen. An meine Haut will ich gar nicht denken.

Verletzungen akzeptiere ich; dieses Risiko gehört zu meinem Sport, so wie auch ein Feuerwehrmann mit Verbrennungen oder anderen Wunden rechnen muss, wenn er einen Brand löscht. Oft stoße ich damit auf Unverständnis. Wie andere Extremsportler werde auch ich dafür kritisiert, dass ich mich angeblich mutwillig in Gefahr bringe. Das ist jedoch relativ, denn ich spiele nicht mit meinem Leben, sondern achte darauf, mir nur vorzunehmen, was ich meiner Ansicht nach ausführen kann.

Extremsportler planen sorgfältig, davon bin ich überzeugt. Nehmen wir Freeclimber wie Alex Honnold. Wenn Alex ohne Seil und Absicherung eine Felswand angeht, kennt er seine Route nicht nur genau, sondern hat sie auch schon am Seil gesichert erkundet. So wie ich manche Stunts erst mit Sprungmatten übe, macht er sich zunächst mit der Felswand vertraut, sodass er dann, wenn es ernst wird, ruhig und mit Selbstvertrauen klettert. Alex fühlt sich wahrscheinlich die meiste Zeit über völlig sicher, auch wenn es für die Zuschauer noch so erschreckend aussieht, wenn er an seinen Fingerspitzen über einem Hunderte Meter tiefen Abgrund baumelt.

Dieselben Leute, die Extremsportler wie Alex oder mich dafür kritisieren, dass sie etwas tun, worin sie große Erfahrung haben und wobei sie das Risiko genau abschätzen können, rasen mit dem Auto während eines Wolkenbruchs über die Landstraße oder brettern einmal im Jahr eine Skipiste hinunter. Warum sie sich das zutrauen? Ihr Verhalten gilt als nicht gefährlich, dabei ist es das. Sie sind ja nicht allein unterwegs. Wie schnell kann es passieren, dass man ein anderes Auto oder einen alles richtig machenden Skiurlauber rammt. Ich bringe nur mich selbst in Gefahr, nie andere.

Mit Verletzungen muss ich leben, sie sind unvermeidlich. Was sie aber auch nicht erträglicher macht. Ich neige dann zum Herumjammern, aber inzwischen habe ich gelernt, dass man gegen die schlechte Laune angehen kann. So kann man sich etwa auf ein Projekt konzentrieren, und das tue ich dann gewöhnlich auch, um mich abzulenken. Ich plane neue Stunts, suche neue Locations und Soundtracks. Vor allem aber muss ich die Diagnose akzeptieren und an meiner Genesung arbeiten. Ich sage mir in solchen Momenten, dass ich einen Bruch erlitten habe und die Reparatur eben Zeit braucht. *Mach, was nötig ist, um wieder aufs Rad zu kommen ...* Das Mantra wird mit der Zeit ein bisschen langweilig, aber es wirkt.

Bin ich voll einsatzfähig und mitten in den Dreharbeiten zu einem Video, wie zum Beispiel bei *Inspired Bicycles*, genieße ich das Gefühl sehr, über längere Zeit unverletzt zu sein. Meistens wird mir das morgens beim Duschen bewusst. Ich weiß nicht, warum es gerade dieser Ort ist – vielleicht weil ich gerade aufgewacht bin und mein Gehirn noch dabei ist hochzufahren oder weil ich in Gedanken durchgehe, was ich heute auf dem Rad vorhabe. Wie auch immer, jedenfalls freue ich mich, dass ich mich ganz normal bewegen kann, ohne Schmerzen, ohne gebrochene Knochen, ohne Schlingen oder Gips. Alles funktioniert, und das fühlt sich toll an.

Manchmal ist es direkt ungewohnt, ohne Blessuren zu sein. Insgesamt habe ich bestimmt drei der letzten fünf Jahre verletzungsbedingt pausieren müssen. Das sind dann die Phasen, in denen ich mich auf das nächste Video oder eine neue Line konzentriere, um einen positiven Anreiz zu haben. Oder ich gehe auf Erkundungstour. Als ich mir während der Dreharbeiten zu *Way Back Home* das Schlüsselbein brach, fuhr ich viel mit dem Auto eines Freundes in Schottland herum. Ich entdeckte verlassene Gebäude an Seeufern und interessante Hindernisse in der Umgebung von Edinburgh, und jedes Mal stellte ich mir die Stunts, die man mit ihnen anstellen könnte, so plastisch vor, dass ich sie in Gedanken nicht nur vor mir sah, sondern sie sogar nachempfinden konnte.

Mental schien sich dadurch meine Technik zu verbessern – obwohl ich nie real die Füße auf den Pedalen hatte. Ich stellte mir einfach bildlich vor, wie ich die Stunts erfolgreich absolvierte. Auch meine Filmpläne wurden ehrgeiziger. Ich hatte immer ausgefallenere Ideen, und jede Woche war ich ein bisschen besser – wenn auch hier nur in Gedanken. Später erfuhr ich, dass viele verletzte Spitzenathleten so vorgehen, um in Form zu bleiben. Es wird sogar vermutet, dass man auf diese Weise, auch wenn man nicht real trainiert, Fortschritte machen kann. Der Athlet stellt sich Herausforderungen so intensiv vor, dass der Körper entsprechend reagiert.

Der britische Speerwerfer Steve Backley soll diese mentale Methode angewandt haben, als er sich vierzehn Wochen vor den Olympischen Spielen 1996 in Atlanta, für die er sich qualifiziert hatte, einen Riss der Achillessehne zuzog. Natürlich konnte er nicht weitertrainieren, also stellte er sich vor, er sei körperlich in Topform. Er visualisierte einen Wettkampf, einen erfolgreichen Wurf nach dem anderen. Er stellte sich die vollbesetzten Stadien vor, in denen er antreten würde. Als er sein Training wieder aufnehmen durfte – gerade noch rechtzeitig für die Olympiateilnahme –, hatte er, so erzählt er, bestimmt mehrere Hundert Würfe absolviert. Jeder einzelne war ein Volltreffer. Er hatte zwar die gesamte Vorbereitungsphase für die Spiele versäumt, in der er Würfe, Sprünge und Sprints hätte üben müssen, dennoch gewann er die Silbermedaille.

Ich machte es ihm nach, wenn auch mit etwas anderen Ergebnissen. Die Stunts, die ich vor meinen Augen sah, waren ungemein ehrgeizig geworden, kein Wunder, dass mein Körper anfangs noch nicht mitziehen wollte. Als die Zeit der Rekonvaleszenz vorbei war und ich nach meinem Schlüsselbeinbruch zum ersten Mal wieder auf dem Rad saß und mit den Dreharbeiten zu *Way Back Home* anfing, war ich kaum noch imstande, freihändig auf dem Hinterrad zu fahren – und das war ein ziemlicher Schock. Zum Glück renkte sich das alles aber ziemlich bald wieder ein, und nach einigen Wochen fühlte ich mich fast genauso fit wie 2009, auch wenn ich mich noch sehr anstrengen musste. Das war anfangs frustrierend.

Ich ärgerte mich sehr, dass ich die genialen Ideen, die ich hatte, nicht ausführen konnte. Schließlich aber lernte ich, einfach zu genießen, dass ich körperlich wieder einigermaßen funktionierte. Ich riss mich zusammen, und in der Folge kehrten meine Leistungen zurück. Von den Leuten, mit denen ich zu tun hatte, hörte ich stets dasselbe: Es ist ein Privileg, gesund zu sein. Meine Verletzungsliste könnte wirklich viel länger sein.

Strength in Numbers konnte ich allerdings vergessen. Die Gänsekacke, auf der ich ausgerutscht war, hatte es in sich gehabt. Die dadurch verursachten Schmerzen in Rücken und Kniegelenk machten mir ungeheuer zu schaffen. Bei jeder Bewegung kam es mir vor, als würde man mir die rückwärtigen Beinsehnen gewaltvoll mit einer Zange herausreißen. Im DISC Sports & Spine Center im kalifornischen Marina del Rey machte man Scans, und diese ergaben dann endlich, woran es lag: Es waren ein Knochensplitter auf den Aufnahmen zu erkennen, ein eingeklemmter Nerv und eine angeborene Verengung des Rückenmarkskanals (spinale Stenose). Als ob das nicht schon schlimm genug wäre, hatte ich es auch noch mit einer Bandscheibenprotrusion zu tun, sie war eine Erinnerung an die Dreharbeiten für den S.-1-Stellenvermittlungs-Werbespot.

Ich weiß noch genau, wie es dazu kam. Ich hatte ein paarmal einen 360er aus vier Meter Höhe gesprungen, und beim letzten Jump war da plötzlich dieses Zwicken im Rücken. Während meiner Zwangspause nach den Schlüsselbeinbrüchen verschlimmerte sich die Bandscheibenschwäche, weil meine Kondition den Bach runterging und meine Rückenmuskeln zu schwach wurden, um die Wirbelsäule ordentlich zu stützen. Die Bandscheibe riss ein, und bei jeder Bewegung drückte nun irgendetwas auf den Nerv – das tat verdammt weh.

Die Ärzte rieten zu einer Operation, um das Problem zu beheben, und ich war einverstanden. Schließlich hatte das DISC einen ausgezeichneten Ruf; schon viele internationale Spitzensportler und Hollywoodgrößen hatten hier Heilung gesucht. Red-Bull-Stars wie Ian Walsh (Brandungssurfer), Mike Day (BMXer) und Lolo Jones (olympischer 100-Meter-Hürdenläufer) waren bereits hier in Behandlung gewesen, und an den Wänden las ich gerahmte Dankschreiben von Sylvester Stallone, Jennifer Lawrence und seltsamerweise auch von den Teenage Ninja Mutant Turtles.

Die Operation sollte der Neurochirurg Dr. Robert Bray durchführen, und danach würde Dr. E. J. »Doc« Kreis, Mitglied der Hall of Fame of Strength and Conditioning Coaches, meine Rehabilitation leiten. Doc war ein Original. Er hatte ursprünglich verletzte Footballspieler wieder fit gemacht, meist von der University of Central Los Angeles (UCLA). Bald lernte ich auch meinen Physiotherapeuten kennen, Dr. Joe Horrigan, der aus der Bodybuildingszene vom legendären Gold's Gym in Venice Beach stammte. Hier hatte Arnold Schwarzenegger in den Siebzigerjahren trainiert und seine Karriere begonnen, aber Dr. Horrigan wollte mich nicht mit seinen früheren Erfolgen beeindrucken, sondern interessierte sich für etwas ganz anderes. Als ich meinen Nachnamen nannte, blickte er von seinem Klemmbrett auf und sah mich neugierig an.

»MacAskill aus Schottland?«, fragte er. »Kennen Sie die Geschichte von Angus MacAskill?«

Als ich bestätigte, dass ich mit dem Riesen sogar verwandt bin, war Dr. Horrigan hellauf begeistert und bombardierte mich mit Fragen. Gott weiß, was ihn zu Angus geführt hatte, jedenfalls konnte er gar nicht genug über Dads Museum und die bizarre Lebensgeschichte meines Vorfahren hören.

Die entspannte Atmosphäre am DISC änderte aber nichts daran, dass ich bald in Vollnarkose versank und ein Skalpell sich in meinen Rücken grub. Mein Operationstermin fiel offensichtlich in eine betriebsame Zeit, denn als langsam die Betäubung nachließ und ich wieder zu mir kam, lagen mehrere andere Frischoperierte im Aufwachraum. Einer davon war der legendäre Motocross-Freestyle-Fahrer Robbie Maddison. (Vielleicht hatte das DISC Red Bull einen Sondertarif gemacht – zwei Sportler-OPs zum Preis von einer.)

Ich kannte Robbie bislang nicht persönlich, war aber ein großer Fan. Es ist verrückt, was der Typ auf einem Motorrad anstellt. Er ist ein moderner Evel Knievel, und er hat ein paar wirklich irrwitzige Stunts abgeliefert. Unter anderem hat er den Kanal von Korinth auf seinem Motorrad übersprungen (ziemlich genau einhundert Meter weit). Auch ist er von einer selbst gebauten Rampe aus über ein Footballspielfeld geflogen. Nach kurzem Zögern und ziemlich benebelt von dem vielen Morphium, mit dem sie einen nach der OP abfüllen, taumelte ich zu ihm herüber.

»Hey, Robbie, wie geht's denn so?«

Robbie blinzelte mich an. Entweder erkannte er mich trotz der Nachwirkung der Anästhesie, oder er war sehr geschickt darin, so zu tun, als ob. Wir plauderten ein bisschen – so gut das eben geht, wenn man bis zur Schädeldecke mit Schmerzmitteln vollgepumpt ist –, und es stellte sich heraus, dass er tatsächlich einige meiner Videos im Netz gesehen hatte. Wir sprachen über seine nächsten Projekte, unser Verletzungspech und Ideen für neue Videos. So konnte ich mich ein bisschen von der gerade überstandenen OP ablenken und eine Weile vergessen, dass mein nackter Hintern aus einem Krankenhausnachthemd herausragte.

Als die Wunde verheilt und die Fäden gezogen waren, nahm sich Doc meiner an. Das war verdammt hart. Ich war kein Fitnessstudiobesucher, und somit hatte ich meine Muskeln seit dem Sportunterricht in der Schule nicht mehr ordentlich gedehnt. Doc kannte kein Erbarmen. Unter den wachsamen Blicken mehrerer DISC-Fachärzte hatte ich einen extremen Stundenplan einzuhalten. Jeden Morgen ab sechs Uhr absolvierte ich, auf dem Boden liegend, anstrengendes Stretching, danach erfolgte ein Cardiotraining, weiter ging es mit Hantelübungen. Ich schwitzte drei Stunden lang und gab alles.

Die Therapie hatte zwei Ziele. Erstens sollte ich wieder in Form fürs Radfahren kommen, doch durch das gleichzeitige Kraft- und Konditionstraining auch zäher und flexibler werden. Das allerdings sollte noch seine Zeit dauern. Die Experten schätzten, dass ich frühestens in elf Monaten wieder mit dem Rad herumflitzen könnte. Nur gut, dass ich ein Projekt im Kopf hatte, mit dem ich mich beschäftigen und mich von der Plackerei der Reha ablenken konnte – eine

Idee, die mich später fast ein Jahr lang in Anspruch nehmen sollte.

Ich hatte mir für das nächste Video nahezu völlig freie Hand vorbehalten. Es gab somit keine Vorgabe. Dadurch konnte ich herumspinnen, und ich dachte mir immer neue Stunts und Parcours aus (unter anderem hatten sie, das nur mal nebenbei, mit einem Elefanten, einer Rampe und einem Stück Schnur zu tun). Ich bastelte an meinem grandiosen Traumvideo und malte mir stundenlang aus, was ich alles mit dem Fahrrad anstellen würde und wo ich es anstellen würde. Ich kritzelte die Einfälle, so schnell sie nur kommen wollten, auf einen Notizblock.

Als ich aus dem DISC entlassen wurde, war ich begierig, endlich anzufangen, und ich hatte einen Plan. Die Konzentration auf das neue Projekt war richtig gewesen. Sie war die bestmögliche Ablenkung, um mir über die Zwangspause hinwegzuhelfen, die ansonsten sehr deprimierend hätte werden können. Stattdessen hatte ich etwas, das mich während der mühsamen Rehaphase aufbaute, und ich jammerte nicht ein einziges Mal.

Szene fünfzehn

Innen. Glasgow Transport Museum.
Danny ist im Stress. Er fährt mit aufgesetzten Kopfhörern durch das Museum, das zu einem Spielplatz mit einem Parcours aus Hindernissen und Sprungrampen umgebaut ist. Das Kamerateam mit Regisseur Stu Thomson wartet geduldig. Im Hintergrund ist Dannys nächste Herausforderung zu sehen: eine Rampe aus vier überdimensionalen Spielkarten. Die vorderste ist die Karo Fünf.
Stu: »Wir versuchen, eine Line zu filmen, die Dannys Nemesis ist. Heute probiert er es den fünften Tag. Es klappt irgendwie nie, und inzwischen hat sich die Line in seinem Kopf zu einem ungeheuren Hindernis aufgebaut …«
Danny umkreist die Rampe, schafft es aber nicht, den Sprung anzugehen. Er fährt auf die Rampe – und schwenkt im letzten Moment wieder ab. Stu schlägt sich frustriert an die Stirn.
Stu: »Das ist jetzt eine rein mentale Sache geworden. Es geht nicht mehr darum, ob er physisch in der Lage ist, den Trick zu packen, sondern ob er überwinden kann, was in seinem Kopf vorgeht.«

MacAskill's Imaginate, Folge 5, 2013

Grenzenlos

Imaginate sollte ein Video ohne Limit werden.

Bei *Inspired Bicycles* war es um Street-Trial gegangen; *Way Back Home* und *Industrial Revolutions* hatten großartige Outdoorkulissen gehabt, aber ich hatte es satt, ständig darauf zu warten, dass sich die Sonne ein paar Minuten lang durch die schottischen Wolken kämpfte. Das gelang ihr kaum, also machte ich den logischen Schritt zu Dreharbeiten im Studio, wo ich mir den Parcours bauen konnte, den ich wollte. Ich hatte völlig freie Hand, also listete ich alle Stunts auf, die ich schon immer hatte machen wollen, und nichts war unmöglich …

- Loopings!
- Fahrt über den Regenbogen
- Trampolinsprünge
- der Schafskarren
- eine Tunnelrutsche (mit einem raffinierten Kostümwechsel mittendrin)

Unser einziges Problem war, dass wir ein Studio finden mussten, in dem alle Requisiten und Sprungrampen Platz hatten, die ich für einen spektakulären Indoor-Trial-Parcours brauchte. Jemand schlug mir ein Lagerhaus am Olympic Park im Osten Londons vor, aber ich hatte instinktiv das Gefühl, es wäre psychisch wie physisch besser für mich, in Glasgow zu bleiben.

Mein Rücken war noch nicht ganz verheilt, und mental war ich ebenfalls nicht besonders fit. Ordentlich fahren konnte ich bislang auch nicht. Den ganzen Sommer hatte ich nicht auf dem Rad gesessen, und seit *Industrial Revolutions* hatte ich nicht mehr wirklich gefilmt. Ging es meinem Körper gut, ging es auch meinem Kopf gut. Ich wusste damals, dass ich mehrere Stürze hintereinander wegstecken konnte, und davon hatten meine Stunts profitiert. Damals hatte ich so viel Selbstvertrauen wie Ehrgeiz gehabt, und das sah man meinen Ideen auch an. Als ich *Imaginate* in Angriff nahm, war ich mental ganz anders eingestellt als nach der Reha. Die Einfälle hatte ich, aber ich wusste nicht mehr, ob ich physisch in der Lage sein würde, sie umzusetzen.

Zuerst zögerte ich, finale Lines festzulegen. Ich wollte mich nicht endgültig entscheiden. Zum Glück gab es keinen Zwang von außen, weder von Red Bull, meinem Sponsor, noch von Stu, der wieder als Regisseur dabei war. Der Druck, unter dem ich stand, kam vielmehr von mir selbst. Es war eine vielleicht nie wiederkehrende Gelegenheit, und die musste ich nutzen. Ich musste mich voll konzentrieren, aber mit meinem kaputten Rücken war ich einfach nicht so robust, wie ich sein musste, und das Ganze fühlte sich merkwürdig an. Außerdem war ich nervös. Hatte die Reha überhaupt Sinn gehabt? Die Ärzte hatten mir ebenso wie mein Red-Bull-Trainer Darren Roberts versichert, dass die Bandscheibe am Verheilen sei und ich völlig genesen werde, aber es fühlte sich einfach nicht so an.

Dringend musste ich wieder aufs Rad zurück, um einen klaren Kopf zu bekommen und mir richtig vorstellen zu können, was ich vorhatte, aber physisch war ich einfach noch nicht so gut drauf, um bemerkenswerte Sachen zu vollbringen. Zum Glück fanden wir eine Location ganz in der Nähe, die groß genug für meine Parcours-Aufbauten war. Ich hatte mitbekommen, dass das Glasgow Transport Museum in der Kelvin Hall zurzeit leer stand; die Exponate waren in ein anderes Gebäude irgendwo am schönen Fluss Clyde umgezogen. Fast unglaublich, aber die Eigentümer der Kevin Hall ließen uns umsonst dort drehen, als wir nachfragten. Ich musste jetzt nur noch die definitive Liste meiner Stunts aufstellen und ein Gesamtthema finden.

Das alte Verkehrsmuseum war eine riesige Höhle. Aus irgendeinem Grund hatte man beim Auszug, ich sagte es schon, die originalgetreue Nachbildung eines Bahnsteigs mit Gleis zurückgelassen. Zur Haltestelle gehörte sogar ein winziger Warteraum, und davor stand eine alte ScotRail-Lokomotive. Als ich das sah, zündete es sofort bei mir: Als Hommage an meinen Heimatort ließ ich ein Stationsschild dranschrauben, auf dem DUNVEGAN stand. (Versuch aber nicht, eine Fahrkarte dorthin zu erwerben, das wäre Zeitverschwendung. Das echte Dunvegan hat keinen Bahnanschluss.)

Und plötzlich hatte ich das Konzept. Beim Durchblättern meines Notizbuchs war mir aufgefallen, wie kindlich meine Skizzen wirkten. Sie sahen nicht gerade aus, als hätte Leonardo da Vinci sie gezeichnet, es waren Kritzeleien mit Strichmännchen, Pfeilen und rätselhaften Anmerkungen. Meine Handschrift war furchtbar – wie von einem Kind! In diesem Augenblick kam mir der Gedanke, genau das umzusetzen – wieder zum Kind zu werden. Als kleiner Junge hatte ich keine Miniaturmotorräder zum Spielen. Ich hatte mir ja immer vorgestellt, meine Gabel (oder mein Bleistift) sei ein Rennrad oder BMX. Mit ihr vollführte ich wilde Sprünge über Alltagsgegenstände, als wären sie riesige Rampen oder weite Gaps.

Ich dachte, der ganze Parcours könnte in einem Kinderzimmer stehen, eine riesige Kulisse wie für eine Folge von *The Borrowers* (»Die Borger«), der Fernsehserie mit dieser Heinzelmännchenfamilie nach dem gleichnamigen englischen Kinderbuch von Mary Norton. Ich würde, auf Miniaturgröße geschrumpft, mit dem Fahrrad über den Fußboden eines Kinderzimmers voller Spielzeug fahren, selbst ein lebendig gewordenes Spielzeug! Eine Eisenbahn hatten wir ja schon ...

Von da an war es einfach, das Konzept weiterzuentwickeln. Alles, was man sich im Zimmer eines kleinen Jungen vorstellen konnte – ein Raumschiffmodell, ein Plastikgewehr –, sollte, überdimensional groß nachgebaut, für mich zum Hindernis in einem Parcours werden, auf dem ich meine Stunts vollführte. Red Bull war begeistert von dieser Idee, und so erhielten wir weitere Mittel. Drei Monate lang entwarfen wir riesige Bauklötze, vier Meter lange Buntstifte, lebensgroße Spielzeugsoldaten (diese sollten real von meinem Neffen Thomas und ein paar von seinen Freunden dargestellt werden), *Dandy*-Comicbücher und ein monströses Kartenspiel. Wir hatten sogar einen Airbag mit Red-Bull-Logo, um schwierige Moves gefahrlos zu üben. George und John von Vision Ramps übernahmen die Konstruktion der Rampen. Die Buntstifte schnitzte mein Freund Davey aus Telegrafenstangen und schleppte sie in die Kelvin Hall, wo wir sie auf dem Boden platzierten. Gleichzeitig verstärkte ein Stück Wand die Kinderzimmerkulisse, ein Teppich und eine fast vier Meter hohe Scheuerleiste durften nicht fehlen. Nichts war zu verrückt, um nicht verwendet zu werden. Als jemand mit einem überdimensional großen Twister-Spielbrett ankam und ich auf der Drehscheibe herumfuhr, erregte das keine Aufmerksamkeit.

Mitten in diesem irrsinnigen Spielplatzparcours sollte, das hatte ich mir seit Monaten fest vorgenommen, ein Panzer stehen. Die lebensgroße Version eines Spielzeugpanzers ist natürlich ein echter Panzer, und Stu trieb tatsächlich einen Sammler in Dumfries auf, der uns einen – er stammte aus dem Zweiten Weltkrieg – leihen konnte. Es war ein regelrechtes Monstrum, das auf einem Tieflader angeliefert wurde. Die letzten Meter in die Halle musste Stu selbst manövrieren. Dieselqualm quoll aus dem röhrenden Auspuff, als er vor der Kelvin Hall entlangrasselte. Die Passanten blieben wie angewurzelt stehen und starrten ihm hinterher. Vermutlich dachten sie, eine feindliche Invasion Schottlands sei im Gange. Als ich dann den Panzer sah, wie er auf unser Set zurollte, und das drohende Geschützrohr sichtbar wurde, war ich hellauf begeistert.

Der Panzer war cool. Noch cooler war allerdings der echte Formel-1-Bolide, der die Rolle eines Modellrennautos übernehmen sollte. Dieses Requisit hatte einen Wert von etwa viereinhalb Millionen Pfund, und es war sehr großzügig – oder leichtsinnig – von Red Bull, es uns für die Dreharbeiten anzuvertrauen. Der Lack des Rennwagens glänzte kostbar, als wir die Staubschutzplane herunterzogen, wir konnten uns darin spiegeln. Ich konnte kaum glauben, dass unser Sponsor das wirklich riskierte – der Mechaniker, der den Boliden bei uns ablieferte, übrigens auch nicht. Er war ein pedantischer Mensch, der deutliche Zweifel daran hegte, dass es sinnvoll sei, dieses teure Stück Technik einem verrückten Mountainbiker anzuvertrauen. Er hielt uns eine mindestens zehnminütige Predigt, was wir damit anfangen durften und was nicht. (Überraschung: Es gab sehr viel mehr Verbotenes als Erlaubtes.) Red Bull war aber immerhin so vorsichtig gewesen, noch einen Wachmann abzustellen, der den Wagen im Auge behielt, damit nicht etwa einer von uns in Versuchung kam, damit mal eben eine Runde durch Glasgow zu drehen.

Nach beendeten Ermahnungen bot uns der Mechaniker freundlicherweise noch an, den Lack auf Hochglanz zu polieren. Ich hatte angenommen, dass dies schon der Fall war, aber er holte eine Dose aus dem Cockpit und sprühte einen Tropfen des Inhalts auf den Heckflügel.

Hmmm, dachte ich noch. Das muss eine Spezialpolitur sein. Sieht aus wie Silberfarbe.

Als der Mechaniker begann, die Flüssigkeit mit einem Poliertuch zu verreiben, stellte sich heraus, dass sie genau das auch war – silberne Sprühfarbe, vermutlich für die Radkappen des Trailers, auf dem der Rennwagen transportiert worden war. Jemand hatte die Dose im Cockpit abgestellt und vergessen, und der Red-Bull-Lieferbote verteilte jetzt ihren Inhalt auf der Karosserie. Als dem armen Mann das aufging, stand nackte Panik in seinem Gesicht. Wir alle konnten uns denken, dass es nicht gerade billig war, ein Fahrzeug im Wert von mehreren Millionen neu zu lackieren. Was auch immer ich dem Wagen antun würde, wirkte belanglos dagegen.

Während der Dreharbeiten zu *Imaginate* war ich die ganze Zeit unausstehlich. Trotz aller Rehamaßnahmen hatte ich immer noch starke Rückenschmerzen. An manchen Tagen waren sie erträglich. Ich versuchte in die richtige Stimmung zu kommen, indem ich mit Martyn Ashton durch Glasgow fuhr, und außerdem durfte ich das olympische Feuer durch die Stadt fahren – es war kurz vor den Olympischen Spielen in London 2012 –, und das war schon toll. Aber ich hatte permanent Schmerzen. Immerhin konnte ich fahren, und während der Dreharbeiten durchlebte ich abwechselnd Hochs und Tiefs. Manchmal schaffte ich es kaum aus dem Bett.

Als ich dann ernsthaft mit den Stunts anfing und die Kamera lief, wurde ich zum Sklaventreiber – fürchte ich. Ich war hoch konzentriert und entschlossen, alle Lines, so gut ich nur konnte, hinzukriegen – sie waren ja alle meine eigenen Ideen. Zugleich hatte ich jedoch noch einen anstrengenden Tagesablauf zu bewältigen. Morgens war ich meistens im Fitnessstudio, ungefähr ab halb acht, wo ich meine Rehaübungen machte. Gegen neun kam das Filmteam ins Studio, und wir fingen an zu drehen. Wir hatten uns vorgenommen, bis zur Mittagspause einen Stunt zu schaffen. Klappte das, gingen wir ins kleine Café um die Ecke und feierten den Erfolg. Häufig konnten wir das aber vergessen. Dann drehten wir ohne Pause bis zehn Uhr abends. Wegen meiner Verletzungen traute ich mir nicht mehr so viel zu, und was früher an einem Tag im Kasten gewesen wäre, dauerte jetzt vier. Es war für alle Beteiligten nicht leicht.

Schließlich stand der Looping an. Er sollte unser Banger-Stunt werden, ein gut sechs Meter hoher, leuchtend bunter Autorennbahnlooping. Damals, als ich klein war, hatten viele Kinder eine Hot-Wheels-Autorennbahn oder eine Carrera-Bahn, und zu jeder gehörte ein Looping. Ich hatte schon immer einen mit dem Bike fahren wollen, und jetzt war der Zeitpunkt gekommen. Das Drehbuch sah vor, dass ich aus einem riesigen »Lüftungsschacht« auf eine Rampe schießen sollte, die wie ein *Dandy*-Comicbuch aussah, nur ins Riesenhafte vergrößert. Danach sollte ich aufsetzen und dabei genug Geschwindigkeit gewinnen, um die riesige Spielzeugrennbahn entlangzurasen und mich kopfüber in den Looping zu stürzen.

Das Problem war nur, dass ich es wirklich machen musste. Ich war noch nie einen Looping gefahren und, soweit ich wusste, auch sonst niemand. Erst nachdem ich den Stunt vorgeschlagen hatte, fing ich an, das Internet zu durchforsten, ob es schon Videos darüber gab. Gab es, aber jeder einzelne Versuch, ob von Amateuren oder Profis, hatte mit Heulen und Zähneklappern geendet. Einige erschreckende Stürze waren dabei gewesen. Manche Fahrer flogen auf halber Höhe zur Seite hinaus, oder sie hatten mit zu viel Schwung begonnen und waren am Scheitelpunkt kopfüber aus der Bahn katapultiert worden. Es wurde einem schon schwindelig, wenn man sich bloß die Bilder ansah. Dazu noch meine Behinderung durch die Verletzungsfolgen – manchmal hatte ich das Gefühl, ich würde den Looping nie schaffen.

Irgendwann muss ich da ran, dachte ich oft, als wir zu drehen angefangen hatten, und starrte das Ding missmutig an.

Für Stu war der Looping nur ein Bestandteil in einer ziemlich komplizierten Abfolge, die er sich als Banger des Videos vorstellte, als spektakulären Abschluss. Sollte ich die Loopingschleife unbeschadet überstehen, folgte als Nächstes eine Art Keil. Der war meine Rampe für den Frontflip über den Formel-1-Rennwagen, der direkt dahinter parkte, immer noch mit den silbernen Farbschmierern darauf. Das war zwar eine Herausforderung, aber die Line war es wert – mit Stus Kameratechnik und Schnitt würde sie fantastisch aussehen. Allerdings waren es sehr anstrengende Stunts, selbst unter besten Bedingungen. Ich musste gegen meinen Körper ankämpfen und stand ziemlich unter Stress.

Zum Glück hielt meine Wirbelsäule, als ich zum ersten Mal aus der Lüftungsöffnung schoss und auf dem *Dandy-*

Comicbuch landete. Als ich dann aber über den Boden rollte, wurde mir plötzlich schwindelig. Die Welt drehte sich um mich, mir war übel. Zuerst dachte ich, ich hätte zu wenig gefrühstückt; aber im Laufe des Tages wurden die Symptome immer stärker, und schließlich musste ich mich hinlegen.

Die Übelkeit war zum Brechreiz geworden, das Schwindelgefühl immer stärker. Es fühlte sich etwa so an wie ein Vollrausch. Vorsichtshalber wurde im Krankenhaus, in das man mich brachte, eine Computertomografie gemacht. Es stellte sich heraus, dass ich mir eine Labyrinthitis zugezogen hatte. Das sogenannte Labyrinth ist das Gleichgewichtsorgan im Innenohr, und das hatte sich entzündet; kein Wunder, dass mir schwindelig war. Auf einen Schlag war ich wieder drei Wochen lang außer Gefecht gesetzt.

Die Entzündung brauchte ewig, um abzuheilen. In der ersten Woche war mir ständig übel. In der zweiten Woche schaffte ich es dann endlich aufs Fahrrad. Ich war zwar noch unsicher auf den Beinen, aber meine Stimmung besserte sich sofort, und in der dritten Woche, als ich wieder einigermaßen fit war, merkte ich, dass mir die Pause sogar gutgetan hatte.

Die Dreharbeiten hatten bereits fünf Wochen gedauert, und manchmal hatte ich mich wie im Film *Und täglich grüßt das Murmeltier* gefühlt, in dem sich unausgesetzt derselbe Tag wiederholt: Ich fuhr stundenlang in der Halle herum und ging anschließend sofort schlafen, um mich am nächsten Tag aufraffen zu können, dasselbe nochmals zu machen. Alle, die mit mir an diesem Projekt arbeiteten, standen unter Druck, aber ich war am schlimmsten dran. Mental war ich sowieso ausgelaugt, weil ich die Stunts nicht so locker packte wie sonst.

Jetzt aber war ich ausgeruht und kräftiger, und der Looping stellte sich nach all den psychischen Problemen, die er mir gemacht hatte, als ungeheurer Spaß heraus. Es war ganz einfach – ein Backflip aus dem Lüftungsschacht, dann die Comicbuchrampe hinunter und hinein in die Kurve. Die vielen YouTube-Clips – ein paar gute, viele schlechte – hatten mir gezeigt, dass es darauf ankam, genau in der Spur zu bleiben, um nicht seitlich herausgedrückt zu werden und scheußlich zu stürzen. Ich hielt den Lenker gerade und Arme und Beine angespannt. Die Rampe gab mir genug Schwung, um den ganzen Looping in einer fließenden ununterbrochenen Bewegung zu fahren. Bevor ich wusste, wie mir geschah, schoss ich schon auf der anderen Seite hinaus.

Ich war begeistert. Diese Line hatte mir wochenlang Angst gemacht, und jetzt benutzte ich den Looping als Aufwärmübung am Morgen, so viel gute Laune machte er. Nach der Physiotherapie, wenn ich zum Dreh ins Transport Museum kam, setzte ich mich aufs Rad und sprang aus dem Schacht, immer wieder, eine halbe Stunde lang – nur so zum Spaß, bevor die richtige Arbeit anfing.

Der Dreh dauerte am Ende sechzig Tage, mit einigen schlimmen Stürzen, obwohl nur ein einziger wirklich gefährlich war. Ich war dabei vom Geschützrohr des Panzers gerutscht. Bis ganz nach vorne, bis zur Mündung war ich gefahren, hatte das Hinterrad hochgezogen und legte einen 360-Grad-Footjam-Tailwhip hin. Aber während der Rahmen herumwirbelte, flutschte der Vorderreifen vom glatten Stahl des Rohrs ab, und ich wurde vom Rad geschleudert. Das Bike fiel in eine Richtung, ich in die andere. Ich prallte auf den Lauf der Kanone und schlug zweieinhalb Meter tiefer auf dem Boden auf. Um mich herum drehte sich alles, ich bekam keine Luft, weil mir der Aufschlag den Atem genommen hatte. Meine Muskeln zitterten, und ich spürte nichts. Dann verlor ich das Bewusstsein.

Wahrscheinlich waren es nur wenige Sekunden, bis ich wieder da war. Meine Sinne kehrten zurück, und ich sah, dass ich von Soldaten in Uniformen aus dem Zweiten Weltkrieg umgeben war, hinter denen ein Kampfpanzer auffragte. Ich würgte.

»Wow«, stöhnte ich. »Das ist der komischste Traum, den ich je …«

Nachdem ich mich selbst auf Verletzungen überprüft hatte, war ich ziemlich erleichtert: keine alarmierenden Kreuzschmerzen, der Rücken hielt. Mental hatte mich der Fall sogar gestärkt. Ich wusste jetzt, dass mich auch ein heftiger Sturz nicht umhauen konnte. Allerdings gab es noch andere psychische Hemmnisse beim Dreh von *Imaginate*. Wie ein Autor mit Schreibblockade hing ich manchmal an einer Line oder einem Sprung regelrecht fest. Gewöhnlich war es ein Stunt, den ich normalerweise mit links absolviert hätte, der aber auf einmal unüberwindlich wirkte. Bei diesem Video war es ein Flair von einer Rampe, die aus vier riesigen Spielkarten bestand. Sie waren aus Sperrholz und als Pik Zwei und Karo Fünf bemalt. Der Stunt sollte eigentlich kein Problem sein – Flairs hatte ich ja schon genug vollführt, und dieser hier war ziemlich ähnlich dem, der in *Inspired Bicycles* vorkam: Ich nahm Anlauf auf der Rampe, schoss oben über die Kante und drehte meinen Körper in der Luft, um dann wieder auf den Spielkarten zu landen.

Die einzige Schwierigkeit bei dem Flair für *Imaginate* war, dass die Rampe keine gleichmäßige Steigung aufwies, sondern aus zwei aneinanderstoßenden schiefen Ebenen bestand; der Übergang bedeutete, dass das Rad beim Anlauf einen Stoß abbekam. Wir verschwendeten vier Tage mit erfolglosen Versuchen, den Stunt abzudrehen, und die Karo Fünf wurde zu einem Albtraum für mich. Ich bekam den Sprung einfach nicht hin. Immer wieder fuhr ich an die Spielkartenrampe heran, nur um im letzten Moment abzudrehen; stattdessen umkreiste ich den Aufbau. Mein größtes Problem war, dass ich zu lange in die Pedale trat und so nach dem Sprung den Landepunkt verfehlte. Vergiss den »Stachelzaun« aus *Inspired Bicycles* – das hier war eine ganz neue Dimension von Frust.

Wie gesagt, zum Glück habe ich keine Phobien – aber die Karo Fünf löste eine seltsame Reaktion in mir aus. Ich musste sie nur sehen, und augenblicklich war ich wütend. Ich versuchte alles, um den Schalter umzulegen, um mein Gehirn dazu zu bringen, die Line richtig anzugehen, aber es ging einfach nicht. Manchmal griff Stu ein und schickte mich zur Entspannung ein paar Loopings machen. Er wusste, dass mich das aufheiterte. Dann gab es wieder Tage, an denen ich nicht ansprechbar war, ich mich mit Musik aus Kopfhörern abschottete. Ich hoffte, so den Teufelskreis zu durchbrechen.

Um fünf Uhr nachmittags, es war der letzte Drehtag, stellte ich mich der verdammten Karo Fünf. Vielleicht lag es daran, dass die Requisiten abgebaut wurden und wir unser Zeitlimit für die Halle erreicht hatten. Es war buchstäblich die letzte Gelegenheit für diesen Stunt. Jedenfalls war ich auf einmal so weit. Eine Stimme im Kopf sagte mir: »Jetzt!« Ich nahm Anlauf, raste die Rampe hinauf und hob ab. In der Luft zog ich das Rad über mich hinweg – da war der Flair –, landete auf der Pik Zwei und rollte aus.

Ich hörte jemanden schreien. George warf sich jubelnd auf mich; das Kamerateam drehte richtig durch. Mir war gar nicht zum Feiern zumute; ich wollte erst mal das Material angucken, ob ich's auch richtig hinbekommen hatte. Eigentlich war ich immer noch zornig. Die Karo Fünf hatte mir mental übel mitgespielt. Hauptsächlich war ich jedoch erleichtert, dass ich diese innere Blockade endlich überwunden und die wochenlangen schlaflosen Nächte wegen eines einzelnen Tricks hinter mir lagen. Ich konnte keine Spielkarten mehr sehen.

Szene sechzehn

Außen. Der Garten eines Pubs, irgendwo in West
Yorkshire.
Danny im Radrennfahrerdress: rote Lycrashorts,
ein dazu passendes Lycratrikot, ein Helm mit Red-Bull-
Aufschrift. Er fährt ein Colnago C59 Disc mit Kohlefaserrahmen.
Vor ihm steht eine senkrecht aufgestellte Sitzbank aus
dem Pub. Danny fährt mit voller Kraft gegen die Sitz-
fläche, sodass die Bank umkippt und er oben auf ihr
entlangrollt.
Er reckt für die Kamera den Daumen nach oben, aber
das Rennrad wackelt sichtbar unter ihm. Offensichtlich
fühlt er sich auf diesem Untersatz eher unwohl …

Road Bike Party 2, 2013

Ride over Bridge

Manchester Loop
← On Road Bike?

↑
Wooden Run up

Tip Bench

Haarscharf

Es ist nicht so, dass ich vor Sorge darüber, was mir beim Radfahren alles passieren könnte, schlaflose Nächte habe. Ich male mir selten aus, welche Unfälle mir zustoßen können. Aber ich bin Realist. Ich habe mit Leuten zu tun, denen ein Unfall das ganze Leben verändert hat.

Nimm nur Tarek Rasouli, meinen Manager. Er war Profifahrer und eine große Nummer in der Mountainbike- und Freeride-Szene mit gewichtigen Sponsoren wie Race Face, Rocky Mountain und Red Bull – bis er sich 2002 während Filmaufnahmen in Kanada die Wirbelsäule brach und sich im Rollstuhl wiederfand. Seine Biker-Laufbahn war vorbei – aber seine Entschlossenheit und sein Charakter blieben. Tarek gründete die Managementagentur Rasoulution und nahm einige wirklich großartige Sportler unter Vertrag. Viele Mountainbiker haben es ihm zu verdanken, dass sie von ihrem Talent leben können.

Wenn man eine Extremsportart betreibt, muss man mit schweren Verletzungen rechnen. Tareks Querschnittlähmung schockierte die Freerider trotzdem; und wenige Jahre später sahen sich die BMXer mit der traurigen Nachricht konfrontiert, dass der legendäre Stephen Murray nach einem Sturz ebenfalls gelähmt war. Stephen kannte ich nicht persönlich, aber in meinem Umfeld kam es später zu ähnlichen Tragödien. Mein Freund Michael Bonney hatte 2013 einen schlimmen Sturz; sein Rückenmark wurde ganz durchtrennt – er ist seitdem C3-Tetraplegiker, also vollständig querschnittgelähmt. Einem anderen Freund, Tommy Wilkinson, erging es ebenso; er kann einen Arm nicht mehr gebrauchen. Er postete auf dirtmountainbike.com: »Mein Rückenmark war zwischen dem dritten und siebten Halswirbel gequetscht, der sechste Halswirbel war disloziert, also gegeneinander verschoben, ich hatte eine Fraktur in meinem dämlichen Schädel, ein gebrochenes Schlüsselbein, und drei Nerven des *Plexus brachialis*, der den Arm versorgt, waren dicht am Rückenmark abgerissen.« Wenn man so etwas liest, kommt man schon ins Grübeln …

Im September desselben Jahres traf es dann meinen Helden Martyn Ashton, mein größtes Vorbild als Jugendlicher, später mein Freund und ein Allroundgenie im Trial-Fahren. Während der Animal WD-40 Action Sports Tour stürzte er unglücklich und brach sich den neunten und zehnten Rippenwirbel. Seitdem sitzt auch er im Rollstuhl. Der Auftritt fand bei der Motorradweltmeisterschaft in Silverstone statt, und wie bei vielen schweren Fahrradstürzen war zunächst alles wie immer. Martyn fuhr seine Show, eine Vorführung, die er wahrscheinlich schon Hunderte Male absolviert hatte. Einer der Stunts in seinem Parcours – ein Sprung auf eine Geländerstange – war zwar andersherum als sonst aufgebaut, aber mit so etwas konnte Martyn umgehen. Er war auch in dieser Position schon oft auf genau dieses Geländer gesprungen. Diesmal allerdings verlor er das Gleichgewicht. Als er mit dem Fuß auf der Stange Halt suchte, rutschte er ab und fiel fast drei Meter tief. Im Fallen streiften seine Beine eine Kiste, sodass sich sein Körper in eine ungünstige Lage drehte und ihm der Aufschlag zwei Wirbel brach.

Ich war entsetzt, als ich davon hörte. Und es war hart, als ich mit eigenen Augen sah, wie schwer es ihn getroffen hatte.

Anfangs hatten wir noch die Hoffnung, dass die Verletzung ohne bleibende Schäden ausheilen und die Lähmung abklingen würde. Das gibt es; manche Unfallopfer haben Glück. Martyn ahnte allerdings, dass er gelähmt bleiben würde, pries sich aber glücklich, dass es nicht noch schlimmer gekommen war.

»Ich war von Anfang an nur dankbar«, sagte er in einem Interview, das er der Zeitschrift *Bike* gab. »Ich habe ein Riesenglück gehabt, oder? Ich hätte auch hopsgehen können. Aber ich habe überlebt, also war ich richtig froh. Ehrlich.«

Martyn lag lange im Krankenhaus. Nach einer so schweren Verletzung kommt es vor allem darauf an, die Wirbelsäule zu stabilisieren, damit die Ärzte das Ausmaß der Verletzung bestimmen können. Das heißt, der Patient darf sich nicht bewegen. Für Martyn muss das ein Albtraum gewesen sein. Seine Pläne gab er deshalb aber nicht auf. Bei einem Besuch vertraute er mir an, er habe eine verrückte Idee. »Ich will *Road Bike Party 2* fertig drehen. Die Szenen am Schluss fährst einfach du.«

Falls du *Road Bike Party* nicht kennst – das ist ein legendäres Video von 2012, in dem Martyn die Stunts auf einem Rennrad mit ultraleichtem Kohlefaserrahmen ausführt. Solche Räder sind natürlich nicht für die Belastungen eines Trial-Parcours gedacht. Der Karbonrahmen, die dünnen Felgen und schmalen Reifen, der extrem untersetzte Gang – das ist alles auf Geschwindigkeit ausgelegt und ausdrücklich nicht für Zwei-Meter-Sprünge und Backflips. Genau das machte die erste Folge von Martyns *Road Bike Party* so atemberaubend. Er kurvte darin an einer »Todeswand« (einer dieser Trommeln, in denen Motorradartisten im Zirkus senkrecht im Kreis fahren) entlang und sprang einen Backflip über einen Sandbunker auf einem Golfplatz, und zwar auf einem Rennrad im Wert von 10 000 Pfund. Ein solches benutzte auch Sir Bradley Wiggins im selben Jahr, als er die Tour de France aufmischte. Martyn hatte die Fortsetzung seines *Road-Bike-Party*-Videos zur Hälfte fertig, als er verunfallte, und jetzt sollte ich für ihn einspringen, neben Chris Akrigg übrigens. Robin Kitchen, ein guter Freund Martyns und ein bekannter Filmemacher, war der Regisseur.

Ich nahm die Herausforderung an, war aber auch ein bisschen nervös. Ich hatte in meinem Leben noch nie Stunts auf einem Rennrad versucht. Das heißt aber nicht, dass mich diese Vorstellung irgendwie abgeschreckt hätte; zudem wollte ich Martyn gerne dabei helfen, sich mit diesem Projekt von seiner Verletzung abzulenken. Ich sagte also zu – und prompt rückte er mit einer unangenehmen Vorbedingung heraus, die er vorher verschwiegen hatte.

»Du musst aber versuchen, wie ich auszusehen«, erklärte er. »Wenn die Zuschauer dir den Radrennfahrer abnehmen sollen, musst du Radlerhosen tragen.«

Hätte jemand anderes versucht, mich in Lycra zu stecken, hätte ich sofort gesagt: »Nichts da. Vergiss es!« Aber weil es Martyn war, brachte ich es nicht über mich abzulehnen. Es würde technisch nicht ganz unproblematisch werden – normalerweise fuhr ich in Jeans. Die war ich seit Ewigkeiten gewöhnt, und ich kam mit ihnen gut zurecht, weil sie mir nicht in die Kette gerieten. Das taten auch Lycras nicht, doch es war peinlich, in hautengen kurzen Stretchhosen herumzulaufen. Aber Martyn war noch nicht fertig – es sollte noch viel peinlicher werden.

»Ach, und rasier dir bitte die Beine und nimm ein bisschen Bräunungscreme, Kumpel«, fuhr er fort. »Dann sieht es für die Zuschauer so aus, als würdest du immer Lycras tragen. Wirkt einfach authentischer.«

Bei diesen zusätzlichen Bedingungen hätte ich dann doch am liebsten abgesagt, aber ich riss mich zusammen. Martyn war ein guter Freund in einer miserablen Lage. Ich konnte ihn nicht im Stich lassen, und um *Road Bike Party 2* fertig zu bekommen, nahm ich in Kauf, mir die Beine glatt zu rasieren und sie in einem eigentümlichen Orangeton einzufärben.

Was für Stunts wollte ich auf einem Rennrad überhaupt machen? Ich erinnerte mich dunkel, vor dem Velodrom in Manchester einen Looping aus Beton gesehen zu haben, die Freiluftskulptur eines modernen Künstlers. Ich hatte einmal überlegt, dort ein Projekt für GoPro zu veranstalten, und jetzt erschien mir das Betonteil perfekt für *Road Bike Party 2*. Ich hatte keine Bedenken, ob ich den Looping mit einem Rennrad überhaupt bewerkstelligen könnte, denn seit *Imaginate* hatte ich gemerkt, wie einfach sie sich im Grunde fahren lassen. Soweit ich wusste, hatte bisher aber nicht einmal ein BMXer diese Skulptur durchfahren, obwohl es sicher ein paar gab, die der Gedanke gereizt hatte. Jetzt war ich selbst angetriggert, wenn ich auch gerne etwas Robusteres als ein Rennrad dafür genommen hätte.

Zuerst aber wollte ich über die Metallträger einer windgepeitschten Brücke in West Yorkshire fahren. Auf der einen Seite ging es ziemlich tief in einen reißenden Fluss hinunter, auf der anderen sechs Meter tief auf die Fahrbahn der Brücke – die Line war also nicht ganz ohne Risiko. Aber ich traute sie mir zu. Vierundzwanzig Stunden vorher zog ich mich mit zwei Rasierapparaten – einem für Männer und einem Ladyshaver – ins Bad zurück und machte mich daran, mir die Beine zu rasieren. Ich schäumte die Schienbeine ein, die Klinge fraß sich durch den Pelz, und obwohl ich mich zuvor bei einigen Freundinnen informiert hatte, wie man so etwas richtig anfängt, zerfleischte ich mich ordentlich.

Ein weiteres Problem entstand oberhalb der Knie: Wo sollte ich aufhören? Ursprünglich hatte ich mir Fellshorts verpassen wollen, aber wenn ich wirklich einen Radrennfahrer darstellen sollte, musste ich wohl oder übel vollen Einsatz zeigen. Nur meine Augenbrauen entkamen der brutalen und ziemlich ungleichmäßigen Totalrasur. Die Bräunungscreme ersparte ich mir dann doch, obwohl ich eigens eine Flasche »Saint Tropez« erstanden hatte, um mir die Beine einzureiben. Ich schob die Anstrengung beim Radfahren als Ausrede vor: Wenn mir der Schweiß die Beine herunterlief, gab es womöglich Streifen …

Mann, was fühlte sich das komisch an. Am nächsten Morgen, als ich mit meinem Kleintransporter nach Yorkshire hinunterfuhr, war es ziemlich kühl. Als ich in meinem Lycratrikot und den Lycraradlerhosen die Brücke erklommen hatte, fühlten sich meine Beine wie erfroren an. Meine Oberschenkel brannten vom Ausschlag nach dem Rasieren, und die Gänsehaut verschlimmerte die Schmerzen noch. Wie Radrennfahrer in diesen dünnen Shorts den Winter überlebten, war mir ein Rätsel. Ich jedenfalls litt Höllenqualen.

Dann war da das Rennrad. Für meinen Part hatte ich ein Colnago C59 Disc, und wie alle Rennräder war es dafür gebaut, bei Geschwindigkeitsrennen am Asphalt zu kleben. Aber bei Übertragungen der Tour de France hatte ich gesehen, wie schlecht diese Räder Stürze wegsteckten. Verlor ein Fahrer die Kontrolle, endete das immer mit einem gemeinen Knochensalat. Der Kohlefaserrahmen explodierte regelrecht und zerfiel in unzählige winzige Splitter; selbst Felgen und Lenkergriffe zerbrachen. Der robuste Umgang, den ich mit meinen Rädern hatte, war nichts für solche empfindlichen Geräte. Ich hatte bei Martyns Colnago das Gefühl, es werde gleich auseinanderbrechen, als ich es nur auf einem Parkplatz in der Nähe ausprobierte.

Der Dreh auf der Brücke ging dann doch schmerzlos über die Bühne, aber der Looping vor der Radrennbahn wurde ein bisschen problematisch. Um ihn richtig hinzukriegen, brauchte ich einen ziemlich langen Anlauf, vor allem um in der »Einfahrt« der Skulptur schnell genug zu sein, und trockenen Boden. Weil die Skulptur auf einer Rasenfläche stand, verlegten wir eine provisorische Fahrspur aus Sperrholzplatten, die wir in einem nahen Baumarkt holten. Außerdem musste ich aufpassen, dass meine Loopings nicht mitgefilmt wurden – jeder Passant konnte ja das Smartphone draufhalten und den Stunt auf YouTube hochladen, also mussten wir möglichst zügig drehen.

Den ersten Versuch machten wir kurz nach dem Dreh in Yorkshire im Oktober, aber alle Hoffnungen, die Szene rasch hinter uns zu bringen, wurden von einem dicken, zähen Nebel begraben, der sich über Manchester legte. Man konnte nichts mehr sehen, geschweige denn filmen. Robin und ich kamen einen Monat später wieder, und diesmal tat uns das Wetter den Gefallen, einen sonnigen kalten Wintermorgen zu liefern. Perfekte Drehbedingungen.

Wie du vermutlich inzwischen weißt, brauche ich oft ziemlich viele Anläufe für einen Banger, es vergeht ewig viel Zeit, bis ich so weit bin, mich in den Abgrund zu stürzen oder in diesem Fall in den Looping. Schon vorher hatte ich mir möglichst lebhaft vorgestellt, wie es sich anfühlen würde, ihn zu fahren – und nachher Martyn die Erfolgsnachricht zu überbringen. Aber es war dann unerwartet einfach: Irgendetwas an Form und Größe dieser Betonskulptur ließ mich schnell wissen, dass ich diesmal nicht zögern würde. Mir war klar, dass ich es schaffen würde. Diese Sicherheit förderte meine Entschlossenheit – ich tat es für *Road Bike Party 2* und damit für Martyn – und meine Gelassenheit. Immerhin war es nicht *mein* Video, auch wenn der Looping um einiges größer war als der aus *Imaginate*. Ich musste nur aufpassen, dass ich mittendrin nicht in eine zweite Runde gezogen wurde, denn für einen zweiten Looping reichte der Anlauf auf keinen Fall.

Es war eine Sache, seitlich herausgedrückt zu werden, aber eine ganz andere – und sehr schmerzhafte –, auf dem Höhepunkt des Loopings den Schwung zu verlieren und kopfüber abzustürzen.

Sowie Robin die Kamera in Position hatte, schaute ich noch einmal auf die vielen Kettenritzel unter mir, um sicherzugehen, dass ich auch im richtigen Gang war, rief »Okay!« und fuhr los. Ich dröhnte über die Sperrholzbahn, fetzte in die betonierte Einfahrt, die Füße fest auf den Pedalen, die Hände mit weißen Knöcheln um den Lenker gekrampft, die Brustmuskeln angespannt, als würde ich gleich aufschlagen. Ehrlich gesagt, ich wusste nicht, was im nächsten Moment passieren würde, aber auf einmal war ich durch und hatte den Looping geschafft. Hätte ich doch nur die Ruhe bewahrt und wäre einfach weitergefahren! Aber ich war so aufgedreht, dass ich unwillkürlich die Bremsen anzog und die Füße auf den Boden setzte. Damit war die Aufnahme unbrauchbar. Aber nun hatte ich erfahren, dass der Looping auch auf einem Rennrad zu schaffen war. Also stellte ich mich zu einem nächsten Anlauf auf. Diesmal verlief es leider nicht nach Plan. Ich fuhr in einem zu schrägen Winkel in die Betonröhre, und der seitliche Andruck zog den Vorderreifen von der Felge, sodass er sich zwischen Rad und Gabel verkeilte. Das Vorderrad blockierte, und ich wurde über den

Lenker gegen den Beton geworfen, so heftig, dass mein Helm einen Riss bekam.

Aber ich selbst war noch ganz. Das empfindliche Rennrad, kaum zu glauben, übrigens auch. Hastig zog ich einen neuen Vorderreifen auf und wagte den dritten Versuch. Diesmal wirbelte ich durch die Betonspirale und gondelte auf der anderen Seite lässig davon, als sei es der leichteste Stunt überhaupt. Soweit ich weiß, war ich der Erste, der den Velodrom-Looping mit einem Fahrrad bewältigte – auf jeden Fall war ich der Erste, der es auf einem Rennrad in einem Lycratrikot mit rasierten Beinen, Hautausschlag und wunden Oberschenkeln geschafft hat. Es war ein schneller Stunt mit wenigen Anläufen gewesen; ich hatte nicht einmal Sprungmatten zum Üben ausgelegt.

Die Szene in Manchester war der letzte Dreh für *Road Bike Party 2*, jetzt waren nur noch Schnitt und Produktion zu erledigen. Martyn war begeistert, als ich ihn anrief und ihm die gute Nachricht mitteilte. Er dankte mir besonders dafür, dass ich gute Miene zum bösen Spiel gemacht und sein Projekt gerettet hatte, das am Tiefpunkt seines Lebens ein wichtiger Halt für ihn war. Nach allem, was Martyn mir gegeben hatte – Inspiration, Rückhalt und vor allem Freundschaft –, war es das Mindeste, was ich für ihn hatte tun können.

Szene siebzehn

Aufblende.
Außen. Eine Straße mit vielen Ruinen in Epecuén, Argentinien.
Pablo Novak, letzter verbliebener Einwohner der von Überflutung verwüsteten Stadt Epecuén, radelt durch die verfallenen Straßen, ein Bild der Zerstörung bietet sich ihm dar. Die Häuser sind eingestürzt, die Straßen mit Trümmern übersät. Tonnenweise verbogene Stahlträger und Haufen von Ziegeln. Zoom auf die quietschende Pedale von Pablos altem Fahrrad. Der Rahmen ist verrostet. Über dem Quietschen hören wir seine Stimme.
Pablo: »1985 kam der Regen …«
Die Kamera fährt wieder zurück; Pablos Hund, der neben ihm herläuft, taucht im Bild auf.
Pablo: »Der See stieg so stark an, dass das Wasser die Straßen überschwemmte. Die Stadt stand unter Wasser. Mit der Zeit wurde sie vergessen. Jahre später ging der See wieder zurück, das Wasser fiel, und unsere Stadt kam wieder zum Vorschein. Aber ich sehe keinen Sinn darin, hier wieder anzufangen …«
Die Kamera fährt noch weiter zurück, die verfallene Stadt wird bildfüllend. Pablo radelt in der Ferne davon.

Epecuén, 2014

Matadero

Von Epecuén hatte ich zum ersten Mal während der Dreharbeiten zu *Imaginate* gehört. Ich hatte im Netz recherchiert und nach ungewöhnlichen Locations gesucht. Oft tippe ich nur eine Anfrage wie »Die buntesten Städte der Welt« oder »Ungewöhnliche Architektur« bei Google ein, starte eine Bildersuche und scrolle durch die Fotos. Eines Tages im Jahr 2012 fragte ich nach »verlassenen Ortschaften« – und bekam Bilder von Epecuén gezeigt. Das ist eine Ruinenstadt in Argentinien, etwa 600 Meilen südwestlich Buenos Aires in der Pampa Humeda. Auf den Fotos erhob sie sich wie eine Geisterstadt in *Game of Thrones – Das Lied von Eis und Feuer* aus einer sumpfigen Landschaft. Die Bilder packten mich sofort. Alle Häuser lagen in Trümmern, alle Pflanzen waren abgestorben. Sogar die Bäume waren tot; knochenweiß wie verkrümmte Skeletthände ragten sie aus dem Boden.

Epecuén hat, wie man sich inzwischen denken kann, eine dramatische Vorgeschichte. Diese kleine Stadt war einst ein geschäftiger kleiner Kurort mit rund fünftausend Einwohnern, als nach starken Regenfällen 1985 bei einer nahen Lagune die Deiche brachen und das hereinströmende Wasser den Ort überschwemmte. Es blieb fünfundzwanzig Jahre, bis eine Dürreperiode den Wasserstand so weit zurückgehen ließ, dass die Reste der Stadt, bedeckt mit Salzkrusten und Schlammablagerungen, die allem einen silbrigen Glanz verliehen, wieder zum Vorschein kamen. Nach einem Vierteljahrhundert unter Wasser sah Epecuén richtig unheimlich aus, aber mir fielen sofort haufenweise coole Stunts ein, die ich unbedingt ausprobieren wollte. Besonders hatte es mir ein altes zweistöckiges Gebäude angetan, das anscheinend unmittelbar vor dem Einsturz stand. An der Seite stand in großen steinernen Buchstaben *Matadero*. Falls du – genau wie ich – zufällig kein Spanisch sprichst: Das bedeutet »Schlachthaus«.

»Wieso habe ich davon noch nie gehört?«, fragte ich mich. »Ich muss dahin, bevor mir jemand zuvorkommt.«

Das geht mir jedes Mal so, wenn ich eine tolle neue Location wie Epecuén ausfindig mache. Vielleicht ist es irrational, aber ich frage mich sofort: Wer könnte noch auf die Idee kommen? Eine Location ist ebenso einmalig wie ein Banger-Trick: Hat man einen neuen Stunt oder einen Ort erst abgefilmt, ist er damit erledigt, und ein anderer Biker, der dasselbe nochmals bringt, wird nicht viel Aufmerksamkeit ernten. (Der Looping an der Radrennbahn in Manchester ist ein Beispiel dafür.) Der Überraschungseffekt spielt eine wichtige Rolle. Das Gute an Epecuén war, dass es viele Biker abschreckte, und für Skateboarder kam der Ort gar nicht erst infrage. Das Terrain war einfach zu rau. Ein Parkour-Läufer aber konnte jederzeit dort auftauchen.

Die Fertigstellung von *Imaginate* dauerte ewig, aber die Deadline war nie ein Problem. Red Bull drängte uns nicht, und Stu und ich hatten Zeit, einen Film zu drehen, der wirklich das Beste zeigte, was wir zu leisten vermochten. Wir konnten drehen und produzieren, solange wir wollten, und entsprechend lange brauchte der Film dann auch. Als wir im April 2013 endlich mit dem Ergebnis zufrieden waren, meldete ich mich bei Red Bull mit einem neuen Projekt, diesmal mit einem genau geplanten Dreh: Ich würde zwei Wochen vor Ort leben, jeden Tag ohne Pause drehen und dann wieder nach Glasgow zurückkehren.

Als sie fragten, ob ich schon einen Drehort im Auge hätte, bejahte ich das.

»Klar. Er heißt Epecuén.«

Inzwischen war ich von diesem Städtchen regelrecht besessen. Ich las über die Gebäude und ihre ehemaligen Bewohner, was ich nur finden konnte, und unentwegt suchte ich nach weiteren Artikeln zum Thema. Ich fand spektakuläre Bilder aus den Tagen, als Epecuén als mondäner Kurort gewesen war. Glamourgirls in knappen Bikinis rekelten sich in einer Lagune in der Sonne. Es sah ein bisschen nach Côte d'Azur aus – jedenfalls nicht zu vergleichen mit dem Hafen von Dunvegan.

Epecuén war wirklich eine Geisterstadt. Die ehemaligen Bewohner hatten längst neue Existenzen an anderen Orten aufgebaut. Nur ein einziger Bauer war zurückgekommen, als die Stadt wieder auftauchte. Pablo Novak war ein Einsiedler, der als Ziegenhirte arbeitete. Seine Freizeit verbrachte er damit, die Ruinen zu durchstreifen.

»Ich hatte mir vorgenommen, das alles hier wieder aufzubauen, bevor ich sterbe«, sagt er in einer Dokumentation. »Aber daraus ist nichts geworden ...«

Nicht nur Pablo, sondern auch die Ruinen selbst sind knorrige Charaktere. Angesichts der Vorgeschichte hatte ich jedoch einige Bedenken, ob es überhaupt passend war, dort mit dem Rad herumzuspringen. Zwar war damals niemand ums Leben gekommen, und die Bewohner konnten meist sogar ihren beweglichen Besitz retten, aber Tausende Menschen hatten ihre Heimat verloren, ihre Wohnungen, Häuser und Geschäfte. Es musste für die Betroffenen ein traumatisches Erlebnis gewesen sein. Seither war ein Vierteljahrhundert vergangen, und das beruhigte mich ein bisschen, aber ich machte mir trotzdem Gedanken über die Menschen, die einmal in den Gebäuden gewohnt hatten, auf deren Trümmern ich jetzt meine Stunts vollführen wollte.

Ich nahm mir vor, die Geschichte dieser Menschen zu erzählen, also würde es nicht einfach ein Video aus Lines und Stunts werden, sondern eine ungewöhnliche Dokumentation. Alles sollte die melancholische Stimmung der düsteren Ruinenstadt ausstrahlen, dieses Weltuntergangsgefühl einfangen.

Ich wollte etwas Spektakuläres abliefern.

Als ich, diesmal wieder mit Dave Sowerby als Regisseur, im März 2014 in Argentinien landete und Epecuén zum ersten Mal mit eigenen Augen sah, wusste ich sofort, dass wir die perfekte Location gefunden hatten. Als Erstes kam der *Matadero* in Sicht; das Schlachthaus ragte über den staubigen Horizont wie eine verstümmelte Faust. Die verödete Landschaft war noch surrealer als auf den Bildern. Die toten Bäume, verwittert und gebleicht von einem Vierteljahrhundert unter Wasser, reihten sich an einer unbefestigten Straße auf, die ins ehemalige Stadtzentrum führte. Es war schon Mittag, die Sonne brannte herab, es musste um die vierzig Grad gewesen sein, aber dieses harte Licht verlieh den leblosen Ruinen wahre Schönheit. Jeder Farbton, jede Oberfläche hatte eine unglaubliche Präsenz.

Als unmittelbares Erlebnis hinterließ Epecuén einen starken Eindruck. Es war eine einzige große Ruine, die Überflutung hatte die Häuser der Bewohner zerstört und das Leben, das sie darin geführt hatten, aber diese Zerstörung bedeutete auch, dass ich auf Schritt und Tritt auf ungewöhnliche Lines stieß – hohe Mauern, alte Fensterbänke, Flachdächer. Es gab einen Spielplatz mit Resten von Wippen und Schaukeln, alte Geländer, auf die ich springen und auf denen ich balancieren konnte. Selbst einzelne Trümmer waren als coole Rampen brauchbar, darunter rostige Stahlträger und bröckelige Gasbetonsteine. Nachteilig war nur der weiche Untergrund. Weil alles mit einem feinen Tonschlamm bedeckt war, der sich im fast stehenden Gewässer der Lagune abgelagert hatte, war jeder Meter mit dem Fahrrad mühsam, sogar gefährlich. Der Boden fühlte sich regelrecht wackelig an, wie Götterspeise.

Bei einer ersten Probefahrt durch die Straßen war es ziemlich kräftezehrend, auch nur die Geschwindigkeit für einen Sprung zu erreichen, und mitunter hielt das lockere Sediment meine Reifen wie Treibsand fest. Und bei dem, was von den Gebäuden noch übrig war, stiegen abermals Bedenken in mir auf, ob ich wirklich darauf herumklettern sollte. Diesmal anderer Natur. Von den meisten Häusern standen nur noch die Außenwände, einige sahen aus, als würden sie jeden Moment einstürzen. Weil das Wasser genug Zeit gehabt hatte, ihre Fundamente und die Grundmauern aus Ziegeln auszulaugen, musste ich jede Wand doppelt und dreifach checken, bevor ich mich mit dem Rad daraufwagte.

Dave und ich entwickelten zu diesem Zweck den sogenannten Stampftest. Dieses ausgeklügelte Prüfverfahren erforderte vor allem Tollkühnheit: Wir trampelten nämlich so fest wie möglich auf den Dächern und Vorsprüngen herum, um ihre Stabilität zu testen. Zuerst gingen wir es vorsichtig an, mit den Zehenspitzen, und dann, wenn wir sicher waren, dass die Mauer oder das Dach einigermaßen hielt, versuchten wir es mit einem immer kräftigeren Stampfen, bis wir schließlich ausgelassen herumsprangen und beteten, dass die Ziegel nicht doch noch nachgeben und uns unter einem Schutthaufen begraben würden. George und John begleiteten uns als »Fachleute für Arbeitssicherheit«; sie sollten sich um die Probleme kümmern, die der Dreh in einer ungesicherten Ruinenstadt mit sich brachte. Ihre Aufgabe war es, mir die Sprungrampen zu bauen und die Lines zu festigen, bevor ich mit meinen Tricks begann. Oft verstärkten sie die Decken mit Trümmerstücken, die herumlagen, zum Beispiel Stahlträgern, oder improvisierten eine Stützsäule aus Steinen und Gerümpel.

Wir hatten noch weitere Helfer. Bei der Ankunft in Argentinien wurden wir von Manu abgeholt, unserem ortsansässigen Übersetzer und Mädchen für alles. Manu hatte für uns auch ein Quartier im nahen Carhué gesucht, wo wir während der Arbeit am Video übernachten sollten. In Carhué lebten noch einige ehemalige Bewohner Epecuéns, und wir dachten uns, Manu könne sicher den Kontakt zu Pablo Novak herstellen. Dieser fast schon sagenumwobene Mann sprach anscheinend kein Wort Englisch, aber für die Geschichte der Stadt war er so wichtig, dass wir ihn unbedingt ins Video einbauen wollten. Pablo hatte seinen Nachbarn bei der Flucht geholfen, als das Wasser stieg und sie ihre Habseligkeiten hastig in Autos verluden. Er selbst lebte auf einer Ziegenfarm, die gerade noch über der Wasserlinie lag. Sein Besitz war sicher gewesen, aber er hatte nicht tatenlos zuschauen wollen, wie die Stadt in den Fluten versank.

Pablo galt allgemein als »Original«. Er hatte ein braunes, wettergegerbtes Gesicht mit tiefen Furchen auf der Stirn und grauen Haaren, die unter einer flachen Mütze hervorlugten. Für einen inzwischen Dreiundachtzigjährigen war er noch gut in Form, und die Bilder, die es von ihm im Netz gab, zeigten ihn, wie er mit seinem klapprigen Fahrrad einkaufen fuhr, wie er zu Fuß eine Ruinenstraße durchstreifte (stets mit mehreren Hunden im Gefolge) oder wie er gerade Mate durch einen silbernen Halm aus einer Kalebasse schlürfte. Es sah aus, als würde er eine merkwürdige Pfeife rauchen. Mate, das argentinische Nationalgetränk, enthält Koffein und wird, so erklärte er mir später, wie Tee aus gemahlenen Blättern gebraut. Als ich es dann in Carhué zum ersten Mal probierte, musste ich mich beherrschen, um es nicht sofort wieder auszuspucken; es war ein Angriff auf meine Geschmacksknospen.

Wir begegneten Pablo zufällig nach einigen Drehtagen, als wir mit einem Pick-up nach Epecuén unterwegs waren und er wie aus dem Nichts auftauchte. Ich erspähte eine einsame Gestalt, die in der Ferne hin und her schwankte. Es war Pablo, der uns in Schlangenlinien auf seinem alten Rad entgegenkam, neben ihm sprang ein Hund herum, genau wie auf den Fotos. Vor sich her trieb er eine Herde Ziegen. Dann waren wir auch schon an ihm vorbeigefahren, und ich schaute ihm nach und fragte mich, ob wir ihn wohl wiedersehen würden.

Zum Glück dauerte es nur achtundvierzig Stunden bis zur zweiten Begegnung. Ich besprach gerade mit Dave einige mögliche Locations für den nächsten Dreh. Wir überprüften die Gebäude auf eventuelle Todesfallen, insbesondere die Tragfähigkeit der Decken mit dem Stampftest. Oft sah ich der Decke an, wo die Zwischenwände verliefen, sodass dort ein einigermaßen sicherer Pfad entstand. Aber es kam immer wieder vor, dass die Terrakottaziegel, mit denen die meisten Dächer gedeckt waren, nachzugeben drohten. Das Salzwasser der Lagune hatte den gebrannten Ton so spröde gemacht, dass, wenn ich mich zum ersten Mal mit dem Rad auf ein Haus wagte, unangenehme Visionen in mir aufstiegen, wie es mit mir in einer Staubwolke verschwand.

Wir waren also mitten beim Testen, als Pablo erneut aufkreuzte. Er fuhr seine persönliche Version meines »Kleinen Pendlers«, ein Fahrrad, das sehr lange unter Wasser gelegen haben musste. Damit lenkte er die Ziegen von einem Teil der Ruinenstadt in einen anderen. Als er uns sah, hielt er unvermittelt an – und zwar mit einem Footjam (die Bremsen waren kaputt). Ich lächelte von einem bröckelnden Mauervorsprung zu ihm hinunter; er spähte neugierig zu uns hinauf.

Er muss uns wohl für – na ja, ein bisschen verrückt gehalten haben. Pablo hatte Epecuén gründlich erforscht und wusste, wie gefährlich es sein konnte, sich in den Ruinen herumzutreiben. Selbst ein hervorstehender Nagel in einer Bohle konnte zu Verletzungen führen. Nach einem kurzen Dialog mit Manu erklärte er sich zu einem Interview bereit. Ich glaube, es gefiel ihm, dass jemand mit Epecuén etwas Positives anfing. Unsere Unbekümmertheit war ihm wahrscheinlich lieber als die Einstellung anderer Dokumentarfilmer, die gierig nach Katastrophen waren und die ihm wie Leichenschänder vorgekommen sein mochten.

Als Pablo einige Tage später zurückkehrte, legte er einen denkwürdigen Auftritt hin. George und ich verstärkten gerade die Decke einer Ruine und zogen provisorische Stützen ein, als unvermittelt ein unerklärliches Dröhnen und Röhren zwischen den bröckelnden Wänden widerhallte. George und ich schauten uns an und krochen nach draußen, um der Sache auf den Grund zu gehen. Es war Pablo, der mit seinem Jeep aus einer riesigen Staubwolke auftauchte.

Seine Ankunft hatte wirklich Stil. Pablos Gefährt war ein Monstrum. Der Jeep hatte ebenfalls unter Wasser gelegen, sein Sohn hatte ihn wieder zum Laufen gebracht; das Ergebnis hätte auch eine Requisite aus *Mad Max* sein können.

Weil der Auspuff abgefallen war, machte der Motor einen Höllenlärm – das war der Donner, den wir gehört hatten. Die Motorhaube fehlte ebenfalls und war durch eine über den Motorraum gespannte Plane ersetzt. Ein Zündschloss gab es ebenso wenig – man musste den Anlasser mit einem Schraubenzieher kurzschließen. Aber Improvisationen waren ihm zur zweiten Natur geworden. Als er sich dann mit uns in seinem aus Sperrmüll und Altmetall konstruierten Haus zu einem Schwätzchen niederließ, erklärte er, wie er sich an die veränderten Bedingungen habe anpassen müssen, als das Wasser kam.

»Die Überschwemmungen fingen schon 1980 an«, erzählte er. »Das Wasser in der Lagune stieg und stieg. Wir bauten Deiche. Wir arbeiteten vier Jahre lang daran. Es war nie klar, ob das gut gehen würde. Manchmal funktionierten sie, manchmal nicht. Wir dachten schon, wir hätten es geschafft, als das Wasser noch einmal stieg, und eines Morgens brachen die Deiche dann.«

Pablo hatte sich entschlossen zu bleiben. Er war in der Stadt geboren, Sohn eines der Gründer von Villa Epecuén, in seinem ganzen Leben hatte er noch nie woanders gewohnt. »Die Evakuierung dauerte fast einen Monat«, erzählte er weiter. »Wir fingen am 16. November 1985 an, und danach arbeiteten wir sechzehn Tage lang unter Wasser. Wir hatten ziemlich viel Zeit. Wenn damals alles mit einem Schlag überflutet gewesen wäre, hätten wir nichts mitnehmen können. Alle arbeiteten zusammen, und auch die Leute aus Carhué halfen uns. Wir haben nicht viel zurückgelassen – ein paar behördliche Sachen, einige Fahrzeuge, nichts Größeres ...«

Manchmal unterbrach er sich und schaute, überwältigt von seinen Erinnerungen, in die Ferne. Ich wusste, seine

Stimme würde die Geschichte Epecuéns wieder lebendig werden lassen.

Ich war mir beileibe nicht wie ein Lebensmüder vorgekommen, als ich mich entschied, von den großen Steinbuchstaben der Inschrift *Matadero* zu springen. Als ich dann aber mit dem Fahrrad auf den enormen Vollrelieflettern balancierte, die frei in den Himmel ragten, und es vier Meter bis zum Dach hinunterging (mit weiteren neun Meter freiem Fall, falls es bei meinem Einschlag nachgab), bekam ich doch ein wenig Angst. Mein Vorderreifen stand auf dem D, der Hinterreifen auf dem E; mein Startplatz war nicht breiter als sechzig Zentimeter. Rutschte ich ab und stürzte, würde es nicht lustig werden, so viel war mir klar. John, der unten im Hof stand, fürchtete jedenfalls um mein Leben, das sah man dem angespannten Ausdruck an, mit dem er zu mir hinaufstarrte. Er hatte schon an vielen verrückten Projekten teilgenommen und es mit einer Menge wilder Biker zu tun gehabt, aber so hatte ich ihn noch nie gesehen. Gut, wir wussten beide, dass der Beginn meiner Line ein wenig exponiert war (auf der anderen Seite der Inschrift ging es übrigens gut zwölf Meter senkrecht abwärts), aber seine Bedenken hielten mich nicht davon ab, sie durchzuziehen. Schlimmer war, dass die Kameradrohne, die über uns schwebte, um den Sprung von oben zu filmen, unsere Zurufe fast unverständlich machte. Aber ich hatte von Anfang an, seit ich das erste Bild des *Matadero* im Netz gesehen hatte, gewusst, dass ich irgendwann oben auf dieser Ruine balancieren würde.

Ich zog das Fahrrad auf den Hinterreifen und hielt es mit angezogener Bremse direkt an der Kante, senkte den Vorderreifen, bis ich waagerecht in der Luft hing – und stieß mich ab. Das D blieb zurück, und ich fiel dem Betonboden entgegen. Zu meiner eigenen Überraschung hielt das Dach. Wie durch ein Wunder fand ich mich nicht nach Luft ringend in einer Lawine aus Staub und alten Ziegeln wieder. Aber als ich den Schwung ausnutzen und direkt auf die nächste Mauer springen wollte, brach die bei meinem Aufschlag zusammen, und ich rutschte ab. Der Take war unbrauchbar. Wenige Minuten später hatte ich die Buchstaben erneut erklettert. Die Sonne knallte gnadenlos auf uns nieder, und ich war mir plötzlich unsicher, ob ich mich noch einmal aufraffen würde, dort hinunterzuspringen. Und die ganze Zeit machte die Drohne es praktisch unmöglich, mich mit Dave zu verständigen. Ich wusste nie, ob er jetzt »Go!« oder »No!« rief. Nicht, dass ich mich davon aufhalten ließ. Beim dritten Anlauf bekam ich die Landung richtig hin, und von da an lief es wie geschmiert. Ich sprang über eine Reihe von Absätzen und Vorsprüngen bis zum Boden und von da weiter durch die Rückseite des Gebäudes, bis ich aus einer Fensterhöhle hervorbrach und auf eine ehemals belebte Hauptstraße krachte. Ich hatte es geschafft!

Inzwischen hatten wir zehn Tage mit den Dreharbeiten in Epecuén verbracht, und obwohl der *Matadero*-Part ganz klar etwas Besonderes war, ein Höhepunkt des Videos, brauchten wir noch einen Banger als krönenden Abschluss. Unermüdlich hatten wir nach einer Line gesucht, die spektakulär genug war, aber keine gefunden. Also griff ich auf eine Idee zurück, die ich mir eigentlich für mein kommendes Mountainbike-Projekt *The Ridge* hatte aufheben wollen. Ich würde mich an einen Bump-Frontflip wagen, einen technisch enorm schwierigen Stunt. Zuerst musste ich mich von einer noch zu bauenden Rampe in die Luft katapultieren. Im freien Flug würde dann mein Vorderrad an ein Hindernis »stoßen« (das war der »Bump«, in Wirklichkeit ein frontales

Dagegenkrachen) – zum Beispiel eine Wand, aber in diesem Fall ein Verkehrsschild an seinem Pfosten. Der Schwung würde den Rest des Fahrrads mitsamt mir darauf um die Vorderachse wirbeln. Wenn er ausreichte, schaffte ich einen vollen Salto, 360 Grad, landete auf beiden Rädern und gondelte lässig davon, hoffentlich noch intakt, mit allen Knochen und Zähnen …

So weit die Theorie. Die Realität bestand vor allem aus Üben. Ich bekam es einfach nicht richtig hin. Wir hatten Sprungmatten mitgebracht, die wir auslegten, aber meine Erfolgsquote war eher niedrig. Manchmal traf ich das Verkehrsschild und überschlug mich ohne Probleme, aber oft genug krachte ich auf den Rücken. Eine Zeit lang dachte ich: Das wird nie was.

Nachdem ich den *Matadero*-Stunt hinter mir hatte – dieser Drehtag hatte mich mehr bewegt als jeder andere in meinem Leben –, ließ ich mein Bike fallen und versuchte mich zu entspannen. Ich war wie gerädert, es war schon spät, und die vielen Lines auf der Ruine hatten ihren Tribut gefordert; wir hatten von Sonnenaufgang bis Sonnenuntergang ununterbrochen gedreht. Das Licht in Epecuén war so strahlend, dass es für Dave ein Traum von einem Drehort war, und alles, was er aufnahm, sah unglaublich klasse aus, aber wir brauchten immer noch diesen Banger. Wir wussten, dass der Bump-Frontflip genau das Richtige war, doch ich musste mich mental darauf einstellen. Deshalb setzte ich mich in den Staub. Langsam sank die Sonne und spiegelte sich in der Lagune. Am Horizont türmte sich eine düstere Wolkenwand. Das Wasser verdunkelte sich schon.

»Danny, wenn die Sonne jetzt noch mal herauskommt«, meinte Dave, »wäre das die perfekte Atmosphäre für diesen letzten Stunt …«

Ich wusste, dass er recht hatte, trotzdem: In diesem Moment erschien es mir unmöglich, den Stunt zu wagen. Ich wollte mich nicht ernsthaft verletzen. Das Kamerateam allerdings hatte schon angefangen, eiligst alles aufzubauen, damit ich loslegen konnte, falls ich mich überwand. Die Kameras waren positioniert. Alle warteten gespannt. Die Zeit wurde knapp – das Licht würde bald nicht mehr ausreichen. Wurde der Himmel noch ein wenig dunkler, bekamen wir körnige Bilder.

Ich ignorierte aber all das und schnappte mir mein Smartphone. Schon den ganzen Tag hatte ich mich mit dem Song »Calm Down« der Indie-Rockband The Love Language beruhigt, und die Gitarren waren eine echte Konzentrationshilfe. Ich schaute mir das Verkehrsschild noch einmal an. Da stand es vor der »Rampe«, die George und John aufgestellt hatten – einem kantigen Betonpfeiler ... Die Wolken rissen auf, nur ein wenig, aber ein Strahl Sonnenlicht drang vom Horizont herüber. Jetzt oder nie.

Ich warf mich aufs Rad und fuhr auf das Schild los, so schnell die Rampe hinauf, wie ich nur konnte. Das Vorderrad hob ab, rammte das Schild, und als ich darüber hinweggeschleudert wurde, drehte sich alles um mich – Reifen, Schild, Luft, Boden ... die Bäume voraus. *Knirsch!* Ich landete und fuhr davon, die Reifen schnitten durch Schlamm und Geröll. Ich war unversehrt und extrem begeistert.

Ich gebe nicht gerne damit an, was ich alles schon als Erster gemacht habe, obwohl es da in meinen Videos einiges gibt. Aber ein Bump-Frontflip war schon etwas Besonderes, spektakulärer als der *Matadero*-Sprung oder der Flip von der Festung in Edinburgh. Warum? Na ja, den hatte noch nie jemand in einem Video gezeigt, zumindest nicht auf einem Trial-Bike. Mit diesem Stunt in Epecuén, der beim ersten

Take gelungen war, hatten wir wirklich einen ganz speziellen Banger.

Mutter Natur war übrigens nicht so beeindruckt wie wir. Die düsteren Wolken standen jetzt nicht mehr am Horizont, sondern auf einmal über uns. Der Himmel wurde bedrohlich, Wind pfiff um die Mauern der Ruinen. Ich hörte Robbie rufen: »Achtung, es geht los!«, und nur Sekunden später war aus der Jubelstimmung panisches Herumhasten geworden, als wir versuchten, unsere Sachen zu retten. Sprungmatten und Kameras wurden davongeweht, ein Zelt, das wir als Sonnenschutz aufgebaut hatten, drohte abzuheben und davonzufliegen, und die Ruinenstadt hüllte sich in einen Staubsturm, dass man keine Luft mehr bekam. Epecuén sagte uns: Zeit zu gehen.

Szene achtzehn

Aufblende.
Außen. Der Park, der zur Playboy Mansion gehört.
Beverly Hills, Kalifornien.
Großaufnahme von drei Playmates auf einem Gartenweg. Die Kamera fährt zurück, bis der Park mit seinen opulenten Springbrunnen und die Villa mit mittelalterlichen Türmchen ins Blickfeld kommen.
Dannys Bike rast in die Szene. Er springt über die Wasserfontäne der Hauptzufahrt. Die drei Playmates drehen sich erschrocken um und schauen, woher der Lärm stammt. Danny fährt einen Fakie-Nose-Manual auf dem Rasen, dreht dann einen 270-Grad-Tiretap auf einer Parkbank, springt über eine Hecke und drei Meter tief auf einen Tennisplatz hinunter, wo sich zwei Mädchen gerade ein Match liefern. Eine Spielerin versucht ihn mit dem Tennisschläger zu treffen. Danny weicht aus, springt über das Tennisnetz und fährt davon …

Danny MacAskill At The Playboy Mansion, 2014

Tire Tap Into Tennis court
Bunny   180 Over Net

Front Flip Into Harour
Over Boat

Poolpartys

An Premierenfeiern zur Vorstellung meiner Videos war ich nie interessiert gewesen. Gut, für *Imaginate* hatte es eine ziemlich große Party gegeben, aber die war nur für die Freunde gedacht, mit denen ich zusammen das Video gemacht hatte. Als *Inspired Bicycles* und *Industrial Revolutions* herauskamen, blieb jedenfalls alles sehr bescheiden: Ich hatte ein paar Kumpels in die Edinburgher Wohnung eingeladen und ein bisschen Essen bestellt, und Iain hatte ein paar Flaschen Champagner, Jägermeister und das eine oder andere Bier mitgebracht, aber es war letztlich keine große Sache. Wir schauten uns einige Male den Film an, luden ihn dann auf YouTube hoch und ließen uns anschließend zu einem *Family-Guy*-Marathon aufs Sofa fallen.

Heutzutage ist der »Launch« eines neuen Videos eine ernste Angelegenheit geworden. Als *Epecuén* fertig war, wollte Red Bull die Premiere unbedingt mit einer ganzen Reihe feudaler Events feiern, die allesamt schwindelerregender waren als ein Bump-Frontflip über ein rostiges Verkehrsschild. Ich wurde zu einer Vorführung des Films nach L. A. in die US-Firmenzentrale geflogen, gefolgt von einem Überraschungsbesuch in der Playboy Mansion. (Von diesem Abenteuer mit seinen unglücklichen Nachwirkungen erzähle ich gleich noch.) Ein weiterer »Launch« sollte bei den X-Games stattfinden, dem weltberühmten Extremsportfestival, das im texanischen Austin veranstaltet wird, ein alljährliches Großereignis, von dem der US-Sender ESPN berichtet.

Kam mir schon eine Reise in die Vereinigten Staaten nur wegen *Epecuén* ein bisschen übertrieben vor, so hatte ich definitiv den Ehrgeiz meines Sponsors unterschätzt. Eine weitere Premierenparty war in Monte Carlo geplant, und zwar während des Formel-1-Rennens in Monaco, einem der glamourösesten Sportereignisse – und ein heftiger Kontrast zu den stillen Ruinen von Epecuén. Da Red Bull mit einem eigenen Team an der Formel-1-Weltmeisterschaft teilnahm, ankerte ein »schwimmender Palast« im Hafen, wo die Konzerneigner ihre Freunde und Geschäftspartner bewirteten, zum Beispiel die Rennfahrer mit ihren Familien und die Reichen und Mächtigen im Formel-1-Zirkus. Das war so weit weg von meinem normalen Alltag, wie du es dir nur vorstellen kannst.

Die Jacht hieß *The Energy Station* und ließ die meisten anderen Schiffe im Hafen wie Ruderboote aussehen. Eine durchgestylte Bar, die Mediterranean Terrace, war auf dem Oberdeck eingerichtet; es gab weiße Ledersofas und Sonnensegel. Red Bull stellte den VIP-Gästen sogar ein luxuriöses Speedboot zur Verfügung, um zur Bar zu gelangen, und zu den VIPs zählten auch Tarek und ich. Das war schon eine coole Art zu reisen und auf jeden Fall ein cooler Auftritt, als wir an der Jacht anlegten. *The Energy Station* blies mir das Hirn weg. Ich dachte immer nur: Wo bin ich hier? Und wie zum Teufel hat mich mein Trial-Bike hierherkatapultiert?

Wo ich auch hinsah, entdeckte ich Berühmtheiten. Zu Hause hatte ich eine Kunst daraus gemacht, unauffällig zu bleiben und im Schatten zu stehen (auf dem Rad ging das natürlich nicht mehr), aber hier plauderte ich auf einmal mit einigen wirklich hippen Typen, etwa Maxi Jazz, dem englischen Rapper von Faithless, einer Band, die mich sehr inspiriert hatte, als ich in Dunvegan den Gun Shop unsicher machte. Auch Reggie Bush Jr. traf ich, US-Footballspieler, der damals bei den Detroit Lions unter Vertrag war, und den Fußballspieler Michael Carrick von Manchester United. Cool fand ich auch, mit dem legendären schottischen Rennfahrer David Coulthard (heute ist er Sportmoderator) und dem aktiven Red-Bull-Piloten Daniel Ricciardo zu plaudern.

Daniel sollte zwar in Monaco starten und eigentlich keine Risiken eingehen, wollte sich aber trotzdem unbedingt auf meinem Rad versuchen. Er fuhr nicht mal schlecht, jedenfalls war er kein absoluter Anfänger; beim Herumbrettern auf der Mediterranean Terrace legte er sogar einige Stoppies und Wheelies hin. Trotzdem beobachtete ihn die Red-Bull-Crew mit besorgten Mienen, und mir fiel Mark Webber ein, der Red-Bull-Fahrer, der sich 2010 unmittelbar vor dem Grand Prix in Japan beim Sturz mit einem Mountainbike die Schulter gebrochen hatte. Sich mit dem sinnlosen Herumturnen auf Zweirädern in Gefahr zu bringen wurde seitdem bei Red Bull Racing gar nicht mehr gerne gesehen, und ich stellte mir schon vor, was mir blühte, wenn sich ein solcher Vorfall *auf meinem Bike* auf dieser Superjacht wiederholte, aber andererseits fand ich es toll, wie egal das Daniel selbst war.

Bei mir hatte niemand etwas dagegen, wenn ich auf zwei Rädern Risiken einging, und ich glaube, es war auf der Mediterranean Terrace, als mir jemand vorschlug, ich könne ja mal einen Frontflip über die Reling der *Energy Station* ins Meer machen. »Also, wenn Daniel Ricciardo es dieses Wochenende aufs Podest schafft ...«, hieß es. Das ließ ich mir nicht zweimal sagen. Ich würde nicht einmal der erste von Red Bull gesponserte Sportler sein, der bei einem Formel-1-Rennen an Bord der Jacht auftrat. Ryan Doyle, ein Freerunner, hatte es in der letzten Saison getan, ebenso mein Motorrad-Trial-Held Dougie Lampkin. Er war damals mit seinem Trial-Bike über den Swimmingpool gesprungen.

Vorerst bot ich den Gästen der *Energy Station* ein paar kleinere Showeinlagen. Meine Requisiten waren der rote Ball aus *Imaginate*, eine Bunnyhop-Stange und ein kleines Sprungbrett, von dem ich einen Backflip über den Pool sprang. Danach fragte ich jemandem aus dem Red-Bull-Team, ob wohl eine Bohle oder Planke zur Hand sei, die man auf die Reling des zweiten Decks legen könnte. Ich bräuchte sie als Sprungbrett für einen Salto ins Hafenbecken. Die Antwort war zuerst ein ziemlich befremdeter Blick, aber bevor ich mich versah, hatte jemand ein Brett aufgetrieben, das mit seinem glänzenden Mahagonifinish aussah, als habe derjenige es in einer Luxuslounge von der Wand gerissen. Ich war begeistert. Es würde zumindest krass aussehen – und ein interessantes Foto, das ich mir im Badezimmer an die Wand hängen konnte, würde auf jeden Fall dabei herauskommen.

Daniel schaffte es dann beim Rennen tatsächlich aufs Podest – er wurde Dritter hinter Nico Rosberg und Lewis Hamilton –, und mein Frontflip ins Hafenbecken zur Feier des Sieges wurde noch am selben Nachmittag Wirklichkeit. Die Rampe wurde gegen die Reling der *Energy Station* verkeilt. Darunter glitzerte das klare blaue Wasser des Hafens. Direkt unter uns wartete in einem eigens postierten Boot Reggie Bush Jr. auf meinen Sprung, aber die prominenten Zuschauer machten mich nicht nervös. Einen schwimmenden Palast im monegassischen Hafen als Szenerie zu benutzen kam mir aber schon ein bisschen bizarr vor. Ich sollte ja eigentlich nur *Epecuén* vorstellen, aber als ich an all den Reichen und Schönen vorbei Anlauf nahm und jenseits der Reling eine Menge Multimillionärsjachten an mir vorbeizogen, dachte ich an meine Kumpels in Glasgow. Mit Duncan Shaw zusammen plante ich gerade eine neue Trial-Show-Tournee, die »Drop and Roll« heißen sollte. Ich wusste, dass er just an diesem Tag einen neuen Transporter für das Unternehmen gekauft hatte, und ich war hier an der französischen Riviera Teil des High Life und sprang vor einem Publikum aus National-Football-League-Superstars und Formel-1-Fahrern.

Der ist für unser Team, dachte ich.

Kalt schlug das Wasser über mir zusammen.

Zu den Sätzen, die ich eher selten höre, gehört auf jeden Fall: »Wie wär's mit einem Tagesausflug und Fototermin in der Playboy Mansion?« Ich hauste mit sieben Freunden zusammen in einer Wohngemeinschaft in Glasgow. Der Flur, die Schlafzimmer und das Wohnzimmer sahen aus wie eine Fahrradwerkstatt. Wir hatten Kabelfernsehen (benutzten es allerdings fast nie), einen Grill und eine Badewanne, aber es war im Grunde eine chaotische Junggesellenbude, wie man sie eben in der Stadt findet.

Hugh Hefners Landsitz in Beverly Hills dagegen war das Symbol für Luxus schlechthin. Zum Anwesen gehörten zweiundzwanzig Zimmer, keinesfalls durfte ein Tennisplatz fehlen, genauso wenig ein Privatkino, ein Tierpark und eine Wassergrotte, in der während der guten alten Zeit ein paar heiße Partys gestiegen sein sollen. Die Mansion war eine ziemlich nette Kulisse für mein Bike und mich, aber leben wollte ich dort nicht. Die Wohngemeinschaft in Glasgow war mir lieber.

Zweifel hatte ich auch, ob es wirklich so gut war, mit der Marke »Playboy« in Verbindung gebracht zu werden. Wie würde die Trial-Szene darauf reagieren? Aber ich dachte mir: Jetzt bin ich schon in L. A., ich bekomme diese interessante Kulisse geboten … Was hätte ich dazu gesagt, als ich noch in der »Höhle« bei Macdonald Cycles arbeitete? Es beruhigte mich etwas, dass dieses jüngere Ich von mir ganz klar zugestimmt hätte, jedoch abhängig davon, ob ich ein paar ordentliche Tricks hinbekam. Auf keinen Fall hätte es alberne, gestellte Bilder akzeptiert, es musste schon wirkliche Artistik dahinterstehen. Als Biker ist man immer nur so gut wie die Stunts, die man zeigt, egal, wie äußerlich beeindruckend die Kulisse ist. Als ich nach Beverly Hills fuhr, hoffte ich also, dass das Domizil entsprechende Hindernisse für eine richtige Line bot.

Die Playboy Mansion kam mir wie ein Miniaturschloss vor – mittelalterliche Giebeldächer, verschnörkelte Fensterrahmen und ein aufwendiger Springbrunnen mitten in der Auffahrt. Zwar befand ich mich im sonnigen Kalifornien, doch Hughs Bude erinnerte mich an die Besitztümer schottischer Adliger, die sie für ihre Jagdgesellschaften nutzten. Die dichten Tannen, die das Anwesen umgaben, schlossen es völlig von der Außenwelt ab – von der Metropole L. A. mit ihren Hochhäusern und den unendlichen Freeways war nichts zu sehen. Ebenso von Hugh. Er war verreist. Playmates gab es allerdings genug – sechs an der Zahl, glamouröse und mit Bunny-Kostümen und Hasenohren.

Weder der Luxus noch die Häschen interessierten mich besonders; ich hielt nach Lines Ausschau. Mein Bike war noch immer das Inspired Skye, Dave Cleaver und ich hatten es zusammen über die Jahre perfektioniert. Der erste Prototyp von 2007 war inzwischen Vergangenheit, und seit meinem Edinburgher Debüt hatte ich einige verschlissen – ziemlich viele, um genau zu sein. Dave bastelte unentwegt an der Konstruktion herum, und zur damaligen Zeit, 2014, war sie für mich maßgeschneidert. Rahmen und Gabel waren stabil, und das hieß, dass sich das Bike so verhielt, wie ich es mir vorstellte.

Meistens jedenfalls.

Hughs Gelände bot allerdings nicht gerade die größten Herausforderungen. Zu meinem Parcours gehörte der Springbrunnen in der Auffahrt, zudem vollführte ich einen Tiretap von einer Parkbank über ein Gebüsch und hinunter auf den Tennisplatz, wo ein paar der Playmates gerade ein Match veranstalteten. Eines von den Mädels warf einen Schläger nach mir und traf mich am Rücken, als ich vorbeijagte. Danach sprang ich von einer Brücke über den Swimmingpool (und die Bunnys, die sich dort sonnten) und rollte dann mit einem Fakie-Nose-Manual quer über Hughs gepflegten Rasen. Das machte schon Spaß, sicher nicht zur Freude des Gärtners. Ein paar Stunden später sprang ich in der Red-Bull-Zentrale sogar noch über den Kopf von Rapper Warren G hinweg, sozusagen als Abschluss des Tages ... »Regulators!«

Nicht gerechnet hatte ich mit dem Backlash. Erstens war ich davon ausgegangen, dass wir in der Playboy Mansion nur einen PR-Termin zur Premiere von *Epecuén* hatten. Ein paar Fotos, ein bisschen Spaß, mehr nicht. Als auf einmal ein zweiminütiges Video auf Facebook erschien, das mich in voller Fahrt in der Playboy Mansion zeigte, war ich dann doch ziemlich erschrocken.

Oh nein, dachte ich. Muss das sein?

Ich hatte fast vergessen, dass es überhaupt gefilmt worden war. Und mit dieser Produktion hatte ich nicht im Geringsten etwas zu tun gehabt, auch nicht mit dem Soundtrack, der mir sonst immer sehr wichtig ist.

Die ersten Kommentare waren sogar durchaus positiv – die Downhill- und Freeride-Biker schienen den Clip zu mögen. In einigen Foren braute sich aber ein Shitstorm zusammen. Bikerinnen begannen sich aufzuregen, und mehrere große Magazine brachten negative Kommentare, dazu kamen noch empörte Tweets. »Das neueste Video von @danny_macaskill seht ihr bei uns nicht«, schrieb ein Chefredakteur. »Wir haben 2014, die Achtziger sind vorbei.«

Ich konnte das nachvollziehen. Gerade hatte zum ersten Mal La Course stattgefunden, eine Art Tour de France für die weiblichen Profis im Rennradsport. Frauen haben es hier nach wie vor schwer, als gleichberechtigt anerkannt zu werden, und ich sah ein, dass mein Abstecher in die Playboy Mansion zwangsläufig viel Ärger auslösen musste, auch wenn ich mir nichts dabei gedacht hatte. Klar, ich wusste, was für einen Ruf die Zeitschrift früher einmal gehabt hatte, aber inzwischen gab es *Playboy*-Stores in den Hauptstraßen amerikanischer Großstädte, und ich hatte angenommen, es sei nichts Obszönes mehr dabei. (Okay, okay, ich hatte mich geirrt.) Meine Stunts in Hughs Park waren nur Kapriolen gewesen, nichts weiter. Ich hatte niemanden vor den Kopf stoßen wollen.

Für ein paar Tage tauchte ich unter, dann zeigte ich mich wieder und klopfte mir den Staub von den Knien. Meine Integrität hatte eine kleine Schramme abbekommen, aber ich tröstete mich damit, dass ich mitten in der Produktion des nächsten Videos war. Dieses hatte mich erneut auf die Insel Skye geführt, hinter der Kamera stand ein weiteres Mal Stu. Schon seit Jahren hatte ich davon geträumt, Abenteuer und technisches Können mit einer großartigen Landschaft zu verbinden. Es machte Klick, denn ich wusste, dass das nur eines heißen konnte: Du musst dich an die Black Cuillins heranwagen. Dieser atemberaubende und zerklüftete Bergrücken beherrschte die Insel. Die Playboy Mansion war vergessen, ich kehrte zu meinen Wurzeln zurück.

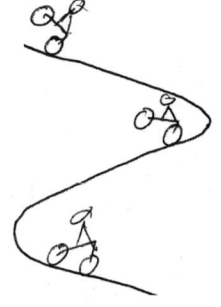

Szene neunzehn

Aufblende.
Außen. Loch Scavaig, ein Meeresarm nahe den Black Cuillin Mountains, Isle of Skye.
Wir hören Wasser plätschern. Wir sehen ein Ruder; Dannys Schuhe kommen ins Bild. Er sitzt in einem Boot und rudert gemächlich aufs Ufer zu. Ein Seehund gleitet von seinem Ruheplatz auf einem nahen Felsen ins Meer und folgt Dannys Kielwasser.
Danny: »Ich bin auf Skye aufgewachsen, und die Black Cuillins waren für mich immer ein Ort, wo man nicht hinaufkam. Es gibt da einen unglaublichen Gipfelgrat, messerscharf, und ich frage mich schon lange, ob es nicht doch möglich wäre, mit dem Bike da hinaufzufahren …«
Schnitt zu einer Kameradrohne, die auf Danny zufliegt. Wir sehen das tintenschwarze Wasser unter ihm, das Boot und die düster wirkenden Black Cuillins, in weiße Wolken gehüllt …

The Ridge, 2014

THE RIDGE

Me → (on pinnacle)   Drone

Climb Inaccessible Pinnacle with Bike

Gap waterfall

Bump front flip over barbed wire fence?

Gratwanderung

Als Kind starrte ich immer voller Ehrfurcht zu den Black Cuillins hinauf. Siebzehn dunkle Berggipfel, elf Munros (im Schottischen sind das Gipfel über 3000 Fuß Höhe, also 914 Meter) und um die gut sieben Meilen zerklüftetes Gebirge. Ich brauchte nur aus dem Haus und ein Stück die Straße hinunterzugehen, und da standen die Berge, gleich riesigen Schieferstücken, am Horizont. Im Sommer, wenn das Sonnenlicht auf das schwarze Vulkangestein fiel, schimmerten sie in einem dunklen Violett; im Winter waren sie von Schnee überzogen und in düstere Wolken gehüllt, eine Miniaturausgabe der Alpen. Ganz oben ragte der Inaccessible Pinnacle heraus, ein messerscharfer, tödlich schmaler Felsrücken.

Um dort hinaufzugelangen, musste man ein ernsthafter Alpinist sein, und schon als Kinder wussten wir, dass das Gelände dort oben zu den größten Herausforderungen britischer Bergsteiger gehörte, besonders wenn ein Wettersturz kam, und ein Wettersturz ist auf Skye immer drin und kann binnen Minuten passieren. Deshalb habe ich mich nicht auf diesen Gipfel gewagt, selbst als ich noch jünger war. Manchmal spielte ich mit Freunden an den Fairy Pools, den »Feenteichen«, von Glen Brittle – das sind flache Seen am Fuß der Berge mit Wasserfällen zwischen Felsgestein, aber weiter trauten wir uns nicht. Sogar jemand, der als Kind so leichtsinnig war wie ich, wusste, dass es weiter oben einfach zu gefährlich wurde.

Das heißt nicht, dass es mir dort nicht gefiel. Immer wenn ich mich bis zum Fuß des Bergmassivs hochgekämpft hatte, schaute ich hinauf und bewunderte die Cuillins, wie sie in den Himmel ragten, von brodelnden weißen Wolken umgeben. Im Sommer spielten die Seehunde im klaren blauen Wasser der Meeresarme mit ihren sandigen Stränden, und wenn man sich auf den Marsch ins Innere der Insel machte, kam man an immer mehr rosa, roten und gelben Farbtupfern vorbei, den Blüten der kargen Vegetation. Es war die perfekte Kulisse für einen Mountainbike-Film.

Bei den Dreharbeiten zu *Way Back Home* einige Jahre zuvor hatte ich schon daran gedacht, mir die Cuillins vorzunehmen, dann aber befürchtet, dass der visuelle Eindruck der Inaccessible Pinnacle sich doch zu sehr von unseren Aufnahmen von der Festung in Edinburgh, in Dunvegan oder auch auf Raasay abheben würde. Außerdem sollte man, wenn man sich all die Mühe machte, den In-Pinn, wie wir ihn nannten, zu erklettern, die für ein großes Projekt tun, das den ganzen Aufwand auch wert war. Die Route zum Gipfel bedeutete, einen Höhenunterschied von gut neunhundert Metern zu überwinden, mit einem Haufen Ausrüstung, und zu Fuß war das nicht gerade ein Picknick. Zu allem Überfluss gab es auf dieser Strecke Abschnitte, bei denen man kriechen musste, andere erforderten Bergsteigerqualitäten und Ausdauer in Hängen mit einer Steigung über 45 Grad – ziemlich anstrengend also.

Als Stu und ich uns darauf geeinigt hatten, das nächste Video nicht mit einem Trial-Rad zu drehen, sondern mit einem Mountainbike, hielten wir es für ratsam, uns diesmal bei anderen Sponsoren von mir Unterstützung zu holen – zum Beispiel bei Five Ten, die mir die Schuhe überließen, sowie beim Mountainbike-Hersteller Santa Cruz –, anstatt uns an große Labels wie Red Bull oder den Kamerahersteller GoPro zu wenden. Sie wollten am Ende auf jeden Fall ein Ergebnis sehen. Ich war inzwischen so viel auf meinem Inspired-Bike in Epecuén und Monaco herumgeturnt, dass ich mir auf einem Mountainbike richtig eingerostet vorkam. Ich hatte Sorge, ich könnte im Film steif und ungelenk wirken. Zudem war mir klar, dass es ein bisschen dauern würde, bis ich mich an die Wendigkeit eines Mountainbikes gewöhnt hatte, mit der die Gaps und Sprünge über die Bergbäche, die ich geplant hatte, viel schwieriger werden würden. Schließlich war es mein erstes Mountainbike-Video. Ohne großen Markennamen im Hintergrund konnten Stu und ich das Material, falls die Aufnahmen nicht gut genug gelangen, einfach wegpacken und hätten nur unsere eigene Zeit verschwendet. Mit dieser Strategie im Kopf legten wir zwei Wochen im Juni 2014 für das Video fest und drückten uns selbst die Daumen, dass das Wetter einigermaßen mitspielte. Wir wollten schließlich in Schottland drehen – was konnte da schon schiefgehen?

Alles, wie sich herausstellte. Da ich noch nie auf dem In-Pinn-Gipfel gewesen war, unternahmen Stu und ich zusammen mit Matt, einem Bergführer und Experten für die Black Cuillins, eine Tour, um das Gelände zu erkunden. Wir wollten eigentlich nur ein paar Locations festlegen, aber der Berg zeigte sofort, was er konnte. Auf dem Weg nach oben zogen Wolken auf, Sturm und Regen peitschten aus allen Richtungen auf uns ein, die Sichtweite betrug vielleicht noch drei Meter – und rechts und links konnten wir Hunderte von Meter in die Tiefe fallen. Das Terrain löste einen Schock bei uns aus – exponierte Vorsprünge und gefährliche Absätze, auf denen wir uns mühsam vorantasteten. Das war schon zu Fuß eine Leistung, wie sollte das auf zwei Rädern klappen? Plötzlich sah unser harmloser Zwei-Wochen-Dreh wie eine Antarktisexpedition zur Zeit Ernest Shackletons aus.

Immerhin, wir überlebten den Erkundungsausflug, und das hatte uns innerlich gestählt. Als Stu, die anderen vom Filmteam und ich einige Wochen später unser Basislager für die nächsten vierzehn Tage bezogen, ein gemietetes Haus in Carbost, waren wir zu allem bereit. Die Wettervorhersagen hörten sich anfangs recht gruselig an: Wolkenbrüche, Sturmböen, Nebel, dazu die sommerliche Mückenplage. Am ersten Drehtag aber klarte der Himmel nachmittags auf, es wurde warm, und bei unserer Kletterpartie in Richtung Gipfelgrat wurden wir richtig übermütig.

Es war unglaublich anstrengend. Wir mussten sechshundert Meter Geröll bewältigen, beladen mit Kameradrohnen, schweren Lampen und noch schwereren Batterien für die Lampen. Auch ich schleppte eine Menge Material – Ersatzschläuche, einen Ersatzreifen, Notrationen und natürlich das Bike selbst, ein Santa Cruz Bronson. Um voranzukommen, setzte ich es als Kletterhilfe ein, ähnlich wie Snowboarder beim Aufstieg im Tiefschnee ihr Brett. Ich hielt das Rad an der Gabel und am Sattelrohr, verkeilte es vor mir zwischen den Felsblöcken und zog mich daran hoch. So schleppte ich mich buchstäblich den Berg hinauf. Ich hatte das Bike bestimmt mehrere Tausend Mal hochgehoben, bis die Geröllhalde geschafft war. Wir alle waren total erschöpft.

Doch unser Einsatz wurde belohnt. Als wir uns den Trail entlang zu einer geeigneten Position für die Kamera durchgekämpft hatten, rissen die Wolken auf. Plötzlich strahlte der Himmel in einem sensationellen Blau. Auf einmal konnte ich auf der einen Seite bis zur Insel Rum, auf der anderen bis Raasay sehen. Diese günstigen Lichtbedingungen durften wir nicht ungenutzt lassen. Ich schwang mich rasch aufs Bike, während Stu noch das Equipment aufbaute. Meine Knochen fühlten sich morsch an, ich hatte das ganze Jahr über noch kein einziges Mal auf dem Santa Cruz gesessen. Das Gefährt unter mir fühlte sich seltsam an. Ich trat in die Pedale, und wie befürchtet, war mein Stil hölzern; ich kam nicht in Fluss. Jeder Tritt in die Pedale war ein Versuch, aber zum Glück standen an diesem ersten Nachmittag nur ein paar einfache Trails an.

Trotz meiner Probleme beim Fahren gelangen Stu und dem Team in den folgenden Tagen Aufnahmen, die dem Technicolor-Breitwand-Kino nahekamen. In einer Einstellung fuhr ich Collie's Ledge entlang, einen steinigen Bergpfad, der kaum mehr als einen halben Meter breit ist. Wäre ich nicht schwindelfrei, hätte allein dieser schmale Pfad mir einen Herzinfarkt bescheren können, vor allem weil es seitlich mehrere Hundert Meter senkrecht in den Abgrund ging. Rutschte ich hier aus, dann war es das für mich. Ich musste mich extrem konzentrieren, als ich den Pfad entlangzischte, und vor allem achtete ich darauf, nicht mit einem Pedal oder Lenkergriff an einem Felsstück hängen zu bleiben.

Während es bergab ging, brummte eine Kameradrohne um mich herum und nahm jede Kurve, jeden Turn auf. Am Ende des Drehtags, als wir uns zur Materialsichtung um Stus Laptop in Carbost versammelten, sah ich, dass der Film tatsächlich Gestalt annahm. Wir hatten Glück mit dem Wetter, mein Fahrstil war inzwischen in Ordnung, die Bilder geradezu episch. So weit, so gut – aber würden wir hier etwas wirklich Neues schaffen können, etwas Umwälzendes? Es gab noch viel zu tun.

Der In-Pinn wartete.

Ich stand dicht unter dem Gipfelgrat der Black Cuillins, ungefähr sechzig Meter waren es noch bis zum höchsten Punkt. Als ich da am Rande des Abgrunds balancierte, hatte ich nur einen Gedanken: Was für eine Aussicht! Das rasiermesserscharfe Rückgrat der Insel durchschnitt den Horizont; Wolken rauchten über den Gipfeln; die Sonne flammte auf sie herab. Stundenlang hätte ich einfach nur schauen können, aber ich durfte nicht unkonzentriert werden – noch nicht. Sieben oder acht Meter hatte ich bis zum Gipfelgrat noch vor mir. Dieses letzte Stück war gefährlich. Langsam schob ich mich höher, Finger und Zehenspitzen in Felsspalten gekrallt. Der nächste Vorsprung, der mich aufhalten würde, lag sechzig Meter unter mir, und alles, was mich vor einem tödlichen Sturz in den Abgrund bewahren würde, wenn ich abrutschte, war das Sicherungsseil.

Hinter mir wurde das Fahrrad an einer Winde hochgezogen, die von Stu und dem Kamerateam bedient wurde; über mir brummte wieder die ferngesteuerte Kameradrohne, die die Black Cuillins von oben aufnahm; ich würde auf den Bildern nur ein Pünktchen auf dem Felsmassiv sein. Ich griff nach meinem Santa Cruz und arbeitete mich voran. Den Gipfel zu erreichen hatte ich mir schon seit Jahren gewünscht, und als ich jetzt endlich auf dem Grat stand und den fantastischen Anblick auf mich wirken ließ, den die Insel bot, wie sie sich unter mir erstreckte, die grüne Landschaft und das sie umgebende endlose Meer, war ich überwältigt. Dort oben, auf diesem keinen Meter breiten Gipfelgrat auf zwei Rädern zu stehen war eine der coolsten Sachen, die ich je durchgezogen hatte.

Die Drohne fing alles wunderbar ein; im Video siehst du mich als Silhouette gegen den stahlblauen Himmel. Aber nur auf dem Gipfel zu stehen genügte mir nicht. Der Aufstieg musste stimmig aussehen. Seit *Inspired Bicycles* achtete ich in meinen Videos auf Authentizität. Da war ich mit dem Rad auf den Verteilerkasten gesprungen, als ich den Staketenzaun entlangfuhr. Ich hätte auch hinaufklettern können, das wäre viel einfacher gewesen. Aber ich musste die Line vollständig fahren, das war ich mir schuldig, und das war auf den Black Cuillins nicht anders. Konnte man sehen, wie ich den Gipfel mit dem Bike auf dem Rücken erkletterte, war meine Glaubwürdigkeit gesichert. Außerdem wollte ich niemandem etwas vormachen. Bei mir gibt es keine CGI-Stunts (Common Generated Imagery), die mittels Computergrafik generiert werden, oder wie auch immer bearbeitete Aufnahmen.

Was man im Film sieht, ist real so geschehen, auch wenn die Risiken, die ich dabei einging, genauso real waren. Ich stieg also den Grat vielleicht dreißig Meter weit hinunter. Ich wollte die letzte Phase des Aufstiegs wiederholen, aber diesmal ohne Sicherungsseil und mit dem Santa Cruz über der Schulter. Ich balancierte mich aus, spähte noch einmal mit etwas ungutem Gefühl in den Abgrund unter mir und funkte dann Stu an.

»Ich klinke mich mal kurz aus.«

Das Walkie-Talkie knackte und knisterte augenblicklich mit. Es war Stu, der mir antwortete, seine Stimme klang ziemlich gestresst. »Mann, bleib bloß am Seil!«

Vorsichtig schob ich mich vorwärts und testete den Fels mit Händen und Füßen auf lose Brocken ab, die abstürzen konnten. Der Grat war wirklich keinen Meter breit, aber ich fühlte mich ziemlich sicher. »Die Stelle hier ist in Ordnung«, schrie ich Stu zu. »Das Seil behindert mich nur ...«

Ich klinkte mich aus und begann den Aufstieg. Das Team sah mit Sicherheit ziemlich angespannt zu. Alle blieben konzentriert, aber sie waren äußerst nervös, als ich die letzten paar Schritte ungesichert zum höchsten Punkt machte. »Was tust du da?«, ächzte Stu, aber ich wurde getragen von einer Welle des Selbstvertrauens. Ich hatte die Sache im Griff, und so riskant erschien mir das Ganze gar nicht, dreißig Meter freier Fall hin oder her. Außerdem stand ich ja auf beiden Füßen. Ich hätte mich sogar auf dem Rad sicher gefühlt. Außerdem wusste ich, dass ich, wenn es schlimm kam, das Bike abwerfen und mich zusätzlich mit den Händen festhalten konnte.

Mit diesem Kletterstil hatte ich schon früher meine Erfahrungen gemacht, auch wenn das Abenteuer damals schlimm hätte ausgehen können. Ich war ungefähr dreizehn, und ich hatte es geschafft, mich am Abhang einer Felsklippe so zu versteigen, dass ich mich in die wahrscheinlich lebensgefährlichste Lage manövrierte, die ich bislang erlebt habe. Mann, das war wirklich übel. Mit meinen Kumpels Andrew und Calum hatte ich den Tag über bei Trumpan im Nordwesten von Skye nach Strandgut gesucht. Um den Heimweg ein bisschen spannender zu gestalten, hatten wir eine senkrechte Klippe erklettert, sechzig Meter bröckeliger Fels und lose Grasbüschel. Auf ungefähr halber Strecke wurde mir klar, dass es einfach zu gefährlich war weiterzuklettern.

Es blies ein ziemlicher Sturm, die Böen warfen uns herum, brachten uns aus dem Gleichgewicht und übertönten die Schreie, mit denen wir uns zu verständigen versuchten. Der Blick nach unten war noch furchtbarer. In wilden und schäumenden Wirbeln krachte der Ozean unter uns an die Felsen; das weiße Gebrodel hätte den sicheren Tod bedeutet, wären wir da hineingestürzt. Nur zu gut war mir das klar, als ich hinunterstarrte. Meine Knie fingen zu zittern an.

Klettere ich weiter, stürze ich ab und sterbe, dachte ich. Oder, schlimmer, jemand entdeckt uns und ruft die Bergwacht ... und Mum schimpft mich aus.

Draußen auf See fuhr eine Fähre vorbei, aber sie war meilenweit weg, viel zu weit, um unsere Schreie zu hören. Wir waren ernsthaft in Schwierigkeiten.

Mir wurde klar, dass ich mich zusammenreißen musste, wenn ich diese Kletterpartie überleben wollte. Ich blieb, wo ich war, und sah mich systematisch um. Ich suchte nach einem besseren Halt für die Hände, aber der Fels war so verwittert, dass man sich nirgends lange festhalten konnte, bevor er nachgab. Aber wenn ich einen Vorsprung, einen Absatz fand, auf dem wir uns zusammenkauern und in Sicherheit abwarten konnten, bis uns jemand fand ... Wir würden allerdings auf der Klippe übernachten müssen. Dann sah ich es ... Eine Abfolge von Vorsprüngen und Absätzen, die von der Felswand hinunterführte. Mein Selbstvertrauen kehrte zurück. Vorsichtig ließ ich mich zu Calum und Andrew hinab, die weiter unten festsaßen, und führte uns alle drei in Sicherheit.

Als wir endlich wieder am Strand standen, war ich unglaublich erleichtert, es war wie ein Rausch. Wir waren alle drei aufgedreht, glücklich, noch am Leben zu sein. Calum kramte in seinem Rucksack herum und zog drei Becher und eine Thermosflasche mit Instantkaffee hervor, der aber, so warnte er uns, furchtbar gesüßt sei. Normalerweise hätte ich den Kaffee dankend abgelehnt – Mum trank immer bitteren schwarzen Kaffee, und ich hasste das Zeug. Aber als ich jetzt auf den Steinen am Strand hockte, war er das Beste, was ich je getrunken hatte.

Im Vergleich zu diesem unheimlichen Felshang bei Trumpan mit seiner bröseligen Struktur war der In-Pinn kein großes Problem. Er bestand aus solidem Gabbrogestein; ich tastete mich mit einer Hand am Fels empor, und meine Fahrradschuhe von Five Ten hafteten wunderbar; ich fühlte mich wie ein Gecko. Die Entscheidung, das Sicherheitsseil wegzulassen, war die richtige gewesen. Hätte ich das Zittern bekommen, hätte ich nicht weitergemacht, allein aus dem Grund, dass meine Freunde dann hätten zusehen müssen, wie ich zu Tode stürzte. Es wäre nicht in Ordnung gewesen, ihnen das zuzumuten. Aber ich war überhaupt nicht aufgeregt – im Unterschied zu ihnen: Mein Herz schlug langsam, ich war ganz entspannt; ich hatte alles im Griff. Das muss bei jedem meiner Stunts so sein. Ich bin ja nicht verrückt …

Wir drehten noch mehrere Tage. Ich fuhr einen Ast entlang, der über zwei Felsblöcken lag. Die Line ging weiter über einen murmelnden Bergbach. Dann fetzte ich über Trails, die quer durch Geröllhänge führten; rücksichtslos fuhr ich über jeden scharfkantigen Brocken, der mir in den Weg kam. Ein paar Einstellungen zeigten mich außerdem, wie ich in einem Boot über den Loch Scavaig auf die ominös in der Ferne aufragenden Black Cuillins zurudere, obwohl wir für diese Aufnahme doch ein wenig in die Trickkiste greifen mussten. Stu wollte, dass mich eine Stimmung von Einsamkeit umgab. Seine Drohne kreiste über mir; sie nahm Bilder vom unendlich weiten Meer auf, von Bergen, die in düstere Wolken gehüllt waren. Was nicht dabei war: das Fährboot von Skye Boat Trips, das uns hierhergebracht hatte. Nach sechs Tagen auf dem Bike war ich viel zu erschöpft, um selbst zu rudern.

Am Ende hätte ich nicht zufriedener sein können. Stus Kamera hatte die Insel Skye in ihrer ganzen Schönheit eingefangen, und als das Video fertiggestellt war, nannten wir es

The Ridge – eine Verbeugung vor dem In-Pinn und den unzugänglichen Gipfeln der Black Cuillins. Als Stu und ich das Ergebnis dann aber ein paar Leuten vorführten, war die Reaktion doch nicht so, wie wir erwartet hatten. Unsere Kumpels fanden den Film lustig, die Sponsoren meinten: »Ja, ganz nett«, und die meiste Aufmerksamkeit erhielten die grandiosen Landschaftsaufnahmen. Von Jubelstürmen also keine Rede, und bei mir löste das Video, ehrlich gesagt, auch keine große Begeisterung aus. Als wir uns *The Ridge* zum ersten Mal in der Endfassung anschauten, zuckten wir nur mit den Schultern. Alles sah ein bisschen zu einfach aus; das Video kam mit den vorigen nicht mit.

Die Begeisterung änderte sich allerdings, als *The Ridge* veröffentlicht wurde, sowohl auf YouTube als auch über Stus eigenen Kanal Cut Media. Mehr und mehr Leute sahen sich den Film an, schließlich waren es einige Millionen. Das kam unerwartet. Aktuell ist das Video das erfolgreichste, das wir je ins Netz gestellt haben.

Auch die positiven Kommentare gingen regelrecht durch die Decke, und als dann auch noch die BBC ein Making-of mit dem Titel *Riding The Ridge* ausstrahlte, waren wir Tagesgespräch. Das war schon klasse. Ich hatte Skye als eine wunderschöne Insel zeigen wollen (ist sie übrigens wirklich – fahr ruhig mal hin!), und unter den bis jetzt siebenundvierzig Millionen, die das Video auf YouTube aufgerufen haben, werden bestimmt ein paar so voller Enthusiasmus sein, dass sie die Reise dorthin auf sich nehmen. *The Ridge* war sozusagen ein Schnappschuss meiner Heimat.

Wenn ich heute nach Hause fahre, um meine Familie zu besuchen, treffe ich inzwischen tatsächlich Touristen, die wegen *The Ridge* gekommen sind (zumindest behaupten sie es). Andere haben mir erzählt, wie toll sie unsere Clips der Black

Cuillin Mountains und der Fairy Pools gefunden hätten. Mehr Tourismus kann Skye nur guttun, besonders wenn das Giant MacAskill Museum, das Dad in Dunvegan kuratiert, auch seinen Teil abbekommt. Solange es deswegen nicht Verkehrsstaus im Dorf gibt, wäre ich froh darüber, wie alle anderen Einheimischen auch.

Szene zwanzig

Außen. Das Glasgow Museum of Transport.
Radprofi Martyn Ashton, einer der Helden aus Dannys Kindertagen, trifft am Set von *Imaginate* ein, einem bis dahin noch hochgeheimen Projekt. Das Gebäude ist seit Wochen abgesperrt. Martyn wartet draußen. Er kann nicht wissen, was für ein Irrsinn ihn drinnen erwartet.
Martyn: »Danny ist verrückt, er stellt da irgendwas Seltsames an; ich habe keine Ahnung, was da vorgeht. Sie haben einen Haufen Arbeit hineingesteckt, also bin ich schon ziemlich gespannt. Es wird bestimmt bunt, mit verrückten Hindernissen. Danny hat eine lebhafte Fantasie. *Billie Jean*, das Michael-Jackson-Video, hat ihm sehr gefallen ... vielleicht gibt es leuchtende Treppenstufen. Oder eine Giraffe?«
Innen. Das Glasgow Museum of Transport.
Martyn sieht den Looping und Stus Kameras; seine Augen wandern über das Team und die Sprungmatten. Er ist offensichtlich erstaunt über das Set. Später schaut er Danny zu, wie er aus einem überdimensionalen Schacht springt, eine Rampe hinuntersaust, die wie ein riesiges *Dandy*-Comicjahrbuch aussieht, und durch den Looping fetzt.
Martyn: »Du bist reif für die Klapsmühle, weißt du das? Ach du Scheiße! Das war fantastisch!«

MacAskill's Imaginate, Folge 5, 2013

Start
colour

Die virale Formel

Ich hatte mir vorgenommen, jedes Jahr ein größeres Video herauszubringen, vielleicht zwei.

Inspired Bicycles, *Way Back Home* und *Industrial Revolutions* waren ganz gut angekommen, zum Teil hatten sie über dreißig Millionen Leute auf YouTube angeklickt – noch immer kann ich das nicht richtig fassen. Als Red Bull dann *Imaginate* präsentierte und die Zahlen weiter und weiter stiegen, wurde klar, dass wir (damit meine ich auch die Regisseure Dave Sowerby, Stu Thomson und, später, Robbie Meade) tatsächlich eine Art Formel für erfolgreiche Videos entdeckt hatten. Wir hatten begriffen, was man beachten muss, wenn das Ergebnis aus der Masse der Internetfilme hervorstechen soll.

Dazu ein paar Hinweise, die meiner Erfahrung nach funktionieren. Sie sind keine Erfolgsgarantie, aber vielleicht bringen sie dich ja auf eigene Ideen, egal, aus welcher Szene du kommst. Vielleicht bringen sie dich ja sogar dazu, deinen Fahrstil zu überdenken.

Das Thema

Ganz zu Anfang eines neuen Projekts lege ich das Thema fest. Das ist wie ein Schirm, unter den alles andere passen muss – die Lines, die Bilder, die Locations, der Soundtrack. Erzählt ein Video eine Reise oder eine Geschichte – allgemein gesagt, eine fortlaufende Handlung –, kann der Zuschauer sich besser hineinfinden, besonders wenn er aus dem Mainstream kommt und womöglich noch nie ein Street-Trial-Video gesehen hat.

Du kannst zum Beispiel eine Tour mit verschiedenen Stationen als Thema nehmen oder eine Zusammenstellung mehrerer Street-Trial-Parts. Du hast unendlich viele Möglichkeiten. Hier als kleine Anregung die Themen meiner größeren Parts, die ich ins Internet gestellt habe, in chronologischer Reihenfolge:

- *TartyBikes* – ein einfacher Street-Trial-Film, der in und um Aviemore gedreht wurde.
- *Inspired Bicycles* – ebenfalls ein Street-Trial-Video, aber diesmal in Edinburgh; ich wollte meine Grenzen sprengen.
- *Way Back Home* – eine Reise durch Schottland von Edinburgh nach Skye mit dem Wohnmobil als »Anker« für die Handlung. Großartige Landschaften dienen als Hintergrund für Street-Trial-Lines auf Ruinen, Dämmen und roten Telefonzellen.
- *Industrial Revolutions* – Stunts in einer aufgegebenen Eisenerzschmelze; ich springe über alte Güterwaggons und verrostete Gleise.
- *Imaginate* – ich stelle einen lebendig gewordenen Spielzeugradfahrer dar, der seine Tricks mit den Spielsachen auf dem Fußboden eines Kinderzimmers vollführt.
- *Epecuén* – ich durchstreife die Ruinen einer bis vor Kurzem überschwemmten Ruinenstadt.
- *The Ridge* – mein Mountainbike-Abenteuer in den berüchtigten Black Cuillins auf Skye.

- *Cascadia* – eine Fahrt über die Dächer von Las Palmas de Gran Canaria.

Wie du siehst, gibt es da ziemlich viel Abwechslung. Übrigens, vielleicht interessiert es dich ja: Ich habe herausgefunden, dass man mit einem spannenden Thema die Attraktivität eines Videos um genau 47,62 Prozent steigern kann …

Die Stunts

Für mich persönlich sind sie am allerwichtigsten, aber wenn ich ein neues Video plane, kommen sie an zweiter Stelle. Erst wenn ich ein Thema habe, überlege ich mir, welche neuen Tricks ich gerne vorführen würde. Ich mache mir eine Liste, was mir vielleicht gelingen könnte, dazu notiere ich alles, was es auf einem Trial-Bike noch nicht als Video gibt. Alle Lines müssen so gut wie möglich inszeniert werden, und sie müssen zum Thema passen, das ich mir gesetzt habe. Ein gutes Beispiel ist der Bunnyhop-Frontflip auf den Medizinball, den du in *Imaginate* siehst.

Der Einfall kam mir während der Reha nach meiner Wirbelsäulenverletzung. Mit dem Medizinball hatte ich Übungen zur Stärkung der Rückenmuskeln gemacht. Gleichzeitig überlegte ich, welche Sachen dieser Art ich in meinem Kinderzimmer vorgefunden hätte, und auf der Liste standen weiterhin Tennis- und Gummibälle. Es dauerte nicht lange, bis die beiden Ideen miteinander verschmolzen.

Hmmm, überlegte ich, würde ich den Medizinball bei einem Stunt einsetzen können? Mit einem Bunnyhop-Frontflip auf den Ball, so dachte ich, könnte ich das Zurückfedern ausnutzen und mich wieder mit beiden Rädern auf den Boden absetzen lassen. Nachdem ich diesen Move in der Kelvin Hall ausprobiert hatte, legte ich mir die Latte (bildlich gesprochen) noch ein bisschen höher und landete auf den Gleisen unseres nachgebauten Bahnhofs. Das war etwas, das ich auf einem Fahrrad noch nicht gesehen hatte, geschweige denn in einem Video.

Die Location

Schnell wurde mir klar, dass der Drehort zu den wichtigsten Punkten gehört, die ein Internetvideo viral machen. Die Location bringt Thema und Stunts zusammen, aber ein Video ist immer nur so gut wie die Requisiten, die der Biker einsetzt – die Hindernisse, das Straßenmobiliar, die Gebäude. Wenn du draußen filmst, musst du unbedingt interessante Requisiten zeigen, und sie müssen sich an interessanten Orten befinden. Eine Telefonzelle ist schon in Ordnung, aber eine Telefonzelle vor malerisch anmutenden Bergen bei Sonnenuntergang im Lake District ist besser. Die Zeit, die du als Scout investierst (so nennt man jemanden beim Film, der nach guten Drehorten Ausschau hält), zahlt sich auf jeden Fall aus.

Aber nicht jede Line, die du fährst, muss schon perfekt ausgearbeitet sein. Du kannst ruhig ein bisschen umbauen und improvisieren, wenn du einen interessanten Ort gefunden hast. Überleg mal: Die meisten Lines, die ich bislang gefilmt habe, hätte ich auch bequem und in Ruhe im Studio drehen können. Den Frontflip aus *Way Back Home* hätte ich ebenso in einer öden Lagerhalle zeigen können, genau wie die Fahrt über den Staketenzaun aus *Inspired Bicycles*. Diese beiden Lines haben wir mitten in der Stadt gedreht, was ihnen jedoch eine Menge Aufmerksamkeit brachte. *Imaginate* dagegen haben wir in einer Art Lagerhalle gedreht, aber das Set sah nicht so aus wie ein leer geräumtes Museum in Glasgow kurz vor einem anstehenden Umbau (wie es in Wirklichkeit war), sondern täuschte dem Zuschauer mein ehemaliges Kinderzimmer vor.

Der Aufhänger

An den Anfang meiner Videos stelle ich gerne eine stimmungsvolle Szene, um die richtige Atmosphäre zu schaffen. Gewöhnlich sind es eine oder zwei Aufnahmen von mir, wie ich auf dem Rad herumgondele; in *The Ridge* sieht man, wie ich mit dem Boot auf die Insel Sky zurudere. Diese Bilder sagen dem Zuschauer schon mal, was ich vorhabe und wo wir uns befinden. Die richtige Musik hilft dabei.

Danach kommt der Aufhänger: ein Stunt, der den Zuschauer überrascht und mitreißt – zum Beispiel der Frontflip von der Festung in Edinburgh in *Way Back Home* oder der verdammte »Stachelzaun« in *Inspired Bicycles*. Der Aufhänger muss schockieren; er packt den Zuschauer emotional und setzt den Maßstab für den Rest des Videos. Im Netz klicken die Leute schnell wieder weg, und um das zu verhindern, sorge ich dafür, dass sie sich gefühlsmäßig engagieren – mit Angst, Überraschung oder auch Lachen.

Der Aufhänger ist auch die Szene, in der die Musik voll einsetzt – vielleicht ein Songtext, der mit dem Stunt zu tun hat, oder der Einsatz eines wuchtigen Refrains; auf jeden Fall muss der Soundtrack *wirken*. Als wir *Inspired Bicycles* mit »The Funeral« von der Band of Horses unterlegten, stimmten wir die langsamen, intensiven Intros mit den Aufnahmen meines mühsamen Kampfs gegen den Staketenzaun ab. Dave schnitt die Szene so, dass der Track, der bis dahin nur aus einer Singstimme und einer sanften Rhythmusgitarre bestand, mit ganzer Wucht – Bass, Schlagzeug, Gitarren – einsetzte, als ich nach dem geglückten Stunt erleichtert auf den Boden zurücksprang. Die folgende Szene war dann ein Tiretap gegen einen Baum in den Meadows. Du hörst, wie die Gitarren anschwellen und die Drums hämmern – und bist zu diesem Zeitpunkt hoffentlich bereits »drin« im Video.

Regie und Produktion

Beides geht Hand in Hand, und ich habe mit meinen Regisseuren und Produzenten bisher enorm viel Glück gehabt. Manche waren Freunde aus der Bike-Szene und haben sich inzwischen zu erfolgreichen Filmemachern entwickelt, zum Beispiel Stu Thomson; andere, etwa Dave Sowerby, hatten schon einen guten Ruf, als sie mit mir zusammenarbeiteten. Beide sind zugleich Regisseur und Produzent. Das ist bei unseren Videos ein großer Vorteil, weil so der Produzent das ursprüngliche Thema des Regisseurs nicht aus den Augen verlieren kann; das Projekt liegt von Anfang bis Ende in einer Hand und ist aus einem Guss, vom Aufhänger bis zum Banger. Das ist entscheidend.

Das gilt ebenso für die Fähigkeit des Regisseurs, Stunts und Moves so zu inszenieren, dass sie auch wirken – dass man im Film sieht, wie schwierig die Lines sind, wie herausfordernd die Sprünge und Stunts. Alles, was ich vorführe, muss aber immer ins Gesamtkonzept eingebaut werden. In *The Ridge* hat Stu deshalb zum Beispiel Bilder der Cuillins gezeigt und einen der Einheimischen aus der Gegend – den

Seehund, der mir im Ruderboot nachgeschwommen ist. In *Inspired Bicycles* waren es Stimmungsbilder aus Edinburgh, weil Dave den Fokus auf die Stadt und ihre Architektur legen wollte.

Die Produktion, insbesondere der Schnitt, wird einfacher, wenn man viel Zusatzmaterial aufnimmt, eben solche »Füllbilder« wie Berge und Seehund, aber auch diverse Anläufe und mögliche Probleme bei einem Stunt mitschneidet. Mit diesen Szenen kann man im Nachhinein herumprobieren, um zu sehen, wie man die gewünschte Stimmung am besten herstellt oder die Dramatik einer Szene langsam aufbaut. Story und Stunts werden vom Soundtrack sozusagen »erklärt«, deshalb ist es wichtig, beim Schnitt auf das Timing der Bilder zu achten, damit sie mit der Musik zusammengehen. Klappt das, arbeiten beide sozusagen Hand in Hand. Schau dir einen gut gemachten BMXer- oder Skateboard-Film an: Wenn der Biker oder Skater abhebt oder aufsetzt, erfolgte oft gleichzeitig ein Beckenschlag oder Drumbeat.

Ich habe gute Erfahrungen mit Tracks gemacht (nicht in all meinen Videos, aber in den meisten), die ein langsam einsetzendes Intro haben. Läuft die Musik ruhig und leise an, kann man die *establishing shots* leichter unterbringen, in denen die Szenerie und das Thema vorgestellt werden, zum Beispiel ebenjener Seehund. Dann sollten sie sich allmählich steigern bis zum Aufhänger, wobei schon mal ein paar kleinere Tricks gezeigt werden können.

Ich arbeite gerne mit Soundtracks, die Höhen und Tiefen haben – leise und laut, langsam und schnell sind –, damit ich Stunts in verschiedenen Stilen unterbringen kann. Manche Stunts bestehen nur aus einem einzigen schnellen Trick; andere zeigen längere Lines mit mehreren zusammengeschnittenen Einstellungen. Und wenn du technisch versiert bist, brauchst du womöglich sogar eine Kameradrohne, um deinen Stunt richtig einzufangen. Der richtige Soundtrack fügt dann die verschiedenen Einstellungen und Aufnahmen zu einem Ganzen zusammen. Ideal ist es, wenn du einen Song nimmst, der mit einem »High« endet – oder zumindest irgendwo ein Crescendo hat. So kannst du das Ende der Szene dramatischer gestalten.

Die Songs

Was die Musik für ein Video angeht, bin ich Perfektionist. Als ich noch in Dunvegan, Edinburgh und Glasgow durch die Straßen fetzte, stellte ich fest, wie sehr die Musik, die aus meinen Kopfhörern drang, meine räumliche Wahrnehmung veränderte. Genauso beeinflusst sie auch die Dramatik und Atmosphäre einer Filmszene. Plane ich einen Dreh, weiß ich vorher genau, welche Lines ich fahren will und welche Stimmung die Bilder ausdrücken sollen. Auf der Suche nach dem perfekten Track stöbere ich deshalb vorher wochenlang auf Spotify.

Ich bin durchaus realistisch, was die Kosten angeht: Fleetwood Mac oder Bon Jovi und andere Acts in dieser Liga kommen nicht infrage. Stattdessen suche ich nach Bands, die noch keiner kennt oder die kurz vor dem Durchbruch stehen. Als wir Ben Howards »The Wolves« für *Industrial Revolution* nahmen, war er noch unbekannt; durch reines Glück schaffte er es kurz danach in die Charts.

Bei *Imaginate* lief es etwas anders. Als Kind schaute ich mir viele Zeichentrickserien aus den Achtzigerjahren an, zum Beispiel die *Teenage Mutant Ninja Turtles*, *Mask* oder *Transfor-*

mers. Die hatten immer bombastische Rockmusik als Hintergrund und ein Titelthema. Manchmal grenzte das schon an Heavy Metal mit langen Mähnen, wie man ihn aus dieser Zeit kennt, und diese Nostalgie wollte ich einfangen. Stu fand den Song »Runaway« der schwedischen Rockband Houston, der mit seinen Gitarren und den eingängigen Synth-Parts genau die richtige Eighties-Atmosphäre für *Imaginate* lieferte.

Bei manchen Extremsportfilmen finde ich es schade, dass die Musik dem Film eher schadet als nützt. Ich sehe vielleicht großartige Aufnahmen, aber wenn der Regisseur oder der Produzent sie dann mit einem klischeehaften »Sport«-Thema unterlegen lässt, geht viel Wirkung verloren. Natürlich sind die Wiedergaberechte eines Songs eine ziemliche Ausgabe für die Produktionsfirma (das kann ein Vermögen kosten!), aber wenn die Verantwortlichen bei der Auswahl der Künstler ein bisschen experimentierfreudiger wären, würde das schon helfen. Mein Rat für dich? Geh auf Spotify, und schau dich um.

Der Banger

Das große Finale. Ein Ender. Der Höhepunkt. Oft ist das ein einmaliger Stunt, der den Biker an seine Grenzen führt, oder eine spektakuläre Line wie Ruben Alcantaras Schlusssequenz in *Grounded*. Ruben nahm für sein großes Finale zuerst Anlauf auf einem Freeway, kurvte dann auf einen Parkplatz und raste den Betonstützpfeiler einer Fußgängerbrücke hoch (wobei er über eine weitere Brücke springen musste). Dieser Wallride katapultierte ihn fast zehn Meter hoch in die Luft. Als er wieder aufsetzte, fuhr er, ohne anzuhalten, auf den

Freeway zurück. Mich hat das umgehauen. Ein Außenseiter würde sagen: *Dieser Mann ist wahnsinnig.*

Das Banger-Konzept stammt ja aus BMXer- und Skateboarder-Videos. Ein richtiger Banger soll Staunen und Kopfschütteln auslösen. Besonders dramatisch wird es, wenn der Sprung technisch sehr schwierig, extrem weit oder sehr gefährlich ist, wie zum Beispiel ein Stunt, den wir gegen Ende von *The Ridge* drehten. Ich wollte diese Line unbedingt noch fahren, bevor wir Schluss machten – ein Bump-Frontflip über einen Stacheldrahtzaun an einem Zeltplatz. Dazu musste ich den Zaun mit dem Vorderreifen treffen, mich überschlagen und auf einem Grashang dahinter landen, der zu einem Sandstrand hinunterführte. Das wäre eine überzeugende Schlussszene gewesen. Der Zuschauer hätte den Eindruck gehabt, ich wäre von Küste zu Küste quer über die Insel Skye gefahren.

Ich hatte anstrengende Tage auf dem Fahrrad in den gefährlichen Black Cuillins hinter mir, also hatte der Stacheldraht mental nichts Abschreckendes für mich. Aber ich wusste, dass ich mich, traf ich den Zaun mit zu viel Wucht, von meinem Bike verabschieden müsste – es wäre unmöglich gewesen, sich am Lenker festzuhalten. Traf ich den Zaun zu sanft, bekam ich nicht genug Schwung, um mich sauber zu überschlagen.

Zum Üben borgten wir uns Sprungmatten von einer nahe gelegenen Schule aus, zudem verstärkten wir den Zaun, damit er nicht nachgab. Ich brauchte eine Stunde, um den Stunt hinzukriegen. Zuerst war der Zaun zu unnachgiebig, und der Zusammenstoß katapultierte mich vom Rad. Dann wieder schaffte ich es, einen Salto zu schlagen, landete aber unschön auf dem Rücken oder der Seite. Irgendwann hörte ich auf, die misslungenen Takes mitzuzählen, die Stu geduldig nacheinander löschte.

Dann war da natürlich der Stacheldraht selbst. Eine falsche Bewegung, und ich würde mich ziemlich gemein aufschneiden – was kein schöner Anblick wäre. Aber gerade dieses zusätzliche Risiko macht aus einem schwierigen Stunt einen dramatischen Banger. Außerdem ist es ein Move, dessen Schwierigkeitsgrad ein Zuschauer aus eigener Erfahrung nachvollziehen kann. Jeder weiß, wie hoch ein Weidezaun aus Stacheldraht sein kann, und viele sind bestimmt schon über einen geklettert oder haben ihr Rad über einen solchen gehoben. Jeder, der zusieht, ist sich darüber im Klaren, was für ein Risiko ich einging. Dazu kommt, dass ich den Salto auf einem Santa-Cruz-Mountainbike ausführte, nicht auf dem Inspired-Trial-Bike, was erheblich schwieriger war.

Als ich es schließlich hinbekam, nach dem Bump-Frontflip programmgemäß auf zwei Rädern zu landen und zum Strand hinunterzufahren, wusste ich, dass wir den Banger geschafft hatten – und damit ein virales Video genau nach Rezept im Kasten.

Ach so, eines noch: Bitte, bitte, bitte, sei vorsichtig, ja? Ich finde es toll, wenn ich dich zu einem Video inspiriere, aber ich möchte nicht schuld sein, wenn deine Dreharbeiten im Krankenhaus enden.

Und wenn du keine Angst hast, während du einen Banger drehst, dann bist du entweder (a) verrückt oder (b) zu zaghaft.

Szene einundzwanzig

Aufblende.
Außen. Die Themse in London.
Danny steht oben auf einer großen Sprungrampe, die auf einem schwimmenden Kahn aufgebaut ist. Unten wartet sein nächster Stunt: ein großer Looping. Die Lichter der Metropole spiegeln sich im Wasser. Am Ufer hat sich eine beträchtliche Zuschauermenge versammelt. Danny bereitet sich mental auf den Stunt vor. Es sieht aus, als würde er denken: Wie zum Teufel bin ich hierhergeraten? Als er die Rampe entlang nach unten schaut, sehen wir, wie er sich Kopfhörer aufsetzt. Er nickt zum Beat der Musik – »New York Groove« von Kiss.
Er fährt über die Kante auf die Rampe und nimmt Anlauf für den Looping …

Danny MacAskill, *Make It Happen – The Loop*, 2014

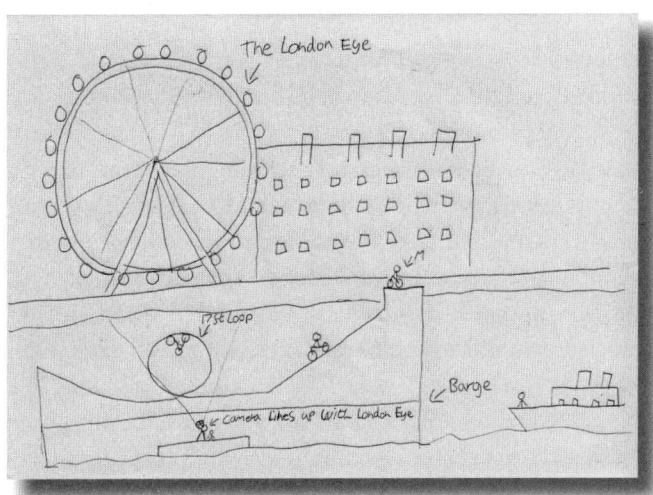

Musikalisches Zwischenspiel

Musik ist für mich sehr wichtig. Sie inspiriert mich, nach draußen zu gehen und Wind und Wetter zu trotzen. Als Kind dachte ich dabei natürlich nicht an Videos oder dramatische Spannungsbögen, sondern war darauf aus, mir neue Stunts auszudenken und anzueignen, überlegte mir, was ich mit den verschiedenen Hindernissen anfangen könnte. Mit fünfzehn hatte ich mein Ritual, wenn ich alleine auf dem Bike unterwegs war: Meine Freunde wohnten ja weit weg, und Musik war ein Ersatz dafür, wenn ich niemanden zum Reden hatte, während ich den Gun Shop unsicher machte. Und so borgte ich mir Mums Walkman und hörte Alben wie *Play* von Moby. Ich mochte emotionale, mochte dramatische Musik als Hintergrund für meine 360er- und 180er-Versuche. Gern entdeckte ich neue Bands und stellte mir oft Tapes mit verschiedenen Titeln zusammen. *Sunday 8 PM,* ein Album der Technoband Faithless, wurde einer meiner Lieblingssoundtracks im Winter 1999. Songs wie »God Is A DJ« hielten meine Motivation aufrecht, wenn ich bei strömendem Regen im Licht der Straßenlampen übte.

Musik wurde bald viel mehr als nur eine Möglichkeit, um gegen die Stille anzugehen. Sie verwandelte meine Stunts in etwas Größeres. Indem ich die vielen Stunden auf dem Bike mit einem Soundtrack unterlegte, wirkten vertraute Strecken neu. Oft benutzte Hindernisse fühlten sich sofort anders an, wenn ich einen bislang unbekannten Track dazu spielte. Vielleicht war ich von einem bestimmten Betonklotz schon hundertmal heruntergesprungen, aber wenn ich »Porcelain« von Moby dazu spielte, sah alles auf einmal anders aus. Meine Anlaufgeschwindigkeit änderte sich mit dem Rhythmus. Verschiedene Stimmungen inspirierten mich zu unterschiedlichen Lines. Meine Kopfhörer brachten Abwechslung in das begrenzte Terrain von Dunvegan.

Bei jenem Podiumsgespräch auf dem Edinburgh Science Festival erklärte mir Ian Robertson, dass alle Spitzensportler im Grunde auch Spitzenpsychologen seien, Experten, wenn es darum geht, ihr eigenes Bewusstsein zu kontrollieren.

»Manche Menschen stumpfen ab«, meinte er. »Sie langweilen sich, weil sich nie etwas ändert, aber du bist ein Beispiel dafür, wie jemand in mehr oder weniger identischen Situationen – du könntest ja auch sagen: ›Ach, diesen Stunt habe ich schon tausendmal hingelegt, wie langweilig‹ – permanent für ein Gefühl sorgt, dass etwas neu bleibt. Mit ständig anderer Musik änderst du den Kontext. Das ist ungeheuer wichtig, denn Neues regt unser Gehirn zum Wachsen an, und das wiederum führt zur Ausschüttung des Hormons Noradrenalin …«

Dieser Faktor ist von großer Bedeutung. Noradrenalin steigert die Konzentration und mobilisiert, ähnlich wie sein Verwandter Adrenalin, die Reserven des Körpers in Stresssituationen. Indem ich als Kind mit Musik die Welt veränderte, war meine Umgebung nie gleich. Das Wetter war vielleicht beschissen, aber ein gutes Mixed Tape und das Auge des Bikers brachten mich dazu, Sturm und Regen geradezu zu genießen. Mit ein bisschen Fantasie schien die Welt vom Lenker aus wie verwandelt.

Musik gibt mir auch Ideen. Und immer wenn es gilt, sich auf einen Sprung zu konzentrieren oder eine mentale Blockade wie die Karo Fünf in *Imaginate* zu überwinden, verbringe ich Stunden damit, mich mit bestimmten Songs vorzubereiten oder meine Hemmungen zu überwinden. Bei *Imaginate* war es »Elephant« von Tame Impala.

Hier kommen meine Kopfhörer ins Spiel. Bei einigen meiner bisherigen Banger habe ich gern denselben Song in Endlosschleife gespielt. Beim Looping über die Themse, den ich für einen Werbespot fuhr, verwendete ich »New York Groove« von Kiss. Immer wenn ich unentschlossen bin, spiele ich einen Song, der mich in Gang bringt. Der Refrain oder eine Lieblingsstelle im Text werden dann zum Startsignal: »Los!«

Oft führe ich in solchen Augenblicken auch Selbstgespräche. Einige meiner Stunts waren extreme Mutproben, und ich habe mir schon oft gedacht: Du kannst es schaffen, aber wenn nun ... Ich weiß genau, dass ich dem, was ich mir vorgenommen habe, gewachsen bin, aber der vorsichtigere Teil meines Gehirns gibt nicht kampflos nach.

Um die Angst zu überwinden, sage ich mir, dass alles in Ordnung sei, dass ich es schon schaffen werde, kein Problem. Manchmal setze ich die Kopfhörer auf, um Außengeräusche, etwa Verkehrslärm, auszublenden. Sie könnten meine Konzentration stören, besonders bei Lines mit hohem Unfallrisiko. Manchmal ist es schwierig, sich mental in die richtige Stimmung zu versetzen, und es wird noch schwieriger, wenn sich um einen eine Zuschauermenge sammelt und man womöglich die Polizei fürchten muss.

Es ist auch schon vorgekommen, dass mich der Wind stört. Oder dass ich eine Barriere nicht bewältigen kann, besonders nach Wochen, in denen ich gedreht habe und ich rundum erschöpft bin. Das war wahrscheinlich auch der Grund für meine Probleme mit dem Tiretap-Frontflip von Edinburghs Burg. Ich wollte diesen Stunt, ich wusste, dass ich ihn beherrschte. Aber mein Gehirn sah das anders und fragte: »Du willst also einen Salto von dieser Mauer versuchen? Bist du dir sicher?«

Ich hatte es im Prinzip ja mit dem Unbekannten zu tun. Ich hatte diesen Sprung erst zwanzig Minuten zuvor zum ersten Mal gemeistert, und zwar auf Sprungmatten, und auch da nur mit einer Erfolgsquote von 50 Prozent. Ohne die Übungsmatten, die wir für die Aufnahme wieder entfernten, meldete der eine Teil meines Gehirns plötzlich Angst und Zweifel. Aber der andere versuchte, diese Gefühle zu bezwingen. Ich musste nur daran denken, wie ich mich am nächsten Tag beim Aufwachen fühlen würde, wenn mir einfiel, dass ich gekniffen hatte. Lieber ist es mir herumzuhumpeln, aber eine Sache durchgezogen zu haben, als sich munter zu sagen, dass man sich nicht getraut hat. »Hätte ich doch« ist keine Lebensform für mich.

Wenn ich mir andere Biker bei den Dreharbeiten zu ihren Videos anschaue, besonders BMXer und Mountainbiker, und dann das durchgestylte Endprodukt sehe, bin ich nicht der Meinung, dass sie diese Phase irrsinniger Angst durchmachen. Andere Biker – zumindest einige – haben da wohl ihre Gehirnzellen besser unter Kontrolle. Sie sind ruhig und kalkulieren ihr Risiko genau. Sie erreichen ihr Ziel ohne Probleme.

Ich vermute, dass das auch was mit Vererbung zu tun hat. Manche Menschen sind innerlich gefasster als andere. Auch der Verlauf von Kindheit und Jugend spielen hier sicher eine Rolle. Wer seine Stunts und Tricks in einer Clique Gleichaltriger lernt, bringt womöglich ein bisschen mehr Wettbewerbsgeist mit, was wiederum hilft, sich mental auf einen Stunt einzulassen. Das, was ich auf dem Rad kann, habe ich mir meistens ohne die Hilfe anderer beigebracht, und vielleicht bin ich deshalb nicht ganz so rücksichtslos mir selbst gegenüber.

Wie gesagt: Ich ziehe nur solche Stunts durch, von denen ich überzeugt bin, dass ich sie körperlich beherrsche. Auch als Extremsportler habe ich meine Grenzen. Ich weiß, wie weit ich mich selbst treiben kann und was innerhalb dieser »Zone« funktioniert.

Trotzdem ist da immer die Angst, durch die ich mich kämpfen muss, wenn ich mir etwas Neues vorgenommen habe. Mit den Kopfhörern kann ich sie ausschalten. Dann bin ich bereit zum Sprung ins Unbekannte.

Wo wir gerade von Musik reden, möchte ich auch etwas über die Künstler sagen, die den Soundtrack für meine Videos lieferten. Es ist mir wichtig, dass ich ihnen Anerkennung zolle. Wenn jemand Szenen aus meinen Videos für irgendetwas verwenden würde, ohne zu fragen, wäre ich ja auch verärgert. Also, hier sind die Bands, deren Songs für meine Videos wichtig waren:

Inspired Bicycles

»The Funeral«, Band of Horses (*Everything all the Time*, 2006)

Für unser erstes Video wollten Dave und ich einen Soundtrack, der die richtige emotionale Dramatik vermittelte; einen Song, der dieselbe Wucht wie Ruben Alcantaras *Grounded* ausstrahlte. Es kamen eine Menge Bands in die engere Auswahl, unser Favorit war eine Zeit lang »Hoppípolla« der isländischen Postrockband Sigur Rós. Während wir noch an der Endfassung des Videos arbeiteten, brachte die BBC einen Trailer für ihre neue Tierdokumentation *Planet Earth* von David Attenborough heraus. Unglaublich! Die Produzenten hatten der Serie genau diesen Song unterlegt, und die Bilder dazu waren genial. Schneeleoparden auf der Jagd nach Beute in den Bergen, Zeitlupenaufnahme eines Weißen Hais, wie er seine blutverschmierten Zähne in einen hilflosen Seehund schlägt. Der Trailer zu *Planet Earth* war Tagesgespräch, und das hieß, dass auch die Musik von Sigur Rós bekannt werden würde, also mussten wir unsere Planung ändern.

Zum Glück war »The Funeral« genauso dramatisch.

Die Jungs von Band of Horses würde ich gerne mal kennenlernen. Schon seltsam, es kommt mir vor, als gehörten wir zusammen, da der Soundtrack ein ungeheuer wichtiger Bestandteil von *Inspired Bicycles* ist. Das macht die Band zu einem wichtigen Teil meines Lebens: Ihre Musik verbinde ich auch mit dem Anfang meiner Profilaufbahn.

Way Back Home

»Wax and Wire«, Loch Lomond (EP *Night Bats*, 2009)
»A Little Piece«, The Jezabels (EP *Dark Storm*, 2010)

Sowohl auf Loch Lomond wie auch auf The Jezabels stießen wir zufällig, und zwar beim Herumfahren in Schottland mit dem Wohnmobil. Die Gruppe Loch Lomond war eine Indie-Rockband aus Portland, Oregon, The Jezabels kamen aus Sydney. Wir kurvten durch die Lande, in der Kabine rotierte die Discokugel, Loch Lomond dröhnte aus den Subwoofern, und ihr Song wurde zur Hymne unserer Reise.

Industrial Revolutions

»The Wolves«, Ben Howard (*Every Kingdom*, 2011)

Den Track von »The Wolves« ins Video einzubauen wurde zu einem Rennen gegen die Zeit. Stu hatte ihn ja von einem Freund bekommen, der bei Universal arbeitete; Ben Howard war ein englischer Singer-Songwriter, den damals noch niemand kannte. Ich freute mich, dass wir ihn verwenden durften, aber als ich eines Tages gerade auf der M8 nach Dumbarton unterwegs war, was hörte ich im Autoradio? »The Wolves«. DJ Zane Lowe nannte den Song »die zurzeit heißeste neue Scheibe«!

Ich befürchtete sofort, dass wir womöglich die Lizenz verlieren würden, das Lied zu verwenden, oder dass es, wenn *Concrete Circus* auf Channel 4 ausgestrahlt werden würde, schon längst niemand mehr hören wollte. Der Track durfte also nicht zu groß herauskommen. Zum Glück (für uns) war das dann auch nicht der Fall, und als wir unser Video fertiggestellt hatten, war »The Wolves« noch nicht abgenutzt. Stu und ich haben uns beide sehr gefreut.

Imaginate

»Runaway«, Houston (*Relaunch*, 2011)

Imaginate ist ein sehr nostalgisches Video, und wir brauchten einen Song, der diese Stimmung einfing. Houston, das habe ich ja schon erzählt, sind eine schwedische Hardrockband mit dem richtigen Achtzigerjahre-Feeling – sie erinnerten mich an Poserbands wie Europe, die damals im Trend waren.

Als ich überlegte, was so im Radio lief, als ich klein war, fiel mir diese schwedische Band ein. Der Song half, diese Retroatmosphäre zu vermitteln.

Epecuén

»Night Wolves«, Farewell J. R (*Health*, 2013)
»Long Highway«, The Jezabels (*Prisoner*, 2011)

Bei der Musikauswahl für *Epecuén* wurde ich fast verrückt. Der Film lebt von seinen Stimmungen, und diese mussten auch musikalisch ausgedrückt werden. Tag für Tag suchte ich nach Tracks, die die Atmosphäre in der Ruinenstadt verdichteten. Am Ende der Dreharbeiten umfasste die Playlist mehrere Hundert Songs. Im Flugzeug und zu Hause schaute ich mir ununterbrochen Rohfassungen des gedrehten Materials an und kombinierte sie mit allen möglichen Tracks, um den passenden zu finden.

Am schwierigsten war die Hintergrundmusik für unsere episch langen Aufnahmen, die die Drohnen von der verfallenen Stadt machten. Hier sollte die Musik die Melancholie, die Endzeitstimmung zum Ausdruck bringen. Schließlich entschieden wir uns für einen weiteren Titel von The Jezabels und Farewell J. R., eine Neuentdeckung. Dave und ich diskutierten intensiv über den Soundtrack, wahrscheinlich weil wir so viel Mühe in die Suche gesteckt hatten. Außerdem riet uns Red Bull von einigen Songs ab – ich glaube, man hielt die betreffenden Titel für zu gefühlsbetont –, und wir reagierten ein wenig gereizt auf diese Einmischung. Am Ende erwiesen sich beide Titel als perfekter Hintergrund für die Bilder der bröckelnden Ruinenstadt.

The Ridge

»Blackbird«, Martyn Bennett (*Grit*, 2003)

Martyn Bennett war Kanadier, der keltische Folklore mit Breaks und Beats kombinierte. Ich hörte ihn zum ersten Mal in Epecuén. Es wurde gerade dunkel, und wir erlebten einen der wunderschönen Sonnenuntergänge, die dort so häufig sind; alles verfärbte sich blutrot, Flamingos flogen in Schwärmen zur Nachtruhe über unsere Köpfe hinweg, und die Filmcrew versammelte sich zu einem Grillabend.

Gerade entspannte ich mich auf einer Sprungmatte, als mein Freund John zum ersten Mal »Blackbird« spielte; ich setzte es augenblicklich auf meine Playlist für den Dreh in den Cuillins, weil ich fand, es würde gut zu dem Video passen, das ich im selben Jahr noch mit Stu drehen wollte. Mir war klar, dass wir hier nicht ohne schottische Volksmusik auskommen würden, aber sie durfte auch nicht zu kitschig sein. Ich würde mich jedenfalls nicht im Kilt auf den Inaccessible Pinnacle stellen und Dudelsack spielen. »Blackbird« kam uns da genau richtig vor – mit Folkloreelementen, aber innovativ.

Erst lange nachdem wir diese Entscheidung getroffen hatten und schon an der Endfassung des Videos arbeiteten, erfuhr ich, dass Martyn längst nicht mehr lebte, er war 2005 gestorben. Ich war richtig entsetzt. Ich hoffe, dass wir ihm mit *The Ridge* ein angemessenes Denkmal gesetzt haben.

Szene zweiundzwanzig

Aufblende.
Innen. Eine Dachwohnung in Las Palmas de Gran Canaria.
Danny schnappt sich sein Bike und den Helm, auf den eine Kamera montiert ist, und verschwindet durch die Tür. Schwenk auf ein Radio. Der Moderator verliest die Wettervorhersage.
Außen. Die Dächer von Las Palmas.
Schwenk einer Kameradrohne über den Horizont; wir sind umgeben von Flachdächern in lebhaften Farben – gelb, rot, orange, blau und grün.
Als Danny wieder ins Bild kommt, fährt er eine Brandmauer zwischen zwei Häusern entlang. Zu beiden Seiten geht es mindestens zwei Stockwerke tief hinunter. Ein Sturz hätte ernste Folgen ...

Cascadia, 2015

CASCADE Video Ideas

FLIPSEEP down?

Front flip into sea for Banger?

Ein langer Abstieg

Der Gedanke einer Fahrt über die Dächer einer Stadt fasziniert mich seit Kindertagen, und als ich mit *The Ridge* fertig war und in meinem Notizbuch blätterte, um nach Anregungen zu suchen, stieß ich auf einen Eintrag, der mich an diese frühe Idee erinnerte. Das war der entscheidende Anstoß. Hinzu kam, dass die Technik, die wir in unseren letzten Videos eingesetzt hatten – insbesondere die Kameradrohnen, die Stu und sein Schwager Lec in den Black Cuillin Mountains eingesetzt hatten –, Luftaufnahmen von meinen Stunts ermöglichte. Die Drohne, die über die bunt angestrichenen Häuser flog und mich einfing, während ich auf dem Hinterrad freihändig an Satellitenschüsseln und an im Wind flatternder Wäsche vorbeifuhr, würde mir dabei helfen, ein neues Gemälde zu starten.

Es fing so an: Ich sollte in einem Werbefilm von GoPro mitwirken. Mithilfe einer Helmkamera, so überlegte ich, würde man großartige Bilder aus der Egoshooter-Perspektive haben. Der Zuschauer würde augenblicklich ein Gefühl für die reale Höhe bekommen, wenn er die senkrechten Mauern direkt neben mir und die Straßen tief unter mir sah. GoPro gefiel das, und schon war ich dabei, im Internet nach passenden Drehorten zu suchen. Zuerst stieß ich auf eine Location in Mexiko, die ich ideal fand, aber als mir dann jemand Las Palmas de Gran Canaria vorschlug, schwenkte ich sofort um. Die Bauweise der Häuser dort entsprach genau dem, was ich in meiner Fantasie vor mir gesehen hatte.

Sie waren in lebhaften Gelb-, Rot-, Blau- und Orangetönen gestrichen und lagen an einem Hang, der hinunter zu einer Klippe am Atlantik führte.

Für das anstehende Projekt wünschte ich mir Robbie Meade als Regisseur. Er hatte mit Stu bei *Imaginate* zusammengearbeitet und war zweiter Kameramann bei *Epecuén* gewesen. In den vergangenen Jahren hatten wir eine gute Arbeitsbeziehung entwickelt, und vor allem war Robbie unschlagbar, wenn es um die Handhabung einer MOVI geht (das ist die Abkürzung für eine aufgehängte mobile Filmkamera).

Nach unserer Ankunft auf Gran Canaria trafen wir Ian, unseren »Mann vor Ort«, und begannen mit der Auswahl der Kamerastandpunkte und der Dächer, über die ich fahren würde. Es war allerdings unmöglich, die Locations vom Boden aus festzulegen. Wir mussten schon auf die Dächer hinauf. Drei Mann aus unserem tollen Team, alles Freunde von mir, begannen also, in San Juan, einem der ärmeren Viertel der Stadt, von Tür zu Tür zu gehen. Das war ziemlich interessant. Ian stellte sich vor, dann folgte häufig ein hitziger Wortwechsel mit ausdrucksstarker Gestik, der scheinbar in einen Streit mündete. Das war allerdings, wie ich bald merkte, einzig Teil der Verhandlungstaktik. Meistens durften wir tatsächlich nach oben und uns umschauen, und gewöhnlich bekamen wir Kaffee oder sogar etwas Stärkeres angeboten. Keine Ahnung, ob Ian nur einer der redegewandtesten Einwohner von Gran Canaria oder ein Don der örtlichen Mafia war.

Wir begutachteten mindestens vierzig Dächer, und mein Selbstvertrauen wuchs, als ich die Abstände zwischen den Häusern abschätzte, auch wenn viele Routen ziemlich gefährlich waren. Ich legte eine Liste mit Lines auf Vorsprüngen und Mauern an, bei denen ein Ausrutscher einen zwanzig Meter tiefen Sturz auf die Straße zur Folge haben würde. Bei jedem Vorschlag schaute mich Robbie bedeutsam an, als wolle er sagen: »Okay, wenn du diesen Flip über die Nebengasse unbedingt willst, machen wir ihn ...« Ich sah eine Menge hochgezogener Augenbrauen.

Als es dann ans Fahren ging, änderte sich meine Einstellung prompt ein bisschen. Es ist eine Sache zu behaupten, man könne einen Sprung von einem Sims zum anderen hinkriegen, jedoch eine ganz andere, den Sprung tatsächlich zu machen. Als wir mit den Dreharbeiten begannen, fühlte ich mich bei den ersten Aufnahmen noch ein bisschen steif – ich war mir bewusst, wie sehr ich aufpassen musste. Zugleich war mir klar, dass die Angst nicht gewinnen durfte. Bei Angst kommt es oft zu dummen Fehlern, und dafür hatte ich keinen Spielraum.

Natürlich gab es ein paar Absicherungen. Ich war schon so viele Mauervorsprünge gefahren, ich hatte es inzwischen raus, wie ich mich wieder ins Gleichgewicht bringen konnte, wenn es schwierig wurde. Droppte ich auf einen Sims oder sprang auf einen Balkon, neigte ich mich immer leicht, fast unmerklich, zur Wand hin. So rutschte ich nur gegen die Wand, sollte der Sprung misslingen, anstatt in die Tiefe zu stürzen. Die Mauer war aber auch nicht in jedem Fall sicher, auch sie konnte einen Sturz zur Folge haben – manchmal darf man einfach keinen Fehler machen.

Um entspannt zu bleiben, stellte ich mir bei jedem Balkon vor, er sei bloß ein Blumenbeet im Gun Shop, und bei jedem Geländer, es sei eine Mauerkrone in Glasgow. Die Größenordnung kam hin; die Folgen eines Sturzes wären aber völlig andere gewesen. In Schottland hätte ich mir keine Gedanken darüber gemacht, eine halbmeterdicke Mauer entlangzufahren. Aber hier in Las Palmas de Gran Canaria stürzte ich nicht einfach in ein Blumenbeet. Da möchte ich wirklich nicht hinunterfallen, dachte ich. Wenn aber doch, dann sollte ich auf das Faltdach dieses Cabrios da zielen ...

Es gab allerdings ein unerwartetes Problem. Die Sonne, die ich mir für *Way Back Home* und *Inspired Bicycles* immer so gewünscht hatte, wurde in Spanien zu einer Zerreißprobe für die Nerven. Als ich damit startete, in Las Palmas über die Dächer zu fahren, war ich anfangs leicht angestrengt, ohne zu wissen, warum. Ich verschätzte mich ständig bei den Entfernungen, und das machte mich nervös. Erst als eine einsame Wolke vor der Sonne vorbeizog und das Licht etwas dämpfte, begriff ich, was los war. Viele Häuser waren weiß gestrichen – in einem blendenden Weiß. Was bedeutete: Das zurückgeworfene Sonnenlicht beeinträchtigte meine Sicht.

Ich musste das aber in Kauf nehmen. Eine Sonnenbrille kam nicht infrage – ich konnte schlecht in einer Szene mit Sonnenbrille, in der nächsten ohne auftreten. Das wäre kaum glaubhaft gewesen. Außerdem hätte es nicht gut ausgesehen. Ich verbannte die Sonne einfach aus meinen Gedanken, dazu alle Befürchtungen, was passieren würde, wenn am Rad ein plötzlicher Defekt auftrat ... Es war Zeit, ein paar Stunts abzuliefern.

Wir begannen oben in der Stadt und arbeiteten uns langsam in Richtung Küstenklippen vor. Die Handlung, die uns vorschwebte, war eine dramatische Fahrradfahrt von den Hügeln hinunter bis ans Meer bei El Roque. Das Video mit dem Titel *Cascadia* startete mit einer Aufnahme von mir in einer Dachgeschosswohnung: Das Radio läuft, ich schnappe mir das Bike und fahre über das Dach davon. Ich gondele über Mauersimse, droppe auf Balkons und fahre freihändig auf dem Hinterrad. In der ersten Szene sieht es so aus, als wäre ich ein gewöhnlicher Radfahrer auf dem Weg ins Büro oder an den Strand. Dann aber wurde es anders – sagen wir, ein bisschen riskanter ...

Wie immer drehten wir die leichtesten Stunts zuerst. Die ersten drei Tage fuhr ich ununterbrochen über die Dächer, hatte aber schon den ersten von zwei Bangern im Hinterkopf: ein Frontflip von einer Klippe bei El Roque ins Meer. Es ging etwa fünfzehn Meter hinunter. Die Sprunghöhe sollte ursprünglich noch viel größer sein, um die dreißig Meter. Als dann aber ein Mitglied des Kamerateams, ein ausgebildeter Taucher und Surffotograf, sich die Landezone ansah, fand er heraus, dass das Meer an dieser Stelle nur fünf Meter tief war. Daraufhin mussten wir die Sprunghöhe stark reduzieren.

Oben an der Klippe gab es zwischen zwei Häusern eine Gasse, von hier aus hatte man eine grandiose Sicht aufs Meer. In der Nähe entdeckten wir eine Straßenbaustelle, und wir redeten so lange auf die Bauarbeiter ein, bis sie uns genügend Material für eine kleine Sprungschanze liehen. Mit Georges und Johns Hilfe errichteten wir mehrere Plattformen, die mich von den Dächern hinunter zur Schanze führten. Von dort würde ich mit Anlauf über den Klippenrand ins Unbekannte springen. Es folgte ein kurzer Gleitflug, ich würde mir wie ein Turmspringer einen geeigneten Aufschlagpunkt aussuchen, mich zusammenrollen, drehen – und ins Wasser stürzen.

Das klang gut und schön und ziemlich einfach; man brauchte auch keine große technische Kunstfertigkeit für diesen Sprung. Er war sogar derart simpel, dass ich mir schon Sorgen machte, wie ihn die Radfahrerszene aufnehmen würde. Wer springt bei einem Banger einfach nur ins Wasser?

Als ich aber über die Klippenkante spähte, wurden die Gefahren nur allzu offensichtlich. Bei Flut schlugen ununterbrochen schäumende Wellen an die Klippe, und ich sah vor mir, wie mich die Strömung mitreißen und zerschmettern würde. Bei Ebbe war es noch schlimmer – da wurden zackige, scharfkantige Felsen sichtbar, auf die ich keinesfalls stürzen durfte. Um sie zu überspringen, würde ich einen ziemlichen Anlauf brauchen. Mit ausreichend Schwung blieb die Verletzungsgefahr jedoch gering. Ich hatte im selben Jahr schon eine Bruchlandung an den Wasserfällen von Falloch, die zum Loch Lomond gehören, hingelegt; es ging etwa zwölf Meter tief. Der Aufschlag aufs Wasser war zwar unangenehm gewesen, aber verletzt hatte ich mich nicht. Ich habe das überlebt, überlegte ich, dann wird das auch hier der Fall sein. Um sicherzugehen, polsterte ich dann doch meine Unterwäsche mit einer Radlerhose aus …

Die Klippe bei El Roque wurde zu einem Prüfstein für mich. Zuerst fühlte ich mich großartig, voller Selbstvertrauen. Ich hatte bislang ziemlich gute Szenen abgeliefert und glaubte, ein oder zwei Anläufe würden genügen, um mich innerlich für den Sprung zu rüsten. Das änderte sich, sowie ich das erste Mal vom Gerüst abstieß und auf die Klippe zufuhr. Ich fürchtete plötzlich, ich wäre nicht schnell genug, um über die Felsen hinwegzuspringen – und zog die Bremse. Das wiederholte sich mehrmals, immer dann, wenn ich an die Kante der Rampe kam. Mein Gedanke: Diese Felsen überspringe ich nur um einen oder zwei Meter – *bestenfalls*.

So geht mir das oft, wenn ich vor einem schwierigen Stunt stehe: Aus Minuten wird schnell eine Stunde; die Stimme des Zweifels will nicht schweigen. Nicht anders erging es mir hier. Inzwischen sank die Sonne am Horizont.

Damit schwanden unsere Chancen, den Banger überhaupt noch zu drehen. Das Gerüst musste am nächsten Morgen abgebaut werden, außerdem hatten wir für den kommenden Tag eine andere aufwendige Line eingeplant – ein Backflip von einem Dach eines Schulhauses zu dem Dach eines anderes Schulgebäudes (dazwischen befand sich eine Gasse) –, und zwar wieder ganz oben in der Stadt.

Damit der Höhepunkt des Films zur Handlungsabfolge passte (und überhaupt einen Sinn ergab), musste ich das Meer erreichen. Ich fühlte mich unter Druck – so viel Angst hatte ich seit *Imaginate* nicht mehr gehabt. George, der unter dem Gerüst in einer Seilsicherung hing, sprach mir Mut zu, und das baute mich ein bisschen auf. Die Anwohner allerdings, die sich versammelt hatten, um ein Spektakel zu erleben, hielten mich bestimmt für ein ziemliches Weichei. Einige spähten auch schon eine ganze Weile aus ihren Fenstern und wirkten etwas gelangweilt.

Ich wurde wütend. Auf einmal knallte ich das Vorderrad nach unten, ratterte über die Gerüstschanze und schoss über die Kante hinaus.

Kein überwältigendes Angstgefühl, keine Übelkeit, kein Schwindel, nur diese vertraute Empfindung verdammter Erleichterung. Als ich mich zum Frontflip nach vorne warf, hörte ich nichts mehr außer dem Zischen der Reifen und dem Wind in meinen Ohren. Nach dem Salto machte ich mich zum Aufschlag bereit, aber es waren noch weitere fünf Meter bis zum Meeresspiegel. Das Wasser kam näher und näher, über mir drehte sich der Himmel. Von oben hörte ich leise den Jubel der Spanier auf der Klippe. Ich umschloss fest die Handgriffe, wie bei der Landung nach einem normalen Sprung. Das Vorderrad durchbrach zuerst das Wasser, das bewahrte mich davor, dass mein Kopf einen fiesen Schlag ins

Gesicht abbekam. Noch vor ein paar Sekunden war ich oben auf der Klippe gewesen; jetzt ruderte ich unter Wasser. Schaumkronen, Luftblasen und das Fahrrad waren um mich herum, als ich mit einem tiefen Atemzug die Oberfläche durchstieß.

Es war ein fantastisches Gefühl, aber als ich triumphierend den Arm reckte, fand ich mich auf einmal im Griff einer riesigen Welle. Augenblicklich war ich in einer starken Strömung gefangen. Da ich wie immer in Jeans gefahren war und die sich jetzt vollsaugten, fühlte ich mich, als würden mich Gewichte festhalten. Als ich mich vom Schock des Aufschlags erholt hatte, brauchte ich zwanzig Minuten bis ans Ufer. Unterwegs verlor ich sogar meinen Helm und geriet in Panik – schließlich war auf ihm die GoPro-Kamera montiert – mit der Aufnahme meines Sprungs! Aber da trieb zum Glück der Helm ein Stück weit neben mir in den Wellen, und es gelang mir, ihn am Kinnriemen zu packen. Was für eine Erleichterung. Das Ergebnis der Mühen durfte auf keinen Fall verloren gehen; ich hätte mir endlose Vorwürfe anhören müssen.

Ein Backflip zwischen zwei Schuldächern über eine Gasse hinweg ist auch für mich nichts Alltägliches – ich bin ja kein Freerider. Aber diesen Sprung wollte Robbie als Aufhänger ins Video einbauen, um den Zuschauer zu fesseln. Die Line war das Risiko wert, auch wenn mir bei der Vorstellung fast das Herz stehen blieb, zumal ich dabei über einen Abgrund wirbeln sollte, der drei Stockwerke umfasste. Unser Film würde dadurch natürlich richtig großartig werden, und so vertraute ich dem Team, dass alles klappen würde.

George und John hatten die Sprungrampen gebaut, für die Übungssprünge wurde ich »ausgepolstert«, und auf dem

Helm trug ich wieder die GoPro-Kamera. Über uns brummte eine Kameradrohne, die eine palmengesäumte Straße entlangflog. Der Wind hatte nachgelassen, die Sonne zeigte sich. Ich gelobte mir, das Trauma des vergangenen Tages auf keinen Fall zu wiederholen.

»Dieses Mal«, sagte ich, »mache ich fünf Übungsdurchgänge, und dann wird's ernst – egal, wie ich mich fühle.«

Natürlich kam es anders. Der Stunt an sich war technisch nicht anspruchsvoll – ich würde von einer Rampe abspringen, sechs Meter weit durch die Luft segeln, dabei einen Salto schlagen und zum Schluss auf der gegenüberliegenden Rampe wieder aufsetzen –, doch es gab einige äußere Faktoren, die mich aus dem Gleichgewicht brachten. Einmal war da der Anlauf. Es war hier sehr schwierig, ihn im Notfall abzubrechen. Es gab keinen ausreichenden Bremsweg, bei weniger als sechs Metern würde ich über die Dachkante rutschen und drei Stockwerke tiefer anhalten, vermutlich für immer. Wie bei den meisten Stunts war es auch bei diesem viel gefährlicher, die Nerven zu verlieren und zu kneifen, als ihn durchzuziehen. Aus den fünf Übungsdurchgängen waren auf einmal zwanzig geworden. Ich wurde immer nervöser.

»Los, du musst es bringen«, ermahnte ich mich. »Du kannst es, du schaffst diese Rampe, der Flip ist ganz einfach. Wenn du drüben bist, hast du ihn für immer und ewig hinter dir ...«

Aber je mehr ich nachdachte, desto mehr würgte die Angst meinen Willen nach Erfolg ab. Ich sah die Drohne über mir; sie flog schon ziemlich lange, bald würde sie zum Aufladen landen müssen. Wie lange hielt eigentlich der Akku in meiner Helmkamera? Im nächsten Moment spürte ich, dass alle anderen sich das auch gerade fragten, was die Blockade nur verschlimmerte. Also tat ich das, was ich meinen psychischen Neustart nenne: Ich setzte die Kopfhörer auf und klinkte mich ein bisschen aus.

Der Soundtrack für *Cascadia* stand schon lange, noch bevor Robbie und ich nach Gran Canaria flogen. »Fools«, ein Titel der US-amerikanischen Indie-Rockband The Dodos, drückte mit seinem hämmernden Schlagzeugbeat unser Konzept perfekt aus. Wie bei *Industrial Revolutions* benutzte ich jetzt den Song als »Auslöser« für meinen Stunt. Ich legte das Smartphone auf den Boden, spielte »Fools« über die Lautsprecher ab, und bei einer bestimmten Verszeile trat ich in die Pedale, um mich von einem Dach zum anderen zu katapultieren.

Auslöser für den »Schul-Gap« war der Refrain – »*And we don't do a thing, 'cause we're busy and think / we' are just wandering, we are just a-wandering like fools ...*« Direkt danach setzt der Begleitgesang mit »*Wo-oh! Wo-oh!*« ein, und das war mein Startsignal. Ich rammte beide Füße auf die Pedale und raste auf den Startpunkt zu, während der Song ebenfalls an Fahrt gewann, bis ich meine Unsicherheit hinter mir gelassen hatte. Ich zog es durch.

Ich zischte über die Rampe hinaus ins Leere und schaute zurück. Über mir drehte sich der Himmel, dann kam die Landung in Sicht. Instinktiv spürte ich, dass ich mich zu weit gedreht hatte und mir eine harte Landung bevorstand; sie war allerdings nicht gefährlich. Schockwellen liefen durch meine Handgelenke, aber ich konnte die Lenkergriffe festhalten. Ich hatte es geschafft. Stress und Angst von Las Palmas waren überstanden. George sprang mir jubelnd auf den Rücken; wir hatten unsere Fahrt über die Dächer im Kasten.

Bei jeder anderen Gelegenheit wäre ich wahrscheinlich im Knast gelandet, wenn ich über die Balkons der Altstadt geflitzt oder von dieser Klippe ins Meer gesprungen wäre, aber im Rahmen einer genehmigten Filmproduktion mit einem regulären Kamerateam konnte ich endlich einmal alle meine Visionen umsetzen. *Cascadia* ist eine Zusammenfassung von dem, was meinen Sport ausmacht. Es hatte Spaß gemacht, das Video zu drehen, die paar stressigen Momente waren schnell vergessen. Die Stunts waren nicht spektakulärer als die in *Imaginate* oder *Way Back Home*. Das Konzept war jedoch ziemlich ehrgeizig, und so hatte ich bewiesen, dass ich beinah überall fahren konnte. Das macht das Video so besonders. Die offizielle Dreherlaubnis hatte bedeutet, dass mir niemand hatte verbieten können, meine Fähigkeiten voll auszufahren, und dazu wiederum hatte ich das Team gebraucht, meine Freunde. Einer von den Leuten, die mir anfangs die Fahrt über ihr Dach verweigert hatten, war übrigens ein ortsansässiger Polizist. Von seinem Dach ging es gut zwanzig Meter abwärts, und zwar auf einen großen Schrotthaufen. Er wollte wohl nicht, dass sein Haus mit einem unangenehmen Vorfall in Verbindung gebracht wurde, falls etwas passierte. Aber selbst er gab schließlich nach.

Es war nicht immer so einfach gewesen. Von PC Carmichael in Dunvegan, der missbilligte, dass ich abends die Dorfstraßen unsicher machte, bis hin zu den Hausbesitzern in Edinburgh und Glasgow, die womöglich etwas dagegen gehabt hätten, wenn ich ihr Eigentum für meine Lines benutzte, hatte ich immer aufpassen müssen. In diesem Fall konnte ich eine Location, die nicht in der Wildnis war, voll ausnutzen. Meine einzigen Grenzen waren jetzt die meiner Fantasie und meines Selbstvertrauens. Solange beide intakt blieben, stand mir die Welt offen.

Szene dreiundzwanzig

Aufblende.
Innen. Das Glasgow Transport Museum.
Es ist einer der letzten Drehtage bei *Imaginate*. Für diese Szene ist in einer Ecke Dannys Kinderzimmer in Originalgröße nachgebaut worden.
Off-Kommentar: »Mit größter Aufmerksamkeit widmet man sich hier einer originalgroßen Version eines errichteten Kinderzimmers. Ein junger Danny MacAskill beginnt von diesem Set aus seine Reise in Fantasiewelten.«
Schnitt. Im Bild ist Produzent Mike Christie zu sehen.
Mike: »Was wir hier gebaut haben, ist das Kinderzimmer des kleinen Danny. Damals ging darin seine Fantasie mit ihm durch, in ihm hat er all diese unglaublichen Stunts mit seinen seltsamen Spielsachen probiert …«
Anne MacAskill, Dannys Mum, hat sich zu einem Cameo-Auftritt im Video überreden lassen und wartet auf ihren Einsatz.
Anne: »Mein großer Moment! Yes!«
Sekunden später reißt sie die Kinderzimmertür auf und schnauzt den Darsteller des jungen Danny an.
Anne: »Daniel, wenn du jetzt nicht sofort mit diesem Fahrradunsinn aufhörst und zum Essen kommst, schieße ich dich zum Mond!«

MacAskill's Imaginate, Folge 5, 2013

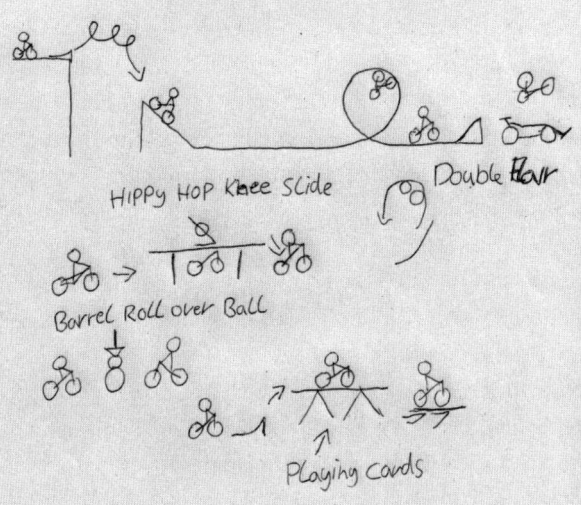

Die Neuerfindung des Wheelie

Was sagt eigentlich deine Mum dazu?

Das werde ich oft gefragt, gewöhnlich von Leuten, die gerade *Cascadia* oder *The Ridge* gesehen haben. Über solche Fragen mache ich mir durchaus Gedanken, wie viele andere Extremsportler auch. In einem Red-Bull-Dokumentarvideo, das ich kürzlich gesehen habe, hat sich Robbie Maddison ebenfalls dazu geäußert. Robbie ist eines meiner größten Vorbilder, obwohl sein Bike einen Motor hat. Wie bei mir, so ist auch für seine Angehörigen und Freunde die Gefahr, in die er sich für seine Stunts begibt, nicht ohne Folgen geblieben.

Robbie fährt natürlich in einer ganz anderen Liga als ich. Einmal ist er vom Nachbau des Arc de Triomphe in Las Vegas gesprungen – über dreißig Meter tief. Hätte er da die Nerven oder die Kontrolle über die Maschine verloren, wäre er ein toter Mann gewesen. Nach dem Sprung zoomte die Kamera auf seine Frau, die völlig außer sich war. Die beiden haben zwei kleine Kinder, also interessierten mich seine Ansichten zum Eingehen von Risiken allgemein und zu seinem speziellen Berufsrisiko im Besonderen schon sehr.

»Ich gehe durchaus so weit, dass alle in meiner Umgebung meinen, das sei Selbstmord, ich sei verrückt«, erzählte er. »Und ich antworte dann darauf: ›Ihr versteht das einfach nicht.‹ Für meine Frau Amy ist das hart, ja. Sie ist dabei und schaut zu, und ich weiß, dass sie eine Höllenangst hat, wenn ich springe. Sie schreit dann immer herum, aber sie kommt trotzdem und schaut zu ... Das gehört für uns zum Leben.

Demnächst liegt wieder ein größerer Sprung an, und Amy ist deswegen furchtbar aufgeregt. Es ist ja nicht ihr Traum, den sie lebt, sondern *meiner*, und ich schicke sie zum Dank durch die Hölle ... Aber ich springe ja nicht für Geld oder Ruhm, sondern weil es mein Traum ist. Diese Stunts sind mein Ding.«

Mit seinen Stunts treibt Robbie sein Motorrad von einem Extrem zum anderen, und Unfälle bleiben dabei nicht aus. Durch Stürze hat er insgesamt drei Schädelbrüche davongetragen, und danach heißt es immer: *Denk mal an deine Frau, was die durchmachen muss.* Ich bin zwar nicht verheiratet, aber es gibt durchaus ähnliche Kommentare darüber, was ich meiner Familie mit meinen Stunts antue. Aber ehrlich, meine Mum ist aus einem anderen Holz geschnitzt. Ich glaube nicht, dass sie Angst um mich hat. Als ich meine Profilaufbahn begann, kaufte sie bündelweise Tageszeitungen, den *Scotsman* oder den *Herald*, und wenn sie einen Bericht über mich fand, rief sie mich sofort stolz an. Mein Dad ist genauso, auch wenn er manchmal tatsächlich ein bisschen besorgt ist. Nach *Inspired Bicycles* nahm er mich zur Seite.

»Eigentlich könntest du es jetzt gut sein lassen, Daniel«, riet er mir. »Hör lieber auf, bevor dir wirklich noch was passiert.«

Meine Mum sagt so etwas nie; sie sieht das, was ich mache, ziemlich realistisch. Sie hat sich sogar zu diesem Gastauftritt in *Imaginate* breitschlagen lassen. Damit hat sie jetzt übrigens ihr eigenes Profil in der Internet Movie Database, denn im Abspann des Videos wird sie ja als Darstellerin von *Young Daniel's Mum* aufgeführt.

Meine Stiefgeschwister sind manchmal schon ein wenig gestresst, was mich betrifft. Beim Edinburgh Science Festival fragte jemand, was denn meine Familie zu meinen Stunts sage. Muriel, die ebenfalls im Publikum saß, erklärte: »Ich schaue mir an, was Daniel macht, und das ist wirklich nicht ohne. Ihm bei den Dreharbeiten zu seinen Videos zuzuschauen würde ich nicht aushalten. *Imaginate* war beängstigend. Ich stand da vor Ort und konnte vor Schreck nichts mehr sagen. Ich war mit meinen Kindern Tania und Thomas da, die den Panzer sehen wollten. Und Daniel fiel von der Kanone und rührte sich nicht mehr. Ich wollte gerade den Notarzt anrufen, als Daniel wieder zu sich kam. ›Oh, was ist denn jetzt los?‹, ächzte er. Später hat er mich dann angerufen, um sich zu entschuldigen, weil er uns so in Panik versetzt hat …«

Meine entfernteren Verwandten sind nicht ganz so betroffen. Meine Tanten wollen erst von meinen Videos hören, wenn sie fertig sind. Sie müssen so nicht um mein Leben zittern.

Meine Projekte sind aber durchaus ein Hindernis bei einer festen Beziehung – nicht weil sie so gefährlich wären, sondern weil ich mich bei einem neuen Video ganz auf die Sache konzentriere und nichts anderes mehr im Kopf habe. Ich brauche allein Tage, manchmal sogar Wochen, nur um Musiktitel zu recherchieren. Noch mehr Zeit benötige ich für die Drehortsuche, und dann haben die Dreharbeiten noch nicht mal angefangen. Quetsche ich dann noch andere Verpflichtungen in meinen Terminkalender, zum Beispiel Reisen zu Treffen mit Sponsoren, wird es schwierig, eine Beziehung am Laufen zu halten.

Manche Sportler haben derartige Beziehungsprobleme nicht. Beide Partner unterstützen sich gegenseitig und helfen einander über alle Schwierigkeiten hinweg. Bei mir ist das anders. Hinzu kommt: Drehe ich gerade kein Video, setze ich mich aufs Fahrrad und zische durch die Gegend. Im Moment ist, fürchte ich, in meinem Leben einfach kein Platz für eine feste Partnerin. Doch damit kann ich gut leben. Meine bisherigen Freundinnen hatten übrigens gegen das Risiko, das ich eingehe, nichts einzuwenden. Sie wussten, dass ich mich nicht umbringen will. Obwohl – wenn man schon sterben muss, dann am besten bei etwas, das einem etwas bedeutet. Jedenfalls lasse ich mich nicht aufhalten, wenn ich ein Ziel erreichen will.

Mein erstes Video stellte ich 2009 ins Netz. Manchmal frage ich mich, ob ich seitdem ein besserer Biker geworden bin. Meine Konzepte und Ideen sind inzwischen aufwendiger, klar. Aber als ich mit Dave Sowerby in Edinburgh *Inspired Bicycles* drehte, war ich ein Typ, der in einem Fahrradladen arbeitete. Ich war völlig aufs Radfahren fixiert, auf nichts anderes. Saß ich nicht auf dem Rad, arbeitete ich entweder oder lag im Bett und hatte Trial-Entzugserscheinungen.

Inzwischen hat sich das geändert. Das Bike verdient meinen Lebensunterhalt, ich bin ständig auf Achse, drehe Videos, bin mit »Drop and Roll« auf Tournee oder lasse mich von Sponsoren und Filmemachern zu interessanten Projekten herausfordern. Ich komme nicht mehr so oft dazu wie früher, einfach allein auf dem Rad herumzugondeln. Aber versteh mich nicht falsch – das ist schon in Ordnung. Ich finde das cool, und manchmal kann ich mein Glück gar nicht fassen. Schade ist nur, dass ich dadurch weniger auf dem Rad sitze. Vielleicht klingt das für dich nicht so schlimm, aber für mich ist es essenziell; ich bin nie ganz ich selbst, wenn ich keine Zeit für mich habe.

Beileibe bin ich nicht der einzige Extremsportler, der sich Sorgen darüber macht, dass seine Kreativität nachlassen könnte. Alex Honnold zum Beispiel ist da ein bisschen wie ich. Er meint, sein Stil habe sich in den letzten Jahren nicht wesentlich verbessert, vor allem weil er keine Zeit mehr habe, etwas Neues dazuzulernen. Um das zu vermeiden, habe ich mit *Way Back Home*, *Industrial Revolutions* und *The Ridge* auch versucht, neue Fähigkeiten zu präsentieren. Und in den kommenden Jahren will ich unbedingt mehr Zeit aufwenden, um Techniken weiterzuentwickeln.

Allerdings kann ich meine Stunts nicht ewig auf diesem Niveau halten – spätestens mit vierzig oder fünfzig macht der Körper das nicht mehr mit. Als Kind war ich beim eifrigen Lesen von *Mountain Biking UK* immer ganz erstaunt über die Altersangaben der Biker. Martyn Ashton ist schon siebenundzwanzig, dachte ich dann. Mann, ist der alt. Inzwischen bin ich selbst noch älter. Ich fühle mich nicht mehr wie ein Teenager, meine Einstellungen zum Leben haben sich gewandelt, und es wird deshalb seinen Grund haben, dass so viele Biker mit Mitte oder Ende dreißig aufhören. Deshalb möchte ich in den nächsten Jahren noch so viel wie möglich abliefern, bevor die Prellungen und blauen Flecke endgültig ihren Tribut fordern.

Von Jahr zu Jahr werde ich mich ein bisschen umstellen müssen. Ich muss mich an mein Alter anpassen. Videos kann man in jedem Alter drehen, und ich muss ja nicht unbedingt ständig selbst vor die Kamera stehen. Ich würde meine Kreativität auch gerne als Regisseur ausleben – meine eigenen Erfahrungen mit einem anderen Darsteller umsetzen. Ich könnte ein Video mit einem Spitzensportler aus einem ganz anderen Bereich drehen. Vielleicht kann ich ja jemanden von den Red-Bull-Athleten dafür gewinnen, etwa Sasha Di-

Giulian, die US-amerikanische Kletterin, oder einen Olympiasieger, der etwas Neues in seiner Sportart wagen möchte. (Wer bei den Olympischen Spielen aufs Treppchen will, ist meistens so sehr auf den sportlichen Erfolg fixiert, dass er gar nicht mitbekommt, was für kreative Möglichkeiten ein Film über seine Leistungen bietet.)

Meine Karriere als Biker würde ich gerne mit einem großen Knall beenden. Irgendwann möchte ich ein Projekt durchführen, wie es Ruben Alcantara mit *Grounded* gelungen ist. Ich möchte einen Part drehen, der meine Fahrkünste auf dem absoluten Höhepunkt festhält. Es könnte ein Street-Trial-Video werden oder auch etwas mit einem noch ehrgeizigeren Konzept als *Imaginate* oder *Cascadia*. Was auch immer dabei herauskommt, ich will mich damit verewigen. Dieses letzte Video soll ein richtiger Knaller werden, der jungen Nachwuchstalenten in der Bike-Szene als Ansporn und Vorbild dienen kann. Ob mir das gefällt oder nicht – später einmal werden meine Stunts unweigerlich als ziemlich lahm gelten. Das ist immer so. Aber es wäre schön, wenn ich mir sagen könnte, der Generation Internet etwas mit auf den Weg gegeben zu haben.

Vorläufig aber, und das ist das Gute an der Sache, habe ich noch unbegrenzte Möglichkeiten. Nur die Grenzen meines Ehrgeizes – oder eine Verletzung – können mich aufhalten. Das größte Problem im Moment ist eher, dass es noch so viele coole Stunts und so wenig Zeit gibt, sie alle zu fahren.

Das Rennen läuft.

Auf zum nächsten Banger!

Dank

Viele Menschen haben mir geholfen, mich zu der Person zu entwickeln, die ich heute bin – sowohl auf dem Rad wie auch sonst. Meine Familie war dabei sehr wichtig: Anne und Peter MacAskill – Mum und Dad –, weil sie mir als Kind große Freiheit gewährt haben. Weiterhin: Margaret Ishbel MacAskill; Muriel, Dave, Tanya und Thomas Prior; die MacAskills: Ewan, Gillian, Sarah, Tommy, Robin, Juliet und Laura; Mary, Rob, Peter und Katie Nelson; Margaret Hamilton, Jean und Sarah Hamilton (weil sie mich auf zwei Rädern in Gang gehalten haben), sowie Peat Surfleet.

Ohne meine Kumpels aus Dunvegan, Edinburgh, Glasgow oder sonst wo hätte ich es nie geschafft: Ricky Ingles, Andrew Cambel, Gordy Neill, Calum Matheson, Pat und Cambel Matheson, Jim und Carol Ingles, Donnie Macphie, Doreen und Angus Macphie, Jamie Stuart, Alex Kozikowski, Kenneth Mackinnon, Douglas Sutton, James Sutton, Ben Wear, Bill Edger, Alexander Lind und seine Familie, Graham Finney, Kevin Digman und alle legendären Charaktere, die Skye zu einem so wunderbaren Ort machen!

Danken möchte ich auch den Freunden, die ich durch das Radfahren kennengelernt habe: David Keegan, Martin Macbeth, Nash Masson, Mark MacIver, Andy Toop, Colin Macdonald, Chaz Nairn, Fraser McNeil, Ian Hayes, Jay Castle, Sam Kennedy, John Bailey, George Eccleston, Forbes Howie, Dave Sowerby, Mark Huskisson, Andy McCandlish, Paul Smail, Alan Blyth, Fred Murray, Iain Withers, Kenny Wilson,

Juliet Drummond, Stu Thomson, Amber Thomson, Davey Mackison, Duncan Shaw, Ben Travis, Ross McArthur, Fabio Wibmer, Myles Bonnar, Paul MacDonald und Herald Francis sowie allen Kollegen von Macdonald Cycles, mit denen ich mehrere Jahre zusammengearbeitet habe.

Außerdem danke ich natürlich Taj Hendry, Robbie Meade, Aaron Bartlett, Darren Roberts, Henry Jackson, Iain Hayes, Ricky Crompton, Manu Uranga, James Thorne, Dr. Bray, Garrett Bray, Brodie Mangan, Alastair Clarkson, Andrew MacLean, Michael Bonney, Martyn Ashton, den Geschwistern Atherton, Robin Kitchen, Pete Drew, Peter Clegg, Andrew Mee, Sebas Romero, Derek Brettell, Chris Akrigg, Hans (No Way) Rey, Jeff Lenosky, Ryan Leech, Martin Hayes, Martin Söderström, Andreu Lacondeguy, Mike Christie, dem *MBUK*-Magazin, Davey Cleaver, Jon Smith, Adam Read, TartyBikes, Lesley White, Tarek Rasouli, Nathalie Rasouli, Charlie Irrgang, Kris Kurowski, Sabrina Rill, Xaver Altmann, Lars Wich ... und dem gesamten Rasoulution-Team.

Schließlich möchte ich noch die großartigen Sponsoren erwähnen, die mich während meiner Laufbahn unterstützt haben: Hope Tech, Lezyne, Five Ten, Red Bull, POC, Continental, Magura, GoPro (besonders die Crew, die mir bei *Cascadia* zur Seite stand), Evoc, Spank, Muc-Off, TartyBikes, Inspired Bicycles, Santa Cruz Bicycles und Lizard Skins. Zu guter Letzt danke ich Matt Allen, der mir bei diesem Buchprojekt entscheidend geholfen hat, für seine Geduld und sein Engagement, dazu allen bei meinem englischen Verlag Penguin Random House.

Keep on riding!
Danny

»Chapeau, großer Wikinger!«

Felix Neureuther

Hier reinlesen!

Aksel Lund Svindal
Größer als ich
Die Autobiografie

Aus dem Norwegischen von
Wolfgang Butt
336 Seiten
ISBN 978-3-492-40661-1

Ski-Ikone Aksel Lund Svindal, fünffacher Weltmeister, zweimaliger Olympia- und Gesamtweltcupsieger, gewährt in diesem Nr. 1-Bestseller aus Norwegen Einblicke in seine außergewöhnliche Karriere. Eine Geschichte katastrophaler Stürze und Verletzungen und ebenso spektakulärer Comebacks. Und das anschauliche Exempel einer großen Leidenschaft und eiserner Prinzipien, mit denen Svindal sich immer wieder an die alpine Spitze zurückkämpfte, die Konkurrenten beeindruckte und seine vielen Fans verzauberte.

»Kindskopf und Künstler im Sattel«

Frankfurter Allgemeine Zeitung

Peter Sagan
Meine Welt

Aus dem Englischen von
Henning Dedekind, Werner Roller
und Andreas Thomsen
320 Seiten
ISBN 978-3-492-40635-2

Peter Sagan, der Rockstar der Radszene, schildert seinen Weg von der Jugend in der Slowakei bis zum dreifachen UCI-WM-Titel. Er berichtet von absurdem Leistungsdruck, vom Rückhalt durch Familie und Weggefährten und vom Wechsel zum deutschen Team BORA–hansgrohe. Von den heftigsten Bergetappen bei der Tour de France, vom Kopfsteinklassiker Paris–Roubaix. Von Sprints, Platten und verheerenden Stürzen. Und davon, wie knapp Siege entschieden werden.

WANDERN
ULTIMATIV!

DIE TOUR DEINES LEBENS
100 unvergessliche Wanderungen auf allen Kontinenten

Die Reiseexperten von National Geographic enthüllen in diesem fesselnden Bildband die aufregendsten Wanderabenteuer der Welt: von malerischen Pfaden rund um den Gardasee über Wüsten-Trekking durch Namibia bis hin zu den gewaltigen Gletscherlandschaften Patagoniens – Top-Ten-Listen, Reisetipps und Abenteuerberichte inklusive. Das Must-have für alle Weltenbummler!

288 SEITEN • CA. 320 ABB.
ISBN 978-3-86690-779-9
€(D) 49,99

© Iris Kürschner

National Geographic in der Bruckmann Verlag GmbH, Infanteriestraße 11a, 80797 München

JETZT IN IHRER **BUCHHANDLUNG VOR ORT**
ODER DIREKT UNTER **NATIONALGEOGRAPHIC-BUCH.DE**

Mit einer Direktbestellung im Verlag oder dem Kauf im Buchhandel unterstützen Sie sowohl Verlage und Autoren als auch Ihren Buchhändler.